Carlos V

EDICIONES PALABRA
Madrid

@ by Librairie Academique Perrin, 1980
© by Ediciones Palabra, S. A., 2000
Paseo de la Castellana, 210-2º - 28046 Madrid

La versión original de este libro
apareció con el título:
CHARLES QUINT

Traducción:
Manuel Morera

Diseño de cubierta:
Carlos Bravo

Printed in Spain
I.S.B.N.: 84-8239-397-9
Depósito Legal: M. 47.580-1999
Imprime: Anzos, S. L.

Philippe Erlanger

Carlos V

AYER Y HOY
DE LA HISTORIA

Para A. D.

PREFACIO

Carlos V fue el dueño de uno de los mayores imperios que la historia haya conocido en el momento en que Occidente cambiaba de rumbo. Hasta entonces sometido a Dios, el hombre quería afirmarse en cuanto tal, dominar la naturaleza, descubrir sus secretos. La ciencia había emprendido sus conquistas, era el comienzo del ciclo a cuyo término asistimos.

A fuerza de conocer, los sabios tropiezan hoy con lo incognoscible, los progresos de la técnica espantan, la nostalgia de una naturaleza inviolada se une a un ideal perdido. En política, el nacionalismo ya no es un estandarte sagrado, mientras una Europa todavía quimérica ha vuelto a encontrar su antiguo poder de seducción. El ecumenismo es otro sueño.

De resultas, Carlos V se nos presenta bajo una luz nueva. Había, heroicamente y a veces desesperadamente, luchado por salvar el mundo antiguo, unificarlo preservando sus valores tradicionales. He aquí que esta pelea de retaguardia adquiere un significado diferente, desde el momento en que, al perderla, el Emperador ha dejado el campo libre a fuerzas que durante largo tiempo han pasado por beneficiosas y ante las cuales hoy temblamos. La historia del último César, «gerente de la Cristiandad», del pequeño hombrecillo desmedrado que portó cuarenta años el peso de reinos innumerables y quiso forzar a la Iglesia a que se regenerara, esa historia puede ayudar a comprender mejor cómo los pioneros del Renacimiento nos han llevado hasta el punto al que hemos llegado.

9

PRIMERA PARTE
EL SUEÑO BORGOÑÓN
(1497-1530)

I. LOS JUEGOS DE AMOR Y MUERTE
(1479-1498)

El siglo XV estaba acabando y todas las semillas de las que iban a nacer los tiempos que hemos visto acabar con la bomba atómica y la incursión a la Luna, todas esas semillas empezaban a germinar. Cuando los turcos amenazaban con sumergir a la Cristiandad, un hombre nuevo surgía tal como lo conocemos. El célebre humanista Marcilio Ficino decía de él no sin terror: «El cielo no le parece demasiado alto, ni el centro de la tierra demasiado profundo. El tiempo y el espacio no le impiden estar en todas partes y en todo momento. Ningún muro le impide oír, ninguna frontera le basta. Por todas partes se empeña en mandar, en ser alabado, en ser eterno como Dios». Su universo «pasaba de lo singular a lo plural».

Bajo la presión de este émulo de Prometeo, ansioso de saber y de cambio, las viejas estructuras se resquebrajaban antes de volar hechas pedazos. Se vivía una era de gran mutación, una revolución intelectual, una «dislocación planetaria»[1]. La unidad de convicciones, armazón del Occidente medieval, estaba a punto de romperse. El individuo se descubría como fin de sí mismo. Después de haber pensado sólo en el cielo, habiendo encontrado de nuevo la Antigüedad, volvía a buscar una felicidad terrestre. El Renacimiento, que diseñaba el mundo a una escala nueva, hacía que apareciera el «espejismo de lo bello y de lo verdadero» ante sus ojos deslumbrados.

El consumo de energía que iba a triplicarse en tres siglos tomaba impulso.

La evolución general de la economía y el aumento de

---

[1] Pierre Chaunu, *La Mémoire et le Sacré*.

las riquezas permitían la ascensión de la burguesía, el poder casi regio de los banqueros (Médicis, Fugger), el triunfo del arte. No obstante, la Edad Media, en plena decadencia desde el siglo XIII, sobrevivía a sí misma con una tenacidad, una violencia extraordinarias. La imprenta servía tanto las ideas antiguas como las nuevas. La superstición sustituía con frecuencia a la fe y una recrudescencia del fanatismo compensaba deplorablemente la decadencia de la espiritualidad.

Todo se transformaba y la contradicción estaba en todas partes. Jamás la caballería había sido tan exaltada como en la hora en que la artillería y la infantería eran causa de su caducidad. La generación que exaltaba las imágenes paganas padecía la Inquisición. Los humanistas veían que las brujas se multiplicaban. Erasmo era contemporáneo de Torquemada, Leonardo da Vinci dibujaba submarinos y ametralladoras mientras Sprenger establecía la carta de la demonología.

Los pueblos no estaban menos desgarrados, divididos entre las tradiciones feudales y el deseo de adorarse a sí mismos personificándose. El feudo y la vieja ciudad particularista desaparecían poco a poco ante la nación. El Estado, que tomaba su forma centralista y despótica, despreciaba las leyes divinas, creaba su propia moral. La razón de Estado se convertía en un imperativo casi sagrado.

Invocándola, Isabel de Trastamara, que iba a ser la Católica, usurpó el trono de Castilla en detrimento de su hermano Enrique IV y de su sobrina Juana, llamada la Beltraneja. A pesar del carácter ilegítimo de su poder, preparó la unidad de España casándose con Fernando de Aragón, conquistó Granada, permitió que Cristóbal Colón descubriera América, supo formar un Estado excepcionalmente unido y fuerte. También hizo de la Inquisición una institución de Estado.

Era hija de una loca, Isabel de Portugal, que vivió cuarenta y dos años recluida en el castillo de Arévalo, presa de sombríos furores. La reina de Castilla no estaba exenta de esos furores, de esas violencias maternas. Durante mucho tiempo se ha presentado a la admiración de la posteridad su matrimonio con el rey de Aragón, el hombre más pérfido, el político más retorcido de su tiempo. En realidad, a pesar de su amor a su marido, la vieja rivalidad entre Castilla y Aragón continuaba entre sus soberanos que, preocupados cada uno por sus propios intereses, se encontraban sólo para perpetuar su dinastía. Así, tuvieron un hijo, el infante don Juan, príncipe de Asturias, y cuatro hijas, las infantas Isabel, Juana, María y Catalina.

Sobre el infante descansaban las ambiciones de sus padres. Apenas si se preocupaban por las infantas, destinadas solamente a sellar tratados. Juana, nacida el 7 de noviembre de 1479, fue educada por sirvientas y religiosas. Aún no tenía nueve años cuando ya se hablaba de su matrimonio. El archiduque Maximiliano de Austria, viudo de María de Borgoña[2], buscaba una alianza española contra Francia. Quería casarse con la mayor de las infantas y unir a Juana con su hijo Felipe.

Estos proyectos no dieron un resultado inmediato. Isabel estaba prometida a Portugal, Juana parecía todavía demasiado joven. Pero Maximiliano era tenaz. Llegado a emperador, consiguió el doble matrimonio: el del infante don Juan con su hija Margarita y el de Juana con el archiduque Felipe.

* * *

Presunto heredero de los Habsburgos, Felipe de Austria, que también tenía abuelas portuguesas, era el último a quien esas infantas «melancólicas», es decir, desequilibradas, iban a legar una parte de su peligrosa belleza. Le llamaban Felipe el Hermoso. Poseía, entre otros, el brillante título de duque de Borgoña, aunque, a la muerte de su abuelo Carlos el Temerario, Luis XI recuperó para Francia ese feudo dependiente de la Corona.

Anexión que no fue aceptada en absoluto. Para los contemporáneos, la noción de *Borgoña* seguía viva, simbolizada por el Toisón de Oro, el emblema de aquellos Grandes Du-

---

[2] Hija de Carlos el Temerario.

ques de Occidente que durante un tiempo eclipsaron a los demás príncipes cristianos.

Hijo de una portuguesa, nieto de un inglés, Carlos el Temerario[3] había olvidado su sangre de Valois y separó Flandes de Francia, de la que sin embargo era vasallo. Habría deseado hacer con sus dominios innumerables y dispares un imperio, una fuerza interpuesta entre la Galia y la Germania, imponer su sello en Europa. Cuando se derrumbó, Luis XI intentó apoderarse de todos sus Estados, encendiendo en el corazón de María de Borgoña un odio que iba a transmitirse de generación en generación.

Las ciudades flamencas, ferozmente particularistas, se opusieron a los propósitos del rey de Francia, lo mismo que se habían opuesto a los del Temerario. Sus burgueses, cuyo poder y riqueza fundamentados en la economía anticipaban el mundo moderno, no querían estar sometidos a un amo centralizador. Obligaron a Maximiliano a que casara a su hija Margarita con el pequeño Delfín Carlos, con el Franco Condado y el Artois como dote. De esta manera, consolidaron su independencia y aprovecharon para entregarse a una guerra fratricida alimentada por el dinero francés.

Si Margarita de Austria hubiera sido reina de Francia, la historia habría tomado otra dirección, pero no se casó con el Delfín, que ya era Carlos VII, sino que éste prefirió a Ana de Bretaña, o mejor, su ducado. Y sin embargo, Ana ya estaba casada por poderes con Maximiliano, el padre de Margarita. Los rencores contra Francia se hicieron irredimibles en la casa de Austria.

Esos Habsburgos tenían unas ambiciones sin límite. *Austria Erit In Orbe Ultima*, había escrito el padre de Maximiliano, el Emperador Federico III, una frase cuyas iniciales eran consideradas mágicas. Iban a llevar el imperio del mundo a los descendientes de los pequeños señores surgidos del castillo de Vautours. Y no obstante el prestigio de la familia imperial seguía siendo inferior al de las dinastías francesa, inglesa, borgoñona.

---

[3] No fue llamado así hasta el siglo XVIII.

Reinando sobre Flandes, la más rica comunidad de Europa, llevando la aureola de los duques cuyo nombre ostentaba, Felipe el Hermoso era un príncipe magnífico comparado con su padre que, a pesar de la corona de los Césares, había andado siempre mal de dinero.

Maximiliano, *condottiero* brillante y desafortunado, se pasaba la vida trazando gigantescos proyectos, galopaba de reino en reino sin llegar a reinar ninguno. Sus Estados austríacos eran presa de una agitación continua y los flamencos le habían quitado la tutela de sus propios hijos.

Aunque había perdido Artois y el Franco Condado con Margarita, Francia era la que dominaba la escena del mundo. Carlos VIII había abierto el interminable ciclo de las guerras de Italia. Había ido a conquistar el reino de Nápoles ocupado por un príncipe de la Casa de Aragón y era codiciado por el rey Fernando.

Cuando estuvieron decididos los matrimonios austro-españoles, el Emperador creyó tener en su mano la suerte. Al sur, al norte, al este, el imprudente Carlos VIII vería su reino asediado, mientras el papa y los príncipes italianos se unirían contra él. Quizá iba a sonar la hora de la revancha tanto tiempo esperada, a pesar de la mala voluntad de los flamencos resueltamente fieles a la amistad del rey de Francia, su proveedor de fondos.

Una Liga Santa fue firmada al mismo tiempo que los contratos. Obligó a Carlos a regresar precipitadamente a su país, acontecimiento menos considerable que las bodas que lo habían preparado.

* * *

Los relatos de los cronistas sobre los primeros años de la infanta Juana de Aragón y Castilla son contradictorios. Según uno de ellos, esta princesa era «la belleza de la familia». Todos reconocían que se parecía de manera asombrosa a su abuela paterna, la reina de Aragón, Juana Enríquez, cuya bisabuela había sido una bella judía casada con Federico de Castilla. Su madre, Isabel la Católica, la llamaba, riendo, «la suegra».

17

Los diferentes retratos que de ella poseemos no se parecen. La infanta parece haber sido muy morena con ojos verdes, uno de ellos con un ligero defecto, herencia de Fernando de Aragón. Era la más inteligente de la prole real, la que aprendía más deprisa. Tocaba varios instrumentos de música, hablaba varias lenguas, sobre todo el latín. Y sus padres se sentían orgullosos presentándola a los extranjeros, pero la joven tenía horror a aparecer en público. Si en lo físico recordaba a su familia paterna, su espíritu y su carácter recordaban el linaje materno, las rarezas y las melancolías de sus antepasados portugueses.

Juana rendía a su padre un culto casi enfermizo, que disimulaba cuidadosamente. No amaba a su madre, que se lamentaba de su carácter huraño, de su falta de afecto, de sus silencios, que rompía a veces de repente con una frase dura o sarcástica. Su hermano y sus hermanas no tenían ninguna intimidad con ella. Todos ellos han dejado cartas, Juana ninguna. Envidiaba a su hermana menor, la infanta Catalina, la preferida de su padre, que estaba destinada al príncipe de Gales, Arturo, hijo del rey Enrique VII de Inglaterra.

Desde 1491, la hermana mayor, Isabel, era ya viuda del heredero de Portugal. Uno de sus primos, Manuel, fue rey de ese país en 1495 y de inmediato pidió su mano, con gran contento de los soberanos españoles. La infanta, que se había entregado a una devoción casi demencial, primero lo rechazó, pero cedió con la condición de que su matrimonio se celebrara sin ninguna pompa y que los judíos serían arrojados de Portugal, como lo habían sido de España en 1942. Lo cual le fue concedido.

Los Reyes Católicos, como eran llamados Fernando e Isabel, exultaban no sin razón. Después de haber tomado Granada y liberado de los moros la península entera, lanzaban sus redes en Europa, con excepción de Francia, su enemiga. Las uniones de sus hijos iban a asegurarles la alianza del Imperio, de los Países Bajos, de Portugal, de Inglaterra.

Primero se celebraron los matrimonios por poderes, el del infante don Juan y Margarita de Austria en noviembre de 1495, el de Felipe y Juana a comienzos de 1496, en Valladolid. Quedaba unir a los esposos, separados por mares llenos de peligros. La reina Isabel aprovechó la ocasión para mostrar al mundo, y sobre todo a Francia, lo que las Españas habían adquirido de riqueza, de poder y de esplendor. Se formó una armada como nunca se había visto, para llevar a la infanta a su esposo y, al regreso, llevar a la archiduquesa al suyo. Ciento treinta barcos llevarían veinte mil hombres como tripulación, muchos chambelanes, damas de honor y señoritas de compañía, escuderos, tesoreros, mayordomos, capellanes, lacayos, formaban la Casa de Su Alteza, montones de vituallas, ochenta y cinco mil libras de carne ahumada, ciento cincuenta mil arenques, mil pollos, diez mil huevos, cuatrocientos barriles de vino. El almirante don Federico Enríquez, comandante de la expedición, llevaba un séquito de cuatrocientas cincuenta personas.

Hubo que esperar al verano antes de que todo estuviese preparado. La reina –pero no el rey, con gran pesar de Juana– acompañó a su hija hasta Laredo donde tuvo lugar el embarco el 20 de julio. El mal tiempo obligó a la flota a quedarse allí dos días, durante los cuales la reina permaneció a bordo. Juana había guardado hasta entonces una compostura enigmática. En el último momento no pudo dominarse y vertió torrentes de lágrimas como si su terrible futuro se hubiera aparecido ante sus ojos.

Su viaje fue, en cierto modo, como su preludio y su presagio. Primero las cosas fueron bien, después surgieron furiosas tempestades que ocasionaron el naufragio de dos barcos. Juana no conocía el mar, se moría de miedo. Tal vez habría sido mejor para ella que muriera de verdad.

La flota consiguió alcanzar las costas inglesas y buscó refugio en el puerto de Portland. En septiembre se dirigió lentamente hacia Zelanda, no sin nuevos contratiempos. El barco que llevaba el ajuar de la princesa se hundió también. Después de dos meses de suplicio, Juana, enferma, empapada y tiritando puso por fin pie en tierra firme en Middelburg.

Felipe el Hermoso no estaba allí. No sabía que su mujer había salido de España, pues, curiosamente, el correo encargado de anunciárselo había viajado con ella. Así es que

19

el archiduque se hallaba en el Tirol cazando en compañía del Emperador. Cuando le llegó la noticia, partió a galope tendido.

Mientras lo esperaban, los flamencos, muy impresionados por la belleza morena de su nueva soberana y por la suntuosidad de algunos vestidos que por suerte se habían librado de los huracanes, la aclamaban, organizaban fiestas. Juana hacía esfuerzos por sonreír temblando de frío bajo las lluvias de aquel país tan diferente del suyo. Hizo una entrada solemne en Amberes, engalanada con tapices magníficos, entre los *¡Noëls!* de la población. El calor de este recibimiento la reconfortó. Fue la primera vez y la última que se sintió feliz durante una ceremonia pública.

Pero tenía fiebre y tuvo que meterse en cama. Así fue como recibió a la archiduquesa Margarita, la novia desdeñada de Carlos VIII, que ahora era dos veces su cuñada, luego a los caballeros del Toisón de Oro, luego a la duquesa viuda de Borgoña, Margarita de York, la viuda de Carlos el Temerario a la que Felipe y Margarita debían su educación.

Se había convenido que el matrimonio se celebraría en Lierre, a mitad de camino entre Malinas y Amberes. Juana, restablecida, se instaló allí el 19 de octubre. Felipe llegó al día siguiente.

Los duques de Borgoña habían inventado la etiqueta y los chambelanes estaban bien dispuestos a hacerla respetar en el primer encuentro de los dos jóvenes. Pero no lo consiguieron. Apenas el rubio Felipe y Juana la morena se miraron, recibieron un flechazo mutuo. Sin dirigirse palabra (ninguno de los dos sabían la lengua del otro), se tomaron de la mano y se alejaron de los cortesanos estupefactos.

Buscaban un sacerdote. El primero que encontraron era un español, don Diego Villauesca; como Felipe no podía hablar con él, Juana le ordenó que los uniera en el acto. Se arrodillaron en plena calle, pronunciaron las palabras sacramentales y don Diego los bendijo. De inmediato, ignorando su entorno, corrieron a la casa que les habían preparado. Permanecieron encerrados. Al día siguiente se prestaron a la pomposa ceremonia durante la cual el obispo de Cambrai les dio una segunda bendición. Las músicas estallaron, las campanas sonaron, los cañones rugieron. Hubo baile en la corte, bailes populares y un monstruoso banquete en el que los convidados consumieron mil doscientos litros de vino.

Los príncipes no tomaron parte en ninguno de aquellos festejos. Sólo pensaban en sus deseos. Tanto el uno como la otra tenían una abuela portuguesa. Tal vez esa sangre ardiente y maléfica actuaba como el filtro que perdió a Tristán e Isolda.

Felipe era un muchacho de dieciocho años, ligero, risueño, voluptuoso, entregado al placer. La embriaguez que en él había provocado la belleza un poco exótica de su joven esposa no se parecía a la que trastornaba la razón de la grave española. Juana no se había sentido nunca amada por nadie. Serlo por fin o imaginarse que lo era aumentó los efectos de la sacudida causada por la cabellera de oro y los grandes ojos azules de su marido, ojos fascinantes en los que el ensueño se mezclaba con el furor de vivir. Todo su ser se sintió abrasado. Todo en ella quedó absorbido en adelante por ese desenfreno de los sentidos y del corazón, lo que no se refería a ello era irreal. La hija de la gran Isabel no podía concebir límite a su pasión y menos aún someterla al más mínimo compromiso. Era la preparación para un mañana cruel.

* * *

Margarita de Austria tuvo que esperar hasta la primavera de 1497 para navegar. Prisioneros del mal tiempo, los españoles se vieron obligados a convivir con esos flamencos escandalosos a quienes su arrogancia se les hizo insoportable. Les infligieron mil vejaciones, hasta negarse a venderles alimento. Hubo marineros que murieron de hambre. También el clima al que no estaban acostumbrados diezmó a los infelices. Cuando por fin la armada pudo hacerse a la vela, no quedaban más que seis mil.

Margarita se enfrentó con la tempestad igual que su cuñada. También ella creyó morir y, queriendo mostrar su valor, compuso su propio epitafio:

Ci-gît Margot, la gentille demoiselle
Qu'eut deux maris et qui mourut pucelle. *

Desembarcó no en La Coruña, puerto previsto para su llegada, sino en Santander. Su novio don Juan y el rey Fernando fueron allá a toda prisa. La archiduquesa de diecisiete años produjo gran impresión con sus ojos negros y sus cabellos parecidos a un campo dorado de trigo, como dice Pedro Mártir, ese monje que anotaba el más pequeño acontecimiento en sus cartas y tratados.

Y otra vez el milagro. Otra vez el encuentro del Norte con el Mediodía despertó un amor desmesurado, pero esta vez hubo que doblegarse ante el ceremonial. De castillo en castillo, los jóvenes príncipes cabalgaron bajo un baldaquino entre fiestas y aclamaciones. La reina Isabel los esperaba en Burgos. Fundaba sus mayores esperanzas en este matrimonio, en la posteridad gracias a la cual las Españas quedarían definitivamente unidas. Regaló a Margarita el célebre collar de rubíes de la reina Juana Enríquez, rosas de piedras preciosas, diamantes, esmeraldas, ciento cincuenta perlas.

La boda tuvo lugar el 3 de abril y la pareja desapareció en sus departamentos. Durante semanas, meses, no se les vio salir. El príncipe y la princesa de Asturias no asistían ni a fiestas ni a cazas ni siquiera a las solemnidades religiosas. Corrió el rumor de que don Juan, presa de «la locura de amor», no dormía, no comía, de tan obsesionado como estaba por el cuerpo de su esposa.

La reina se preocupó mucho. Su hijo era frágil –incluso mentalmente, murmuraban los malvados– y lo había rodeado continuamente de cuidados inusitados en aquella época. Por orden suya, los médicos forzaron la puerta de la cámara conyugal. Encontraron al infante «parecido a un fantasma», recomendaron que se apartara de Margarita. Por supuesto, los esposos montaron en cólera.

---

*Aquí yace Margot, la gentil señorita,
que tuvo dos maridos y murió virgen.

—No se puede separar a amantes tan apasionados –suspiró la reina.

Llegó el otoño. La infanta Isabel, que había ganado tiempo, se resignó por fin a abandonar el hábito de monja, a ir a Lisboa y a casarse allí con el rey Manuel. La Reina Católica creía ver todos sus deseos escuchados, pero a su alrededor se iba a organizar una danza macabra.

Don Juan, encargado de acompañar a su hermana a la frontera, tuvo que inclinarse y partir sin su mujer, que estaba encinta. No fue muy lejos. En Salamanca se derrumbó fulminado por la fiebre. Margarita acudió a su lado a pesar de su estado. Juan le dijo que su alma habitaba ahora en ella y expiró. Todo el mundo pensó que era víctima de la locura de amor. En realidad llevaba en sí una enfermedad que sus excesos convirtieron en mortal.

—Dios me lo dio, Dios me lo quitó. ¡Alabado sea Dios! –dijo la reina al llegarle la noticia[4].

Había adorado a su hijo y desde ese momento empezó a declinar.

Margarita dio a luz un hijo, pero vivió solamente unas horas. «La Princesa imperial nos ha dado un pedazo de carne informe en lugar de un heredero», escribió el inagotable Pedro Mártir. Después de las despedidas desgarradoras, Margarita regresó a su país.

Felipe el Hermoso, por instigación del Emperador, hizo valer inmediatamente los derechos de su mujer a la sucesión de las Españas. Los Reyes Católicos no lo entendían así. La heredera era la mayor de sus hijas, Isabel, que ahora era reina de Portugal y estaba encinta. Las Cortes de Aragón y de Castilla, a pesar de algunas dificultades, la reconocieron solemnemente.

El 13 de agosto de 1498, Isabel dio a luz un príncipe, al que llamaron Manuel, y murió a los veintiocho años en los brazos de su madre desconsolada, «abrumada», dice Pedro Mártir.

Las Cortes, reunidas de nuevo, prestaron juramento al pequeño don Manuel llamado a recoger todas las coronas de la península Ibérica. ¡Pero ay! ¡Era muy endeble! Los

---

[4] Según las cartas de Pedro Mártir.

Reyes Católicos pensaban con horror que, si él también desaparecía, sus Estados recaerían en la melancólica Juana, a la que no habían formado para asumir esa carga y de la cual les llegaban informes alarmantes.

Nunca el amor y la muerte se habían burlado hasta ese punto de la historia.

II. EL PRÍNCIPE DE ANTEPASADOS MÚLTIPLES
(1498-1502)

Felipe el Hermoso se encontraba dividido entre los fantasmas de su padre, el Emperador, y el realismo de sus ministros o consejeros flamencos. Pero eran éstos quienes, en definitiva, dirigían a un príncipe mucho menos atolondrado de lo que se ha dicho, pero joven y fácilmente influenciable.

Los flamencos, deseando evitar las desavenencias con Francia y sobre todo una guerra en la que habrían salido perdiendo, no veían con buenos ojos la alianza española. Se aplicaron en privar a Juana hasta de la menor información política, colocarla bajo la vigilancia de damas y gentileshombres flamencos. Eliminaron de su séquito a los españoles, con excepción del tesorero Mújica, que estaba de parte de ellos y les entregaba gran parte de las cantidades destinadas al mantenimiento de la Casa de la princesa.

La archiduquesa infanta no se preocupaba ni del desorden que reinaba en torno a ella ni de la marcha de sus compatriotas. No echaba de menos en absoluto su país, ni siquiera escribía a sus padres. El amor la poseía por entero, un amor que pronto se hizo salvaje, atormentado, desconfiado, pues si bien Felipe estaba asiduo a su lado, otorgaba también su atención a sus bellas súbditas.

La reina Isabel, no sabiendo qué pensar, envió a los Países Bajos al prior Tomás de Matienzo. Juana recibió muy mal a este emisario encargado de observarla. Matienzo se quejó de ello a la reina. No le ocultó que la princesa manifestaba un gran desarreglo moral y parecía ser presa de una *turbación*[1]. Se quejaba de su frialdad y de su descon-

---

[1] En español en el texto.

fianza. «La señora Princesa no habla nunca abiertamente.» Se lamentaba de no poder disponer de su propio dinero, que se perdía en los bolsillos de los comensales de su marido. «La señora Princesa está tan humillada que no se atreve a llevar la cabeza alta.» En esto el Prior quizá se equivocaba. Juana se sentía humillada sobre todo por el comportamiento de Felipe.

En noviembre de 1498 dio a luz a su primer hijo, ¡por desgracia, una niña!, la archiduquesa infanta Leonor, a quien se le asignó inmediatamente un rico patrimonio, del que su madre no vio ni un ducado.

Este nacimiento no hizo más serena la vida conyugal. Juana daba libre curso a unos celos enfermizos que exasperaban a su marido. Hubo escenas violentas e incluso intercambio de golpes, pero el encanto no estaba roto. Felipe volvía siempre y reconciliaciones frenéticas precedían a nuevas tempestades.

En 1499 un acontecimiento político vino excepcionalmente a aumentar la amargura de la joven. Carlos VIII había muerto el año anterior. El nuevo rey de Francia, Luis XII, que se había hecho proclamar también rey de Nápoles y duque de Milán, quería recibir el homenaje feudal del archiduque por las provincias que dependían de su Corona, Flandes, Artois, Charolais. Por instigación de los consejeros a quienes el oro francés no les había sido regateado, Felipe aceptó prestar ese antiguo juramento a su soberano. Grande fue la cólera del Emperador y de los Reyes Católicos. Juana se sintió ultrajada. Pero esto no le impidió quedar de nuevo encinta.

* * *

Se acercaba al término de su embarazo el 24 de febrero de 1500, fiesta de los Estados flamencos que se celebraba en Prinsenhof, residencia agradable situada cerca de Gante, detrás de la torre imponente y repulsiva del Gravenkasteel. Los embajadores, los ministros, la nobleza, desfilaban ante el archiduque y la archiduquesa sentados en el salón de piedra con magníficos tapices bajo un baldaquino cubierto de oro. Felipe el Hermoso dirigía a cada uno la palabra, la sonrisa conveniente sin prestar atención a su mujer, cargada de aplastantes adornos y que sentía moverse en ella la criatura.

Muchas veces se ha contado que sus locos celos habían impulsado a Juana a ignorar todos los consejos, con tal de estar al lado de su marido y vigilarlo según su costumbre con una mirada llena a la vez de desconfianza y de éxtasis. Es falsear la verdad. Aquella época ignoraba las prudencias modernas y, celosas o no, las damas encinta no se privaban de asistir al baile. Se disponía para ellas un excusado especial, llamado *evacuador* por los españoles, al que se retiraban si las necesidades naturales las obligaban a ello.

De pronto, la archiduquesa se levantó, corrió hacia ese lugar y se encerró en él sin que nadie la siguiera. Su marido ni volvió la cabeza. Como su ausencia se prolongaba, las damas de honor se preocuparon, llamaron y, por fin, hicieron derribar la puerta.

La ceremonia seguía desarrollando sus fastos ante el príncipe impasible. Pero de repente se elevó un inmenso rumor acompañado de un gran desorden, luego hubo vivas entusiastas. Sola, sin ninguna ayuda, Juana acababa de dar a luz el hijo que tal vez reuniría sobre su frente la mayor parte de las coronas de la Cristiandad.

El bautismo, celebrado poco después, dio lugar a uno de esos enormes jolgorios que tanto gustaban a un pueblo cuya exuberancia dejaba perplejos a los españoles. Parecía, dijo un contemporáneo, que la ciudad de Gante estuviera en llamas. Los fuegos artificiales desde lo alto de la iglesia de San Nicolás eran visibles a seis leguas a la redonda. Diez mil antorchas alumbraron al cortejo que se dirigió en procesión desde el palacio a la iglesia de San Juan.

La archiduquesa Margarita, recién llegada de España, era la madrina, el príncipe de Chimay y el señor de Berghes, los padrinos. Pusieron al niño el nombre de su grandioso y fúnebre bisabuelo, el duque de Borgoña, a quien en vida llamaban el Terrible. Eso era proclamar que Borgoña no había dejado de existir como Estado y que un día recuperaría la hermosa provincia perdida. Carlos de Luxemburgo –ése será su primer título– o Carlos de Gante por el lugar de su nacimiento, encarna ya esa esperanza de la que será presa hasta obsesionarle.

Si bien cuenta con menos ascendientes que el común de los mortales, a causa de las múltiples alianzas entre las mismas familias, en compensación quizá nadie los ha tenido nunca tan famosos y tan diversos. Ha salido de una mezcla extraordinaria de linajes.

¡Cuántos fantasmas se agolpan a su cabecera y le transmiten una parte de lo que han sido! Numerosos Capetos pertenecientes a la primera y a la segunda Casa de Borgoña y, entre estos últimos, los Valois; más aún españoles y portugueses de genealogías entrecruzadas (Isabel la Católica es prima por parte de un hermano de su propia madre, sobrina segunda de su bisabuela, nieta de un primo hermano de su padre); los anglo-franceses, los Plantagenet; polacos traídos por la tatarabuela, la gigantesca Cimbarca de Masovia, capaz de doblar con sus dedos una herradura; lituanos venidos por la línea materna de esta princesa; condes de Flandes; italianos (Visconti); luego, a lo largo de siglos, muchos personajes inesperados: húngaros y, a través de ellos, kanes mongoles; los abuelos judíos de Juana Enríquez; los bereberes, que lo fueron de Alfonso V de Castilla; los moros, cuya sangre corría por las venas de los Trastamara y de los Toledo; el propio Mahoma, ancestro, según la tradición, de otra morisca, Jimena de Sevilla, concubina de Alfonso VI, madre de Teresa de Castilla, que se casó con el primer conde de Portugal (un Capeto borgoñón) y engendró sus reyes[2]. No faltan incluso Paleólogos, emperadores de Bizancio.

Entre esa multitud, ¿dónde se hallan los Habsburgos que, de creer a ciertos historiadores, arrollaron a los otros e imprimieron al hijo de Felipe el Hermoso su sello indeleble? En la sexta generación encontramos a uno solo. Un solo alemán entre treinta y dos abuelos, de los cuales ca-

---

[2] Sin mencionar a los genealogistas de los Reyes Católicos que ocultaron cuidadosamente sus orígenes judíos y musulmanes. El papa Paulo IV los denunció. Fueron destruidas, salvo alguna excepción, las copias de *El Tizón de la Nobleza*, panfleto en el que el cardenal Mendoza demostraba en 1560 que toda la nobleza española, por lo tanto la familia real, tenía tales ascendencias. El cardenal quería vengar una afrenta inferida a su sobrino el conde de Chinchón.

torce eran ibéricos. El total ha constituido un europeo. Cuando Carlos sea Carlos V, jamás empleará esa palabra de Habsburgo, que nos es tan familiar. En sus numerosas cartas escribirá o «nuestra Sangre» o «nuestra Casa». Tal vez se sienta más cercano de los Grandes Duques de Occidente y de esos príncipes españoles que los genealogistas de Corte, dando al olvido los casamientos desiguales, hacen descender de Pelagio, rey de los visigodos, o mejor aún, de Príamo y de los reyes troyanos.

Del Emperador Maximiliano tendrá los ojos azules, el mentón prominente, la nariz interminable, la terrible mandíbula, la propensión a las quimeras, pero no la inestabilidad frívola y la alegría de vivir. La inagotable paciencia, la necesidad de reflexionar largamente, el escrúpulo rozando la indecisión, recuerdan los rasgos de carácter de otro emperador, Federico III.

En cambio, el famoso labio habsburgués, como el de su padre, no procede en absoluto de los Habsburgos. Procede de los duques de Borgoña, se advierte ya en el primero de ellos, Felipe el Atrevido. Pero ésa no será la única marca borgoñona. También está la afabilidad amable de un Felipe el Bueno y una ambición desmedida mezclada con sueños grandiosos.

Españoles y portugueses no legan a su descendencia nada que sea específicamente meridional. Le aportan la funesta «melancolía», la piedad llevada hasta el misticismo, la fascinación ante la muerte. Todos le inspiran el valor, la afición a la guerra, la pasión por la caza, Fernando de Aragón el sentido de las sutiles maniobras políticas.

En cuanto a la aplicación al trabajo sedentario y de papeleo, que hará de él el primer soberano burócrata, es difícil rastrear su origen[3].

Este hijo de un padre frívolo y de una madre demasiado grave poseerá frivolidad y gravedad, y la gravedad se irá acentuando con el paso de los años. Por el momento se presenta como un enigma. Sus padres apenas si han salido de la adolescencia, lo cual le impondrá una larga espera antes de

---

[3] La fuerza de la herencia ha sido discutida. Hoy parece admitido que tiene un 80% de parte en la formación de un ser.

que pueda representar algún papel, pero la muerte puede decidir otra cosa. La muerte puede apoderarse de él en la cuna, como con frecuencia gusta de hacerlo.

* * *

Isabel la Católica se entera del nacimiento de su nieto en Granada, donde está tratando de restablecer su salud quebrantada y cuida de la de su tesoro, el pequeño don Manuel. No siente mucha alegría, pues no se ha repuesto de sus lutos y teme que vengan otros nuevos. No sin razón. Don Manuel se extingue el 20 de julio de 1500. La Parca ha trastornado tres veces en dos años las leyes sucesorias y el mosaico futuro de los reinos europeos.

Ahora tenemos a Juana heredera de Castilla y de Aragón. Es una catástrofe para sus padres, sobre todo para Fernando, que tanto ha trabajado en la gran obra de la unidad española ¡y ahora ve que esa unidad está a punto de realizarse en su yerno, un austro-borgoñón! Es bien sabido que Juana es esclava de su marido y no posee ninguna aptitud para gobernar.

Ya empiezan a urdirse las intrigas, ya el Emperador, Luis XII y hasta el rey de Inglaterra buscan cómo sacar partido de la situación, acarician al archiduque. No hay que dejarles tiempo para que actúen. Los Reyes Católicos se apresuran a enviar correos a Flandes. Invitan a Felipe y a Juana a que vayan a verlos sin tardar. Hace falta que las Cortes presten juramento a la infanta. En cuanto a su marido, los Reyes se reservan el estudiarlo antes de tomar una decisión.

Ni a Felipe el Hermoso ni a sus mentores les hace mucha gracia este mensaje. Los flamencos temen que se comprometan sus buenas relaciones con Francia, aunque Luis XII y Fernando de Aragón se hayan repartido recientemente el reino de Nápoles. Otros motivos menos serios los hacen también reticentes. España es un país pobre, severo, hosco, fanático. El embajador de Castilla, Gómez de Fuensalida, escribe que «quieren impedir ese viaje a toda costa, pues ellos encuentran la felicidad en los placeres de la boca y en todo lo que les sigue. Y temen carecer de ellos en España». Al parecer de Fuensalida, esos bebedores de cerveza, que danzan en plena calle, engullen, arremangan a las mujeres, llevan ropas abigarradas y despilfarran su dinero, son muy malos cristianos, casi unos ateos.

Felipe conoce la mentalidad que reina más allá de los Pirineos. Es celoso de su independencia y de sus placeres, teme ser privado de una y otros. Teme también mostrar a los Reyes Católicos el espectáculo desolador de su matrimonio.

Isabel y Fernando ven furiosos que, en vez de sus hijos, llegan el arzobispo de Besançon y el señor de Veyre, a quienes detestan porque ambos son criaturas del rey de Francia. Estos emisarios explican que la infanta, encinta de nuevo, no puede moverse y que su señor está agobiado de quehaceres.

Otros correos parten a galope hacia Bruselas. Si Felipe no quiere viajar, que la infanta vaya sola. Su futura ascensión al trono tiene ese precio. Pero Juana, que no tiene en absoluto prisas por encontrarse con su madre, no está dispuesta a abandonar el dios cruel al que está sometida.

El 15 de junio de 1501, da a luz una hija, la infanta Isabel[4]. Ya no tiene pretexto para excusarse. Por lo demás, Felipe y sus consejeros han encontrado la manera de salirse con la suya zafándose de la influencia española.

En efecto, las Altezas despreciarán la flota que les ha sido enviada. Atravesarán Francia y, con esta ocasión, el archiduque prestará a Luis XII el homenaje prometido. Además, proyectan el matrimonio del pequeño Carlos, que tiene año y medio, con la hija del rey, Madame Claudia, que le lleva unos meses. ¡Qué importa la reacción de los suegros!

Éstos se ponen nerviosos. Por suerte los preparativos para un viaje principesco son muy largos. Fonseca, obispo de Córdoba, enviado por Isabel, tiene tiempo de llegar y reprender a Juana. Más hábil que Matienzo, consigue que le escuche.

---

[4] Futura reina de Dinamarca.

Le explica a la infanta las intrigas de que es víctima, los motivos de un aislamiento que parece una cautividad.

Juana, presa de sus obsesiones amorosas, se halla en un estado preocupante. Tiene accesos de neurastenia, desmayos. Habitualmente nada le interesa que no se refiera a su pasión. La política le resulta indiferente, pero Fonseca consigue despertar en ella el orgullo de su raza. ¿Se va a dejar humillar, abofetear? ¡Desde luego que no! Juana le pide al obispo que le diga lo que tiene que hacer ante los franceses. ¡Ni siquiera Felipe la obligará a rebajarse!

En este estado de ánimo, la pareja abandona Bruselas el 16 de noviembre de 1501, acompañada de una escolta considerable, de seiscientos caballos y de carretas en las que se amontonan la vajilla de plata, los muebles, los tapices.

Juana no siente pena por separarse de sus hijos. Su amor es tiránico hasta el punto de sofocar incluso el sentimiento materno.

Carlos y sus hermanas son confiados a la viuda de Carlos el Temerario, Margarita de York, a quien llaman Madame la Grande. Esta princesa, a la que, según se dice, su extraño esposo no quiso darle hijos, ha educado ya a María de Borgoña, a Felipe y a Margarita. El pequeño príncipe recibirá, pues, sus primeras impresiones de una inglesa y de los señores flamencos que quedaron en los Países Bajos, en especial del principal de ellos, el gran chambelán Guillermo de Croy, señor de Chièvres. Le enseñan a hablar francés, alemán (mal), flamenco, más tarde le enseñarán el latín, pero no el español.

* * *

Mientras pronuncia sus primeras palabras, da sus primeros pasos, Europa se preocupa por su matrimonio. En ausencia de Luis XII, ocupado en la guerra de Italia, embajadores del archiduque han pedido, ya el año anterior, a la reina Ana de Bretaña la mano de la princesa Claudia. La reina los ha acogido muy bien.

La situación es pintoresca. Sin haberlo visto nunca, Ana se enamoró de ese Maximiliano, llamado el Arcángel, y se casó con él por poderes. No es capaz de olvidarlo y halla una compensación en la unión de su hija con el nieto de un marido fugitivo, que se ha convertido en una especie de mito.

¡Su hija! Ha tenido otros hijos de Carlos VIII, todos muertos en edad temprana. Vuelta a casar con Luis XII, espera ardientemente un delfín sin estar segura de que, si venía al mundo, permanecería en él mucho tiempo. En ese caso, Claudia sería la heredera del ducado independiente de Bretaña, del que ella es soberana.

Ana, a quien Carlos VIII ha tomado como si fuese una plaza fuerte, no ama a Francia y no desea ver que se anexiona su tierra. Prefiere entregarla como prenda de su romántico amor al heredero de Maximiliano.

Cuando Luis XII regresa de Italia, no ignora el peligro que una tal alianza podría representar un día para su reino, pero, habiéndose apoderado de Nápoles y de Milán, necesita la investidura imperial para legitimar sus conquistas. Piensa que la edad de los dos niños le dejará tiempo para romper sus esponsales después de haberse quedado con su beneficio. Así es que da su consentimiento y prepara una recepción espléndida a los viajeros.

El archiduque y la infanta caminan despacio en medio de una multitud ávida de contemplar su magnificencia. El gentío es tan grande que varias personas mueren asfixiadas. Al caer la tarde del 7 de diciembre, el cortejo entra en el patio del castillo de Blois a la luz de las antorchas.

Son numerosos los relatos de la estancia tragicómica de los archiduques. Antoine de Lalaing, Jean d'Auton, Padilla, cronista de la Corte de Bruselas, Saint-Gelais, cronista de la Corte de Francia, nos han transmitido hasta los menores detalles. Desde el principio, Juana, ya descontenta, se pone furiosa, juzga que el ceremonial es ultrajante para ella, pues no ha sido llevada ante el rey hasta media hora después que su marido.

La infanta no se estima inferior a la reina-duquesa y los incidentes entre ellas se van multiplicando hasta llegar a una especie de estallido a la salida de una iglesia. Juana abomina de la pompa con la que la agobian, los alimentos demasiado ricos la ponen enferma. Pero se ve obligada a sonreír a la pequeña Claudia, a la que detesta desde el primer momento, y a regalarle una corona de diamantes.

Tan enfadada está su mujer, cuanto Felipe se siente feliz.

—¡Éste es un hermoso príncipe! –ha dicho Luis XII.

Lo considera como conde de Artois, primer Par de Francia, y lo hace sentar en el Parlamento. Juana no puede soportarlo. Se abstiene de participar en las cacerías durante las cuales el rey y el archiduque hablan de sus asuntos. Todo el mundo se queja de ella. Esto no impide que se firme un tratado. Claudia de Francia se casará con Carlos de Luxemburgo y, cuando nazca el delfín, se casará con una de sus hermanas. Juana manifiesta su desaprobación apareciendo en el último banquete ataviada con un vestido español.

De todas maneras se vio obligada a jurar por el Santísimo Sacramento que los matrimonios concertados se realizarían. Su marido y los soberanos franceses hicieron otro tanto. Después de esto, todos se marcharon.

En el camino del Loira a los Pirineos, los terribles esposos se reconcilian. Entran en España. Casi a su pesar, Juana se siente contenta de regresar a su patria. Sobre todo se siente orgullosa de mostrar su maravilloso marido a las gentes, pero ahora es Felipe quien se pone de malhumor. Comparadas con los Países Bajos, las Españas parecen áridas, inhóspitas, miserables. Solamente los grandes señores poseen inmensas fortunas. Incluso los hombres de nobleza media van con frecuencia descalzos. ¿Y qué decir de los campesinos, que parecen animales en sus madrigueras?

Llegan a Madrid, donde, por la circunstancia, se ha mitigado el duelo severo que se había venido observando desde la muerte de don Miguel. Los flamencos quedan desconcertados por la gravedad, la *serenidad**, de los españoles, se sienten exasperados por la austeridad de sus costumbres, por las misas interminables, que empiezan a las seis de la mañana, horripilados por los penitentes que pasan por las calles flagelándose y dando alaridos.

En el pueblo de Olías, Felipe cae enfermo con saram-

---

* En español en el original.

pión. El rey Fernando, que lo esperaba en Toledo, va a visitarlo. Siente una enorme curiosidad y está preocupado por ese yerno llamado a sucederle. Juana no estaba preparada para esa visita. Viéndolo bajar del caballo, se siente tan conmovida que olvida la etiqueta y corre a echarse llorando al cuello de su padre. Deja de lado las manifestaciones furiosas de su amor y ésa será la única explosión de sus sentimientos ocultos.

El rey toma asiento a la cabecera de Felipe, le dirige palabras de cortesía y lo observa atentamente. La desgraciada Juana sigue llorando enternecida. No duda que esos dos hombres a quienes adora van a ser enemigos mortales.

En cuanto el enfermo se cura, el cortejo vuelve a emprender el camino. El archiduque y la infanta hacen su entrada solemne en Toledo, donde la reina Isabel, sentada en su trono, los recibe ceremoniosamente. Por la noche, un gran banquete reúne a la familia. Felipe, que lleva un traje bordado en oro bajo un manto color violeta, sorprende a los soberanos españoles vestidos de lana negra. Juana lo pasa mal. Además, desde que se ha encontrado con su madre se ha mostrado de nuevo inestable, irritable, extraña. A su vez, Isabel observa a la pareja, que no puede disimular sus relaciones tumultuosas.

¡Qué herederos! ¿Qué va a ser en sus manos el monumento formidable apenas edificado por los Reyes Católicos? Si creemos a los cronistas, nada más ver la pareja que forman sus hijos, la gran Isabel se convirtió en una anciana.

III. JUANA LA LOCA
(1502-1507)

Juana estaba de nuevo encinta y Felipe, que no encontraba a las españolas tan complacientes como las flamencas, tascaba el freno. Nada de este país le gustaba, ni las corridas de toros, ni los torneos, que a su parecer les faltaba categoría, ni las procesiones, ni los autos de fe. La medida se colmó cuando llegó la noticia de la muerte prematura (¡otra más!) de Arturo, príncipe de Gales, recientemente casado con la infanta Catalina. La Corte se puso de luto solemne y no tuvo ya otras distracciones más que las Misas y los *requiem*, sin contar, por supuesto, los autos de fe.

Así pues, Felipe estaba de muy mal humor cuando su suegro se puso a explicarle la manera de llevar los negocios de España. Ni el propio Maquiavelo era entonces mejor maestro en política, pero el joven archiduque, muy imbuido de sí mismo, se resistía a tener uno. Es verdad que, según el embajador veneciano Quirini, «su inteligencia era de las más brillantes».

El 22 de mayo, las Cortes de Castilla prestaron juramento a la pareja de príncipes y eso fue para Felipe un nuevo motivo de irritación, porque las insignias de su mujer pasaron delante de las suyas. Quedaba por obtener el juramento de las Cortes de Aragón, empresa mucho menos fácil. Ambos reinos no tenían las mismas leyes. De hecho, cada soberano imponía a su arbitrio las de la sucesión. El padre de Fernando, Juan II de Aragón, había establecido que la corona, transmisible por las mujeres si no había heredero varón, no les pertenecería a ellas, sino que en ese caso debían pasarla a sus hijos.

Fernando viajó a Zaragoza con el objeto de conseguir el cambio de ese estado de cosas. Las negociaciones fueron difíciles y pasaron los meses. Españoles y flamencos se entendían cada vez peor, surgían riñas entre ellos. Llegó el verano tórrido y causó numerosas muertes entre las gentes del norte, en especial la del obispo de Besançon, amigo muy querido de Felipe. Éste le tomó odio a aquella región funesta de la que hubiera querido alejarse. Sin embargo, su prestancia, sus maneras, su boato, sus larguezas, habían conquistado a muchos españoles. El archiduque se había hecho popular en gran detrimento de Fernando.

No podía pensar en partir antes del juramento de las Cortes aragonesas, las cuales aceptaron por fin un compromiso en octubre. El archiduque y la infanta pudieron entonces marchar a Zaragoza, donde nuevas humillaciones esperaban a Felipe. En efecto, mientras Juana era reconocida como heredera del reino, él recibía solamente el estatuto de príncipe consorte. Por lo demás, si el rey Fernando enviudaba, se volvía a casar y tenía un hijo, la corona recaería sobre ese hijo.

Mientras tanto, la guerra había estallado en el reino de Nápoles entre franceses y aragoneses. En represalia, Luis XII enviaba fondos a su aliado el duque de Güeldres que, al frente de ochocientos jinetes, invadía Flandes y sembraba estragos. Felipe aprovechó ese pretexto. Dejando a su mujer en Zaragoza, corrió a ver a sus suegros a Madrid, les anunció que regresaba a sus Estados. Isabel, muy preocupada, intentó por todos los medios convencerlo de que abandonara ese proyecto lamentable. Era necesario que permaneciera en España bastante tiempo para convertirse en un príncipe español. Juana estaba encinta. ¿Cómo exponer en esas condiciones a la heredera de los reinos a un viaje interminable y peligroso?

Hubo duras discusiones. Felipe, inconmovible, dijo que, si su mujer no podía seguirle, renunciaría gustosamente «al lecho de Madame». Por si fuera poco, los aragoneses sufrieron descalabros en el país napolitano y a Fernando se le ocurrió aprovecharse de un viaje, que a él le parecía mucho menos enojoso que a Isabel, pues ya empezaba a recelar de ese yerno demasiado popular. Le pidió que pasara por Francia y negociara un tratado de paz con Luis XII.

Felipe preparó de inmediato su partida. Ordenó a su mujer que abandonara Zaragoza y se le uniera en Alcalá de Henares. Juana no sabía nada aún. Un mensajero de su madre, que le mandaba que retuviera a su marido, le comunicó los acontecimientos. La impresión fue terrible. Pedro Mártir nos dice que la infortunada estuvo llorando toda la noche.

Cuando se reunió con Felipe, abandonó su orgullo, cosa desacostumbrada. Sollozó, suplicó, se echó a los pies del cruel. También según Pedro Mártir, éste permaneció «más duro que un diamante». Emprendió la marcha el 19 de diciembre de 1502. Juana cayó en una profunda depresión. Apenas dormía, no comía, parecía ausente. Su espíritu no despertaba más que si se pronunciaba el nombre de su marido. Simulaban creer que su embarazo era la causa de aquello.

El 10 de marzo de 1503, la infanta dio a luz a su segundo hijo varón. Era el primero de sus hijos que nacía en España y, para dejar constancia de ello, Fernando se empeñó en que recibiera el mismo nombre suyo. El bautismo se celebró con gran pompa en Alcalá.

El estado de la desgraciada cambió, pero sin mejorar. Juana se abandonaba a los transportes de unos celos delirantes. Convencida de ser engañada, quería a toda costa estar junto al infiel y se vengaba en las personas de su entorno, porque se veía prácticamente cautiva. La reina hizo que se uniera con ella en Segovia, lo cual envenenó las cosas. Juana sentía ahora verdadero odio hacia su madre. Ambas tenían un carácter imperioso y violento. Isabel, para quien, aparte de la religión, la razón de Estado era la ley suprema, no podía comprender a su hija, totalmente esclava del amor, y los choques entre ellas fueron cada vez más violentos. Después de las escenas que horrorizaban a la Corte, la reina se sentía muy mal y había que sangrarla.

Le dijeron a Juana que podría marcharse cuando se hiciera la paz con Francia. El pensamiento de que era retenida como un rehén acabó de exasperar a la mujer. Se mostró tan odiosa, que le permitieron retirarse al castillo de la Mota, una fortaleza erizada de torres. Abandonada por su marido, prisionera de sus padres, ésa era la suerte de la archiduquesa infanta, heredera de las Españas, de Nápoles y del Nuevo Mundo, nuera del Emperador.

* * *

Mientras, Luis XII y Felipe se habían reunido en Lyon. La paz fue firmada, los esponsales de Carlos y Claudia fueron confirmados. En ellos recaerían, en definitiva, los reinos de Nápoles y de Sicilia.

Se celebraron grandes fiestas y después Felipe prosiguió su viaje. En camino se enteró de que Fernando no aceptaba su tratado. El aragonés sólo había querido conseguir el tiempo necesario para que su ejército recibiera refuerzos. Su general, Gonzalo de Córdoba, atacó a los franceses, que no se lo esperaban, y los arrojó de la Italia meridional.

Irritado por haber sido el instrumento involuntario de esa traición, Felipe regresó para ofrecerse en rehén a Luis XII. Cayó gravemente enfermo, se pensó que había sido envenenado. Cuando sanó, el rey le devolvió la libertad. Margarita de Austria se había vuelto a casar con el joven Filiberto de Saboya. El archiduque pasó su convalecencia a su lado, luego se fue a Innsbruck con su padre, el Emperador, que, como siempre, se hallaba enredado en negocios que la falta de dinero hacía inextricables. Ambos fueron a olvidar sus preocupaciones cazando en el Tirol.

Hasta el mes de noviembre de 1503, casi un año después de salir de España, Felipe no llegó a sus Estados y en Malinas se encontró con sus hijos, con quienes estuvo muy afectuoso. Durante las fiestas oficiales que se dieron en su honor murió Margarita de York. Carlos, con menos de cuatro años, se encontró así privado de la que había sido una madre para él. La dama de Ravenstein fue la encargada de él.

¿Pensó Felipe que ahora la presencia de su mujer era indispensable? ¿O quizá por el rencor que sentía hacia Fernando quiso desprenderse de él por las buenas? Fuera lo que fuese, escribió a Juana para que regresara, quejándose casi con ternura de su larga separación.

Aunque la reina Isabel estaba vigilante, no pudo impedir que la carta llegara a su destino. De inmediato, Juana dio muestras de tal agitación que, como dice Pedro Mártir, parecía una leona de África. En cuanto lo supo, la reina envió a la Mota al obispo de Córdoba, Fonseca, con plenos poderes.

El prelado llegó al castillo en el momento en que la princesa iba a marcharse. Discutieron con dignidad primero y luego con violencia. Juana estaba decidida a irse a pesar de su madre, aunque se le negasen caballos y barcos. Iba a hacerlo cuando Fonseca, utilizando sus poderes, ordenó que levantasen el puente levadizo.

Cogida en la trampa, la infanta tuvo un acceso de rabia tal que Fonseca, espantado, corrió a encerrarse con doble llave. Se produjo entonces un abatimiento completo. Juana cayó de rodillas con el rostro apoyado en las cadenas del puente y permaneció así toda la noche a pesar de los esfuerzos de sus doncellas.

Hasta la mañana siguiente no consintió en dejarse llevar a la modesta casa del guarda. De ningún modo quería regresar al castillo. La reina envió a la Mota al almirante Enríquez y al arzobispo de Toledo, canciller de Castilla, Ximénez de Cisneros. Juana los recibió de tal suerte que el todopoderoso Cisneros no se lo perdonó nunca.

La propia reina acudió, a pesar de su endeblez. Su hija se negó a moverse y recibirla y tuvo que humillarse yendo a la casa del guarda. La conversación fue terrible. Isabel escribió a Fuensalida: «Me ha hablado con tanta falta de respeto y de manera tan indigna que, si no hubiera sido por el estado de su espíritu, jamás habría yo soportado esas palabras». Veía en todo ello con horror los transportes de su madre, Isabel de Portugal, la reina loca. Los sacerdotes y los médicos le aconsejaron que cediera. Juana recibió la promesa de que podría marcharse en primavera y regresó al castillo.

El 11 de abril de 1504 se reunió en Bruselas con su marido adorado, pero los celos no le permitieron sentirse feliz con ello. Persuadida de que era engañada, buscaba a sus rivales. Sus sospechas recayeron en una dama de honor pelirroja a la que le cortó los cabellos, la arañó, le mordió y por último intentó desfigurarla con unas tijeras. Llegó Felipe y le dio una paliza. Le había puesto el mote de «la Terror». Desde ese momento, el archiduque encargó a Mújica, el único español en quien tenía confianza, que enviase a los Reyes Católicos informes que los tuvieran al corriente del comportamiento de su mujer. Ese comportamiento fue pronto conocido tanto en España como en Flandes y provocó reacciones diversas.

Mújica fue el primero en hablar de locura. Juana lo supo y se indignó. «No puedo extrañarme –escribió a una amiga– de que se levanten contra mí falsos testimonios, puesto que los levantaron contra Nuestro Señor».

Sin embargo, parece que se propuso darle la razón a Mújica. Sus celos se hacían verdaderamente salvajes, se rodeaba sólo de jóvenes esclavas moras venidas de España y a las que mandaba desfigurar. Métodos de déspota oriental. Felipe pone el grito en el cielo, no quiere ni ver a esas horribles criaturas, amenaza con renunciar a la vida conyugal. La amante capitula enseguida y vuelve a quedar encinta, pero las desgracias no tardan en aparecer de nuevo. El archiduque encierra a su mujer, que replica con una huelga de hambre. Durante toda la noche golpea con un bastón el suelo de su habitación. Felipe tiene los nervios tan de punta que, según dicen, pensó en suicidarse.

Vuelve la calma e intenta dar ocupaciones a Juana, asociarla al gobierno. Pero nada la distrae de su idea fija. Se la ve permanecer inmóvil durante horas al fondo de una habitación a oscuras. A veces se pone a canturrear. Afortunadamente no muestra interés por sus hijos. Carlos, educado lejos de ella, se libra de las repercusiones terribles que ese espectáculo podría tener sobre él.

*   *   *

Luis XII regresó, vencido de una nueva expedición a esa Italia que era su obsesión tanto como los celos obsesionaban a la infanta. Había tenido dos hijos, ambos muertos en la cuna. Enfermo, deprimido y no obstante asido a su sueño transalpino, cayó por entero bajo la influencia de su mujer, que alimentaba ambiciones desmesuradas en favor de la pequeña Claudia, su único hijo en ese momento. Los franceses habrían deseado que la princesa se casase con el heredero del trono, Francisco de Angulema. La reina Ana no lo quería a ningún precio. Claudia reinaría sobre la Cristiandad al lado de Carlos.

El Emperador y el archiduque se habían reconciliado de nuevo con Luis XII después de los altercados con Fernando. El 22 de septiembre de 1504, los tres príncipes firmaron en Blois un nuevo tratado que garantizaba al Valois la investidura imperial para el ducado de Milán y para el reino de Nápoles, pero era preparación para el desmembramiento de Francia. En provecho de Carlos de Luxemburgo. Casándose con él, Claudia aportaría Borgoña, Bretaña, el condado de Blois y, por añadidura, el milanesado, Nápoles, Génova, Asti. El heredero de la Casa de Austria y de los Reyes Católicos tendrá un imperio comparable al de Carlomagno.

Dos meses después, el 26 de noviembre, Isabel la Católica expira. Por un testamento fechado el 23 de octubre, pide a sus súbditos que consideren a su hija Juana como «la verdadera reina y propietaria» de sus reinos y tierras de más allá de los mares y «presten la misma obediencia» al archiduque Felipe. El rey Fernando será regente en espera de su llegada.

Ya es Juana reina de Castilla, de Granada y de León, soberana de las Grandes Indias, sin que parezca importarle nada. Debe de ser la única. Todo el mundo codicia la herencia que la princesa «melancólica» no puede recoger efectivamente. Fernando no quiere dejar el principal reino de la península al archiduque, que en cambio está bien decidido a gobernar.

Felipe toma el título de rey. Se forma un partido contra el aragonés. Une a los nobles, persuadidos de que volverán a tomar su antiguo poder bajo un príncipe extranjero, a las gentes del comercio interesados por las relaciones comerciales entre Castilla, productora de materias primas, y Flandes importador. Por contra, los juristas, las clases medias de las ciudades, la nueva administración, sostienen a Fernando. Por si fuera poco, Luis XII cae gravemente enfermo. Creyéndose a las puertas de la muerte, se libera de la influencia de su mujer, se espanta ante el pensamiento de dejar una Francia desmantelada. Redacta un testamento que rompe los esponsales de su hija y Carlos de Luxemburgo. Claudia se casará con Francisco de Angulema, como lo pedirán muy pronto los Estados Generales.

El damero diplomático se encuentra enteramente trastornado. Luis XII, ya sano, está peleado con Felipe el Hermoso. Enseguida Fernando se acerca a él. Se casa con su sobrina, la bella Germana de Foix, esperando tener un hijo que privará de Aragón y del reino de Nápoles al Habsburgo detestado. Contra todo lo que se esperaba, Juana protesta, se queja de que es expoliada. Demasiado tarde, ya no puede hacer nada. El 15 de septiembre de 1505 da a luz una tercera hija, la archiduquesa infanta María. El rey de Aragón guarda celosamente junto a sí a su segundo hijo, el infante Fernando. A este pequeño príncipe, educado como español, es a quien querría asegurar la corona de Castilla.

Ante estos peligros, Felipe decide volver a España. El 10 de enero de 1506, después de haber nombrado a Chièvres tutor de Carlos, su mujer y él embarcan en Flessinge. El capricho de las tormentas los arroja a Inglaterra, en donde permanecen tres meses. Los jefes de Estado de aquella época se habrían quedado muy asombrados por la precipitación de los del siglo XX.

La estancia en la Corte del rey Enrique VII Tudor habría sido muy agradable sin los sobresaltos de humor de Juana. Luis XII solicita de Enrique VII que le entregue su huésped. El Tudor se burla de él, quiere estrechar su alianza con los austro-españoles, casarse con Margarita de Austria, que es viuda por segunda vez. Margarita no acepta, diciendo que le da mala suerte a sus maridos.

Pues bien, qué importa, si el pequeño Carlos está ahora libre. Hele aquí prometido a la princesa María de Inglaterra, hija del rey. Él tiene seis años, ella diez. Enrique II y Felipe firman un tratado de comercio con el que sus Estados sacarán buenos beneficios y se hacen a la vela.

El 26 de abril de 1506, los jóvenes soberanos de Castilla desembarcan en La Coruña. Para recibir a sus hijos, Fernando ha movilizado tropas, concentrado artillería en sus fronteras, pero el partido «felipista» ha trabajado bien. Los castellanos, a quienes no les gustan lo aragoneses, aclaman a sus nuevos dueños.

Esto convence al zorro de que ha de llegar a un entendimiento. Se encuentra con su yerno, lo reconoce como regente de Castilla, promete retirar las tropas y, enseguida, redacta una declaración secreta: el tratado le ha sido impuesto por la fuerza y, por lo tanto, es nulo. Al parecer está demostrado que ha representado esa comedia de acuerdo con su hija, a quien los celos tienen desquiciada. Grandes fiestas celebran la reconciliación.

Juana asiste a ellas inmóvil, más sombría que nunca. Sólo se anima para pelearse con su marido. En ese infierno conyugal, la política y el amor atizan a una el fuego. Fernando, viendo que su impopularidad se agrava en Castilla, estima que es más conveniente abandonar la plaza. El 23 de agosto se marcha de España y se retira a Nápoles.

Felipe, ayudado por sus flamencos, administraba bien sus Estados. No conoce nada de España y la codicia de los flamencos los hace aún más odiosos que en el primer viaje. Los nobles chocan con esos intrusos y se percatan de que han hecho un negocio de primos. La Inquisición, encantada por poder perseguir a los aragoneses, en quienes los judíos y los moros han dejado tantas huellas, provoca violentas reacciones. En cuanto a Juana, «quiere ser reina, pero no quiere reinar». Imposible conseguir de ella una firma.

Las cosas están ya muy mal cuando, el 19 de septiembre, en Burgos, Felipe el Hermoso, que acaba una partida de cartas, se levanta y bebe un vaso de agua que no ha probado el hombre que tiene ese oficio. A la mañana siguiente tiene fiebre, le acometen vómitos, seis días después muere en los brazos de su mujer, que da alaridos.

Tenía calor y bebió agua helada: según los médicos, las consecuencias fatales eran inevitables. Para que no se haga una autopsia que los contradiga, se embalsama el cuerpo y se extraen las entrañas rápidamente.

Todo el mundo cree que ha sido un envenenamiento. Algunos lo atribuirán a los celos de Juana, otros a Fernando, que tenía un interés demasiado grande en cometer el crimen y una conciencia demasiado habituada a soportar con frivolidad esa clase de pesos. En ausencia de pruebas, es difícil no sospecharlo por lo menos.

Sea lo que fuere, el hecho es que se beneficia con esta situación. El cardenal Cisneros, que ha tomado en sus manos el gobierno con el apoyo de una gran parte de la nobleza y del antiguo personal aragonés, le pide que regrese, que vuelva a hacerse cargo de la regencia. No será la desgraciada reina quien se lo impedirá.

* * *

Algunos historiadores han sostenido durante mucho tiempo que Juana se volvió loca a causa de la muerte de su marido y que así lo demuestra su conducta extravagante. Si examinamos objetivamente las cosas, esta conclusión parece un poco precipitada.

Celebrados los funerales, la reina se negó a separarse del féretro y, considerando que Burgos era indigno de su marido, quiso que fuese enterrado en la cripta real de Granada, a pesar de la oposición de Fernando, que nunca le había reconocido el título de rey a Felipe.

Juana aprovechó la ausencia del tirano. En enero de 1507, seguida de una inmensa escolta, tomó el camino de Granada en compañía de su segundo hijo. El cuerpo embalsamado de Felipe la acompañaba. No viajaba más que de noche, pues, según decía ella, «una viuda que ha perdido la luz de su alma no debe exponerse a la luz del día». No permitía a ninguna mujer que se acercara al féretro. Al enterarse en una de sus paradas que acampaba cerca de un convento de religiosas, partió de allí inmediatamente. El 14 de enero dio a luz una hija póstuma, la archiduquesa infanta Catalina.

Mensajeros llegados de Inglaterra la alcanzaron en el camino. Pedían su mano en nombre de su señor Enrique VII. A sus consejeros, asustados por el estado mental de la reina, éste les respondió que ese detalle no le impediría hacerse dueño de España.

Juana lo rechazó: no era libre, esperaba a que su marido despertara. Según el rumor popular, un monje le había contado la historia de un príncipe que resucitó después de haber estado enterrado catorce años y ella lo creyó.

El cortejo fúnebre no llegó jamás a Granada. Fernando había regresado a España. Obligó a su hija a deshacer el camino. De la trágica entrevista que se siguió no se sabe nada, sólo que Fernando le quitó a Juana la regencia de Castilla. Mandó enseguida encerrar a la desgraciada en el castillo de Tordesillas con la pequeña Catalina. Él mismo siguió encargándose de la educación de su nieto Fernando.

El pueblo creía que la reina no estaba loca, sino embrujada. Por supuesto, los muros de Tordesillas guardaban bien su secreto y sólo circulaban rumores contradictorios.

¿Estaba realmente loca Juana? El obispo de Málaga, enviado, por así decir, a hacer una inspección, redactó un informe. La reina, que al principio había sido presa de crisis furiosas parecidas a las de su abuela, se había calmado un tanto. Ya no maltrataba a las sirvientas. Sin embargo, no se peinaba ni se lavaba la cara, se negaba a cambiarse de ropa, dormía en el suelo, comía en un plato puesto en el suelo. Y cosa más grave: no iba a Misa.

En realidad, Juana parece haber sido sobre todo presa de ese mal misterioso que procedía de la Casa de Portugal y que se había transmitido por las mujeres a las Casas de Borgoña y de Castilla antes de afectar a los Habsburgos: la «melancolía». La «melancolía» era el rechazo de la realidad, la huida hacia los sueños, la delectación morosa. En Juana, el dolor la había llevado a límites extremos.

Esta mujer, que, según las ideas de aquel tiempo, iba a ser la auténtica propietaria de un imperio, quería ignorar las cosas terrestres, contra las que, no obstante, llegaba a rebelarse algunas veces. Seguía evitando la luz, se cubría el rostro con un velo negro, pasaba de la violencia a los ensueños, dejaba pasar las horas inmóvil y muda hasta caer en una especie de anonadamiento. Esto no significaba que estuviera enteramente privada de sus facultades mentales, pero su familia tenía un interés demasiado grande en dejar que así se creyera y no hacía nada para curarla. Para sus súbditos, la reina Juana fue convirtiéndose progresivamente en Juana la Loca.

IV. LOS TUTORES
(1507-1515)

He aquí, pues, a Carlos huérfano de un padre con el
que sólo ha tenido raros contactos y privado de una madre
a la que apenas si ha conocido. Esta doble ausencia pesará
sobre su formación.

El testamento de Felipe el Hermoso es confuso. Chièvres, lugarteniente general y gran chambelán, convoca los
Estados Generales. Los flamencos han detestado siempre
al Emperador Maximiliano y le han infligido cientos de humillaciones. Sin embargo, es a él a quien curiosamente entregan la tutela de Borgoña –sigue vigente oficialmente ese
nombre– y de su nuevo soberano. Encantado ante la perspectiva de poner a flote sus finanzas, el menesteroso y fantasioso César se pone en camino de inmediato. Se le obnu-
bila la cabeza hasta tal punto que reclama la regencia de
los reinos de Nápoles y de Castilla.

Luis XII y Fernando de Aragón reaccionan violentamente, los flamencos se asustan, Maximiliano se echa atrás.
Designa para sustituirlo a su hija Margarita que, habiendo
construido para su segundo marido la magnífica tumba de
Brou, abandona Saboya. En adelante se dedicará a los flamencos, a los brabanzones, a los holandeses, a los franco-
conteses, a los artesianos, a todos esos pueblos felices y dispuestos siempre a combatirse, y son objeto de la codicia
universal. Chièvres se eclipsa ante ella, no con pocas reservas. La archiduquesa se trae con ella a ciertos miembros de
la Corte saboyana, en especial a su canciller, Mercurino
Gattinara, que tendrá un gran futuro.

Ya no es la maravillosa criatura que hizo que el infeliz
don Juan muriera de amor. Tiene veintisiete años, pero sus
lutos, sus desgracias, han modificado sus rasgos hasta dar-

les un aspecto casi masculino que, pronto, acaba acentuando una inoportuna pelusilla. Su voz misma tiene acentos demasiado sonoros, su porte conserva poco menos que nada de femenino. Se comentará en tono de burla que lleva su celo hasta tal punto que se ha transformado en un verdadero regente.

Esta hija de un hombre extravagante, «muy admirado y muy querido», dice ella en su correspondencia, tiene un sentido común eminentemente realista, una gran fuerza de carácter, una aptitud indiscutible para gobernar. Sabe escoger a los hombres, imponer su voluntad, conciliar lo inconciliable, sabe igualmente seducir, tener agudas ocurrencias, redactar admirables cartas, hacer versos, escribir cuentos. No le aportará a Carlos esa ternura maternal que siempre le faltará.

El 18 de julio de 1507 se celebra en Gante la Misa fúnebre solemne por Felipe el Hermoso. Carlos de Habsburgo, archiduque de Austria, infante de España, duque de Borgoña, conde de Flandes y de Luxemburgo, cabalga hacia la iglesia vestido de negro sobre un caballo negro. Tiene siete años. Los caballeros del Toisón de Oro van a su lado seguidos del Consejo de regencia, de los altos dignatarios, de los representantes de la nobleza y del clero. Delante del altar, sobre un sarcófago de piedra, reposa la armadura del príncipe difunto entre centenas de cirios, de espadas y de banderas. Carlos, situado de manera que domina la asistencia, se arrodilla y el obispo de Arras dice la Misa de difuntos.

Terminado el oficio, el heraldo del Toisón de Oro exclama:

—El rey ha muerto.

Otros cuatro heraldos repiten la fórmula y se prosternan. Entonces, el Toisón de Oro llama:

—Carlos de Austria.

—Presente –responde el niño a media voz.

—Nuestro rey vive. ¡Viva el rey! –grita el heraldo.

Entrega a Carlos una espada en una funda de oro y le quita el manto de luto. El príncipe arma caballeros a sus pajes arrodillados. Es el comienzo de un reinado de cincuenta años cuya impronta llevará la historia para siempre.

Poca gente puede imaginárselo, pues tan pálido, endeble,

taciturno, está el hijo de Juana la Loca. En el recuerdo están los fallecimientos prematuros ocurridos entre los suyos y se duda que viva mucho tiempo. Sus abuelos no lo aman, Maximiliano porque lo considera demasiado español, Fernando porque no lo es bastante. Ambos prefieren a su hermano menor, mucho más vivaz, robusto y espontáneo.

Margarita, evitando prudentemente las grandes ciudades flamencas tan turbulentas, se ha instalado en Malinas en un amplio palacio de un estilo nuevo, embellecido con tapices y pinturas.

La educación de quien quizá domine la Cristiandad ha sido confiada a Adriano Floriszoon, decano de Utrecht, vicerrector de la Universidad. Este humanista es un hermano de la «Vida común». Alimenta la fe de un monje de la Edad Media y reprueba los escandalosos abusos de la Iglesia. Infundirá en su alumno certezas inquebrantables.

Tiene ayudantes, Roberto de Gante, Adriano Wiele, Juan de Anchiata. Luis Vaca tiene el encargo de ilustrar el espíritu del pequeño príncipe, Charles de Poupet el de entrenar su cuerpo con ejercicios físicos. Éste es quien parece obtener mejores resultados en un primer momento.

Muy pronto Carlos se apasionará por los caballos y por las armas. Encabeza un equipo al cual lleva a un tren furioso, con gran espanto de sus hermanas. Descubre la caza con embriaguez y Maximiliano dirá que al menos en esto reconoce la sangre de los Habsburgos. Da muestras de un apetito feroz, una glotonería que a nadie se le ocurrirá refrenar. Pero, por desgracia, en esa época se presta poca atención al cuidado de los dientes. Imposible corregir una mandíbula en la que los dientes de abajo no llegan a juntarse con los de arriba, de manera que los montones de comida apenas si son masticados. Esto prepara no pocos sufrimientos al futuro dueño de Occidente.

Su tía vela sobre sus Estados y sobre sus herencias más que sobre él mismo. No parece que le inspirara mucho cariño. La archiduquesa, guardando cuidadosamente las apariencias de una buena flamenca, casi no tiene tiempo de sustraerse a la política.

Se ha dicho que fue el gran hombre de la familia, el lejano antecesor de la Emperatriz María Teresa. Necesita te-

51

ner esa envergadura para reprimir los disturbios sangrientos en las provincias, que están continuamente en lucha unas contra otras, oponerse como mejor puede a las locuras imperiales de su padre, rivalizar en astucia con Fernando de Aragón, mantener la alianza inglesa aun rechazando la mano del rey Enrique VII, tejer un entramado alrededor de Francia, a la que nunca perdonará su humillación cuando la desterraron en vez de ser coronada.

Tiene empeño esencialmente en conservar la amistad de Inglaterra, indispensable para el comercio con los Países Bajos y para la seguridad de sus líneas de comunicación, no renuncia a recuperar el hermoso ducado.

En 1508, la hostilidad general inspirada por Venecia, que le ha arrebatado tierras a todo el mundo en la confusión de las guerras de Italia, le permite hacer una maniobra tortuosa. El belicoso papa Julio II quiere destruir la Serenísima República, pero son las manos expertas de Margarita las que reúnen en la Liga de Cambrai al Pontífice, al Emperador, a Luis XII y a Fernando de Aragón. Ingenuamente, Luis XII cumplirá con su parte y luego, cuando Venecia hace a los otros las concesiones necesarias, verá a sus aliados y a sus enemigos unirse contra él.

Trabajo de artista que la temible hada –es única en utilizar sus armas femeninas– no podrá acabar a su gusto, pues si bien las ciudades flamencas comparten sus intenciones y sobre todo su anglofobia, la gran nobleza piensa de otra manera. En 1509 impone el regreso de Chièvres, que es nombrado tutor y curador de Carlos.

Chièvres no quiere de ningún modo una guerra con Francia. En adelante habrá dos políticas, la suya y la de la regente. Podrían anularse mutuamente. Pero, al contrario, se equilibran tan bien que los Países Bajos permanecerán en paz en vez de servir de campo de batalla, como ocurrirá más tarde con tanta frecuencia, y que, en contra de todas las previsiones, el niño predestinado no perderá ni la más pequeña parcela de su fabulosa herencia.

* * *

Los historiadores de los diferentes países en los que Carlos V reinó han dicho muchas cosas malas de Guillermo de Chièvres, ese borgoñón íntegro. Walther Tritsch y Andréas Walther han sido la excepción. «Un niño tan peligrosamente constituido como Carlos –ha escrito este último– no podía tener una suerte mejor que la de conocer a una personalidad tan fuerte, tranquila y sana como la de Chièvres... El niño se entregó espontáneamente... Se refugió de manera natural al lado de Chièvres que, lleno de una tranquila seguridad interior, representaba verdaderamente el equilibrio.»

Por primera vez desde la desaparición de Margarita de York cuando él tenía tres años, encuentra un refugio, una solicitud incansable. Chièvres duerme en la habitación de su pupilo, participa de sus alegrías y de sus penas, lo cuida en sus enfermedades, consigue vencer la melancolía de ese muchacho cuya gravedad demasiado precoz puede alternar con transportes de júbilo tan violentos como imprevistos. Carlos ha tenido siempre la impresión de que nadie lo comprendía, ni siquiera Adriano de Utrecht, ni siquiera su confesor. Chièvres lo libera por fin de esa cárcel interior. No se asombra por sus cambios de humor, por sus desalientos, por su apatía a la que sucede de repente una fiebre de acción. Si bien Margarita, cuando tiene la oportunidad, enseña a su sobrino la paciente tenacidad de los Habsburgos e intenta sellarlo con la marca de ese linaje, Chièvres, por el contrario, lo moldea según la imagen de sus ancestros borgoñones. Le inculca el gusto por la magnificencia, los torneos, la etiqueta. Carlos se considerará siempre el jefe de la Casa de Borgoña y, para su desgracia, no cesará de querer recuperar el ducado perdido. En cada uno de sus numerosos testamentos pedirá ser enterrado en Dijon, en la cartuja de Champmol, donde reposan Juan sin Miedo y Felipe el Bueno.

No es éste el único terreno en el que se enfrentarán la regente y el gran chambelán tutor. Por influencia de su canciller Gattinara, Margarita es un jefe de Estado moderno, favorece todo lo que puede la centralización y la autoridad de los funcionarios directamente sometidos al soberano. Chièvres tiene horror a esas cosas. Hijo de una ilustre familia feudal, los Croy, que gobernó durante la ancianidad de Felipe el Bueno, conserva acérrimamente sus tradiciones y desea restaurar el sistema de los dignatarios feudales. Según él, éstos deben recibir del príncipe una delegación de su poder y ejercerlo totalmente en tal o cual región. Chièvres está contra el nacionalismo que se va imponiendo desde finales del siglo anterior. Estando en la retaguardia de su tiempo, se halla curiosamente bastante cercano de las preocupaciones del nuestro.

Tiene también un concepto de la Cristiandad, es decir, de Europa, a la que desearía ver unida lo mismo que Francia consiguió su unidad, como Borgoña la había conseguido en tiempo de los duques. Por supuesto que es Borgoña la que él cree digna de crear esta especie de federación, ya que el Imperio, al que en principio le corresponde este papel, no ofrece más que una multitud de luchas confusas entre los Estados, las ciudades, las provincias, las facciones.

El desmedrado, tímido y bulímico Carlos, ¿tendrá fuerza para llevar a cabo tarea semejante? Empeñado en dársela, Chièvres no le anda con contemplaciones. Encarga a Carlos de Lannoy, señor de Seuzeille, que le enseñe el arte de la guerra y el de las justas. Pero si bien se propone que el archiduque tenga el valor militar y la destreza física de un capitán de la Edad Media, también quiere, como innovación revolucionaria, que sepa leer los papeles de Estado, estudiar lo que llamamos *dossieres*, conocer la situación de su tesorería.

Desde que el niño cumple los diez años, todos los despachos son abiertos en su presencia. Debe leerlos y aprender a hacer informes para el Consejo. Así, la educación se va haciendo poco a poco gobierno y veremos nacer ese personaje todavía desconocido, un príncipe imbuido de la tradición de los paladines, que se aplica a un trabajo de escriba, un caballero burócrata, ardiente en la batalla, frío, metódico y lento en el papeleo.

Los embajadores Du Bellay y Genly se admiran un día de que Chièvres desee conseguir tanto de su alumno.

—Soy tutor y curator de su juventud –responde el tranquilo y cortés señor–, quiero que cuando yo muera él sepa actuar con libertad, pues, si no es capaz entonces de llevar él mismo sus asuntos, necesitará otro curator por no haber sido curtido en el trabajo y tendrá que depender siempre de otra persona.

Chièvres no tiene nada de idealista. Pero ése no es el caso de Adriano Floriszoon que, a pesar de la aridez de sus enseñanzas, ejerce también sobre él una gran influencia. El fervor ascético del decano de Utrecht, su perfeccionismo sin concesiones, despierta en regiones oscuras del alma infantil angustias e incluso neurosis ancestrales. Lejos de combatir los ensueños del muchacho, los justifican. Carlos, que se ha convertido, gracias a Chièvres, en un diplomático astuto, un financiero ladino, también sacará de su preceptor la oscura pasión de lo absoluto, el desprecio por los términos medios, una concepción abstracta de su deber y una espiritualidad tan exigente que le llevará a oponerse a la Santa Sede.

Adriano detesta las costumbres disolutas y el fasto insolente de la Corte pontificia, sus métodos para drenar hacia sus palacios el oro de los creyentes. Carlos estará convencido, igual que él, de que hay que reformar la Iglesia. Se ha dicho que su fe fue en cierta manera sacerdotal más que católica.

Chièvres, Margarita, Floriszoon... No solamente de ellos recibirá el joven archiduque impresiones profundas, a veces contradictorias. Mientras más avanza en edad, más acuden a Malinas señores venidos de los múltiples países de los que un día será dueño. Toda la variedad de los Países Bajos, toda la de las Alemanias, de Austria, del Tyrol, de Italia, de Castilla, estarán representadas en su entorno. Quizá no haya ni un solo señor de esas regiones tan diferentes que no sueñe en tener presa sobre él, en imprimirle su marca, en gobernar en su nombre. El inmenso imperio en gestación da vértigo a los ambiciosos.

Los españoles, que han apoyado la causa de Felipe el Hermoso y cometido muchos excesos durante su reinado de pocos meses, buscan refugio en Flandes, esperan un cambio en las cosas.

Fernando de Aragón se siente inquieto por ello. Delega cerca de su nieto a dos hombres de confianza acompañados de un numeroso séquito, Juan de Aragón y Juan de Lanza. Las rivalidades son feroces, las intrigas abundan. Es detenido uno de los aragoneses, Diego de Castro, sospechoso de ser un agente de Luis XII.

Carlos comprende muy bien por qué tantos jóvenes y ancianos, prelados y *condottieri*, cortesanos y embajadores, se desviven por agradarle, se calumnian unos a otros. Intuirá los ardides y se blindará con una desconfianza general, que será uno de los rasgos de su carácter.

De esta desconfianza no se salvará ni siquiera su tía. Margarita se muestra de una versatilidad que sin duda le viene de su padre y cede a impulsos «portugueses» cuando su política choca con demasiada fuerza con la de Chièvres.

A los trece años, Carlos está perfectamente instruido. Después de numerosas peripecias, Luis XII ha tenido que evacuar Italia, y otra liga se forma contra él. Desde 1509 un nuevo rey reina en Inglaterra, el joven Enrique VIII, esposo de la viuda de su hermano, la infanta Catalina. Este yerno rico y fanfarrón es un «primo» soñado para Fernando, que lo embauca, le sonsaca hombres y dinero con los que, en vez de atacar a Francia, conquista Navarra hasta los Pirineos. En cuanto a Maximiliano, arruinado como de costumbre, se pone, él que es Emperador, al servicio de los ingleses como un simple *condottiere*.

Consigue sobre los franceses la victoria de Guinegate, toma Tournai, Thérouanne. Margarita salta de júbilo. Una vez más es posible la revancha. Hay que reconquistar el ducado, restablecer la antigua frontera imperial Ródano-Saona, hay que repartir Francia entre el Imperio e Inglaterra. ¿Acaso Enrique VIII no lleva el título de rey de Francia?

Por muy borgoñón que sea, Chièvres se opone a esos hermosos proyectos. Margarita replica obteniendo de los Estados Generales la ordenanza de Lille del 19 de octubre de 1513. En adelante un triunvirato dirigirá la política del archiduque, un triunvirato compuesto por los dos abuelos y el rey de Inglaterra, cada uno representado por un señor elegido por ellos. Para fortalecer la alianza inglesa, Carlos mismo irá a Londres para confirmar sus esponsales con la princesa María.

En esa época, el futuro Barba Azul es un magnífico

atleta. Admira los recursos que el endeble Habsburgo sabe sacar de su cuerpo en los torneos y en otros juegos brutales corrientes entre los Grandes, pero se siente verdaderamente incómodo ante la imperturbable gravedad, la mirada misteriosa del adolescente.

El éxito de este viaje será efímero. El juego de los príncipes consiste en engañarse mutuamente y Enrique VIII no está a la altura. Cuando descubre que sus dos aliados lo engañan, se acerca a Francia, entrega su radiante hermana, otra María de dieciséis años, al egrotante Luis XII, viudo de Ana de Bretaña. Este matrimonio llevará a la muerte en seis semanas al rey de Francia y al advenimiento de Francisco de Angulema con el nombre de Francisco I.

Margarita ha salido derrotada, Chièvres se aprovechará de ello. Preocupada por mantener una buena inteligencia entre el abuelo y el nieto, la regente sigue fiel aliada de Fernando de Aragón. Pero éste nunca ha podido imponer enteramente su autoridad en Castilla, que gobierna con mano de hierro el cardenal Ximénez de Cisneros, conquistador de Orán, acérrimo perseguidor de los moros, de los judíos y sobre todo de los marranos, esos judíos falsamente convertidos. La rivalidad persiste entre Castilla y Aragón, tan poblado como ella desde la anexión del reino de Nápoles. Castilla resiste «al imperialismo aragonés, reivindicación de un eje norte-sur de comunicación atlántica, contra el eje este-oeste del *mare nostrum* catalán», su aristocracia choca con los financieros y hombres de leyes de Fernando.

Hay, pues, una lucha entre los dos reinos. Don Juan Manuel de la Cerda, embajador de Castilla en los Países Bajos, trabaja todo lo que puede contra el rey de Aragón, difunde el rumor de que desheredará a Carlos en favor de su hermano, el pequeño Fernando, soborna a un chambelán de la regente, a la que tiende lazos.

Margarita, furiosa, lo manda detener. ¡Qué imprudencia! Don Juan Manuel es caballero del Toisón de Oro, los estatutos han sido violados. Chièvres, aprovechando la ocasión, reúne el capítulo bajo la presidencia de Carlos, su Gran Maestre. El archiduque, al frente de esa cohorte, va a ver a su tía estupefacta y le indica que tiene que liberar al cautivo.

—¡Si yo fuese hombre, os obligaría a que le pusieseis música a los estatutos! –exclama la nieta del Temerario.

Pero se inclina ante la ingratitud de ese hijo adoptivo a quien le ha sabido conservar sus Estados, la ingratitud, virtud regia que Carlos practicará sin ningún reparo. Don Juan Manuel será entregado al Emperador, que lo dejará libre.

Chièvres no se detiene en sus propósitos. El 5 de enero de 1515, los Estados Generales proclaman mayor de edad a Carlos en Bruselas. Fernando, que no consiente en ser desposeído, consigue que su nieto no acceda al trono de Castilla antes de cumplir veinticinco años.

Margarita ni siquiera ha sido informada. La tienen tan olvidada que tendrá que reclamar que le paguen su pensión. Lo sabemos por una hermosa carta en la que da cuenta de su regencia y no favorece a su sobrino.

En realidad, Carlos no posee aún voluntad propia. Chièvres dispone enteramente del poder. Lo ejerce en compañía de un grupo de nobles brabanzones, valones, franco-conteses, dominado por el canciller Le Sauvage. Estos hombres son codiciosos, el mismo Chièvres tiene fama de venal. No se ruboriza por ello, pues esa práctica es habitual en un gran señor.

Su política francófila no cambia. Francisco I, que ha subido al trono el 1 de enero de 1515, envía al duque de Borgoña, conde de Flandes, un mensaje cuya pomposa cortesía es adorno de la insolencia. Invita a ese gran vasallo a su coronación. Chièvres es lo bastante hábil para eludir el compromiso sin provocar tensiones. Es más: el 2 de abril, Carlos firma con Francia un tratado de amistad que lo libera de toda obligación hacia el rey de Aragón, su abuelo. Su matrimonio sellará naturalmente ese pacto. ¡Terceros esponsales! Esta vez se trata de la hija menor de Luis XII, la cuñada de Francisco I, Renée de France. Fernando trata en vano de romper esa red. El tratado es jurado en Notre-Dame.

Mientras tanto, Maximiliano sigue cabalgando sobre sus quimeras (¡incluso sueña con ser papa!) y extiende hacia el este las ambiciones tentaculares de su dinastía. Ha peleado mucho tiempo contra Hungría que, según antiguos acuerdos, debe pasar a su propiedad si el rey Ladislao Jegellon muere sin posteridad. Pero eso no ocurrirá, pues la reina de Hungría ha dado a luz una hija, Ana María, que el Emperador ha desposado inmediatamente con el pequeño de sus nietos, Fernando, pero esta vez el rey de Aragón ha roto los esponsales. En cuanto la reina se halla de nuevo encinta, Maximiliano llama a una hermana de Carlos, la archiduquesa infanta María. Se casará con el príncipe que ha de nacer. Por suerte es un niño, Luis. Pero no por eso Maximiliano está dispuesto a dejar que se le escape la hermana.

El 22 de julio de 1515, la catedral de Viena es escenario de una ceremonia singular. Luis de Hungría (nueve años) se casa con María de Austria (diez años), mientras que el propio Emperador (cincuenta y seis años) promete casarse con la princesa Ana de Hungría (doce años).

Tu, Felix Austria, Nube! (¡«Tú, feliz Austria, cásate!»). ¡Para otros las guerras! La Casa de Austria consigue mucho más gracias a las bodas de sus hijos. Su sombra se proyecta desde el Danubio a las Américas, desde Sicilia al Escalda. Extraño imperio cuyo nacimiento nada, sino el azar, parece justificar. El alumno pensativo y laborioso del Sr. de Chièvres, ¿será de talla para dominar esta Babel?

V. LA ENTRADA EN ESPAÑA
(1515-1517)

El día en que Francisco I cabalgó por primera vez a través de París, su altura, su rostro faunesco y burlón, sedujeron al pueblo lo mismo que seducirían a la posteridad. Su advenimiento pareció rejuvenecer, revigorizar a una Francia que había sido humillada por los reveses padecidos durante los últimos años de Luis XII.

Sin embargo, ¿qué reino se le podía comparar? Frente a sus catorce o quince millones de habitantes, Inglaterra contaba menos de cuatro, Castilla cuatro, Aragón otro tanto más o menos si se añadían sus súbditos italianos, los Países Bajos dos. Aunque el oro americano empezaba a llegar con regularidad a España, nadie tenía sus riquezas, la autoridad de su gobierno, la facilidad de sus líneas de comunicación, el poder de su ejército, la fuerza de su administración. Por eso Fernando de Aragón siempre había intentado frenar al coloso, Chièvres había procurado no contrariarlo.

Luisa de Saboya, madre del rey, se había convertido en el verdadero jefe del Estado. Francisco sólo pensaba en la gloria, en ese Milanesado obsesión de los Valois igual que Borgoña era la de la posteridad del Temerario. Se precipitó hacia Italia. El paso de los Alpes por sus tropas dejó estupefacta a Europa y marcó el triunfo de la infantería, acontecimiento revolucionario.

Los franceses tenían que enfrentarse con los mejores combatientes del mundo, los suizos. Y fue la «batalla de los gigantes», Mariñano, ganada gracias a la conjunción de medios tradicionales y medios modernos. Nunca la caballería había llevado a cabo hazañas más brillantes, mientras que la artillería —otra revolución— decidía la victoria.

Victoria que le valió a Francisco una gloria casi legendaria. ¿Cómo saldría adelante con la carga que de repente le imponía su posición de árbitro de Occidente, único fuerte cuando todos eran débiles? Podía imponer su protectorado a Italia, provocar la revolución que se incubaba en Alemania y quizá impedir el empuje del Habsburgo.

Luisa de Saboya, que era quien lo inspiraba, no tenía del mundo y del futuro la visión que habría sido la de Enrique IV o la de Richelieu. Prefirió asegurarse unas ventajas limitadas, pero sustanciales: la anexión del Milanesado, la alianza concluida con los suizos y, sobre todo, el concordato por el que el Papa entregaba al rey los obispados y los beneficios eclesiásticos cediéndole el derecho de atribuirlos o venderlos a hombres de su elección. Medio de gobierno irresistible, fuente de ingresos inagotable.

Así, Francisco I había alcanzado su precoz apogeo a los veintidós años. «Emperador en sus Estados», según la fórmula de sus legistas, debía a Bayard la aureola de los caballeros, a Leonardo da Vinci la de los mecenas ilustres. Se le llamaba el bienamado de la naturaleza, el niño querido de la fortuna.

¡Qué figura más lamentable era a su lado Carlos de Austria! A pesar de su furioso amor por la caza y su extraordinario apetito, se le concedía bien poco tiempo de vida por lo desmedrado y frágil. Un día se desmayó durante una Misa solemne y se pensó que era epiléptico. «Sus rasgos –escribía un embajador– son borrosos y casi tan poco definidos como los de un niño de doce años.»

—Tiene la indiferencia glacial de un ídolo –había exclamado su abuelo Maximiliano, exasperado después de haberle hecho una visita.

¿Qué ocultaba el adolescente detrás de esa máscara de piedra?

El trabajo enorme a que lo sometía Chièvres parecía desarrollar apenas su espíritu, aunque su mirada seguía inquietando a los extraños. El príncipe ni siquiera manifestaba el orgullo habitual en la gente de su rango y, en cuanto a su voluntad, no se la podía distinguir de la de su mentor.

Felicitó como vasallo al vencedor de Mariñano y no olvidó dirigir un cumplido a su «buena madre» Luisa de Saboya. Chièvres intentó sin éxito conseguir que el Milanesado fuera la dote de su prometida Renée de France. Tampoco consiguió impedir que el rey prestara su ayuda a Juan de Albret, rey de Navarra, que deseaba reconquistar su bien perdido.

Por si fuera poco, se produjo el estallido de un trueno. Fernando de Aragón murió el 23 de enero de 1516, diez años antes del término que él mismo se había fijado. Adriano de Utrecht, enviado a España unos meses antes como representante de su nieto, lo había disuadido *in extremis* de que le quitara a éste la regencia de Castilla, que le destinaba el testamento de Isabel la Católica, ni la de Aragón. Las regencias: pues en el fondo del castillo de Tordesillas, aislada del mundo bajo la vigilancia de hombres que no vacilaban en tratarla brutalmente, Juana no era oficialmente loca. Seguía siendo la reina de Castilla y se convertía en la reina de Aragón.

Era una carga terrible la que se abatía sobre los hombros de un muchacho de dieciséis años a quien su reino nominal no le había proporcionado más alegría que su extraña familia. De repente, se encontraba frente a frente con las complicaciones de mil asuntos, que hasta la víspera habían sido llevados por un trapacero genial, y con los problemas de las Españas.

Por fortuna, había un hombre fuerte, Cisneros, a quien Carlos, es decir, Chièvres, se apresuró a confiar la regencia «hasta su llegada». Cisneros reprimió los tumultos que inmediatamente habían estallado en la nobleza, el clero, el pueblo, las ciudades. Algunos dignatarios que se quitó de encima habían sido servidores de Fernando. Se apresuraron a correr a Bruselas, donde se aliaron con sus antiguos adversarios, los castellanos. Unos y otros presentaron una imagen falsa de la situación de los reinos.

Un peligro era muy real y fácilmente perceptible. Carlos tenía un rival: su propio hermano, el infante Fernando, educado como español y alrededor del cual el viejo rey, que había perdido su propio hijo nacido de su segunda mujer, había formado un partido para mantener a distancia al heredero legítimo. Cisneros no perdía un solo instante de vista al joven príncipe, temiendo una maniobra de esa facción.

A pesar de la opinión contraria de la nobleza castellana, Chièvres zanjó la cuestión dando un golpe de Estado, decidió hacer proclamar rey a Carlos. Pero había un obstáculo, la Loca de Tordesillas, no tan loca, pues, adivinando los riesgos de una guerra civil, se negaba a firmar cualquier cosa que fuera. Chièvres encontró un expediente. En la catedral de Santa Gúdula de Bruselas, se gritó: «¡Vivan Sus Majestades Católicas Juana y Carlos!». Cisneros, aunque muy disgustado por esa «chiquillada flamenca», intentó en vano conseguir la abdicación de la reina, que vivía en la oscuridad cubierta por un velo negro. No obstante, habiéndose inclinado Madrid y Toledo, Castilla las siguió. Las Cortes de Aragón exigieron que el nuevo soberano jurase su Constitución en Zaragoza.

Su rápida venida a España parecía indispensable. Cisneros lo presionaba para ello, también Enrique VIII, que habría querido ver que le declaraba la guerra a Francia y apoyaba a Maximiliano, todavía empeñado contra ella en Lombardía.

No era ésa la política de Chièvres. El embajador inglés trataba inútilmente de hablar con el joven rey. Siempre se le decía que estaba de caza. El tratado de Noyon firmado el 13 de agosto de 1516 dio a Carlos una nueva prometida: Luisa de Francia, hija mayor de Francisco I, de un año de edad, sustituía a su tía Renée. Para tranquilizar a los franceses, que empezaban a temer que los cercaran, se les prometía abandonar Nápoles. Habría así un equilibrio italiano entre la Sicilia del Habsburgo y el Milanesado del Valois. Carlos se comprometía a no prestar ayuda al Emperador su abuelo. Éste tuvo que adherirse al tratado unos meses después y Enrique VIII se resignó a imitarle, no sin haber conseguido nuevos acuerdos comerciales. Chièvres pudo enorgullecerse de haber restablecido una paz general salvaguardando los intereses de los Países Bajos.

Ahora era opuesto a Cisneros, que pensaba que Carlos era esencialmente un rey español y Francia, el enemigo hereditario. Surgieron disensiones entre la nobleza borgoñona y la nobleza castellana, entre el gobierno de Bruselas y el de Toledo, que tardaban dos meses en comunicarse entre sí. Chièvres, con el fin de limitar el despotismo del cardenal regente, nombró aragoneses para puestos importantes. Corrió el rumor de que esos hombres habían simplemente comprado sus cargos. Luego aparecieron en España flamencos provistos de amplios poderes. Cisneros presentó su dimisión. No se podía aún prescindir de él y Carlos le escribió una larga carta tranquilizadora.

El ilustre anciano veía a España emprender el vuelo y transformarse. Había habido durante largo tiempo discrepancias entre Aragón, cuyas ambiciones marítimas se orientaban hacia el este, al Mediterráneo (conquista de las Baleares, de Cerdeña, de Sicilia, de Nápoles), y Castilla continental impregnada de lucha secular contra los moros. Pero, desde las expediciones de Cristóbal Colón, Castilla se había convertido a su vez en una potencia marítima que miraba hacia el Atlántico. Cisneros comprendía que esta situación podía hacer de España una potencia mundial de la que los Países Bajos no serían más que unos satélites.

Ahora bien, según el borgoñón feudal, los Países Bajos tenían que constituir el centro de irradiación, el corazón del imperio de su alumno. Los reinos españoles serían de algún modo sus anexos, tierras de expansión, suministradores también, puesto que Castilla aportaba principalmente su lana a la industria flamenca. Una relación ya organizada entre Sevilla y Amberes permitiría a este gran puerto ser el distribuidor de los tesoros del Nuevo Mundo. Lejos de ir contra Francia, había que darle seguridades, probarle que no tenía nada que temer de esta relación que la atenazaba.

Vista desde Bruselas, esta concepción parecía moderada, noble y realista. Desgraciadamente Chièvres, demasiado apegado a su país, no era capaz de comprender a los otros pueblos sobre los que se extendería el cetro de Carlos, y menos aún percibir la formidable mutación que se estaba operando en el mundo.

* * *

El embajador inglés había conseguido por fin una audiencia de Su Majestad Católica. «Me recibió muy amablemente –le escribió a Enrique VIII– y me dijo que creía gustosamente en la verdad de mis palabras, pero que todavía le era imposible tomar una decisión.» Y los disturbios se agravaban en España. Las ciudades se ponían de concierto de manera que formaban un poder autónomo. Burgos invocaba el de las Cortes, actitud contra la que protestaba violentamente Cisneros. Todo el mundo reclamaba la presencia del rey, que parecía no oír. Se atribuían los más viles motivos al inmovilismo de Chièvres, principalmente su rapacidad. Su verdadero motivo era el temor de poner en peligro al joven soberano, cuya salud causaba grandes preocupaciones. Los médicos coincidían con los astrólogos. «Es verosímil que no le queden más de dos años de vida», señalaba el embajador de Inglaterra. ¿No era mejor, entonces, esperar la decisión del destino?

Esperándola se perdían en los antiguos sueños de los duques de Borgoña. La fiesta del Toisón de Oro celebrada en Bruselas el 16 de noviembre de 1516, revistió una brillantez excepcional. Asistió el propio rey de Francia y se habló una vez más de unir la Cristiandad para reconquistar Constantinopla.

Es verdad que las invasiones turcas amenazaban al mundo que había sido carolingio[1]. Aparecían como un elemento, una fuerza, de la naturaleza, se repetían con ritmo implacable y regular. La piratería beréber asolaba las costas mediterráneas, de donde una multitud de cautivos eran llevados como esclavos. Por tierra, la ola procedente de Asia había sumergido los Balcanes, llegando hasta las fronteras de Hungría. Peligro inmenso contra el que los papas llamaban continuamente a los reyes para que se unieran, pero los papas habían perdido su antigua autoridad y los reyes se ocupaban de otros asuntos.

Chièvres comprendió por fin que los asuntos de España no podían seguir siendo llevados como él lo hacía. Impulsado por Enrique VIII, que prometía pagar los gastos, pre-

---

[1] Pirenne ha señalado la especie de reparto que tuvo lugar entre Carlomagno y los sucesores de Mahoma.

paró en gran secreto el viaje de Carlos a sus reinos. ¿Qué pensaba de ello el interesado?

«El rey –observaba Pedro Mártir– se encuentra vacilante, como una marioneta, entre sus consejeros. Hacen de él lo que quieren, es muy joven todavía y tiene un carácter muy indeciso. Desde sus primeros días ha mamado la leche de sus enseñanzas y ahora es incapaz de dar un paso sin preguntar antes la opinión de Chièvres y de Sauvage.»

Sabemos el séquito, los equipajes enormes que acompañaban a los príncipes en sus desplazamientos. Los preparativos fueron muy largos. Durante el verano se reunió una flota de cuarenta barcos marcados por primera vez con la divisa de Carlos I, rey de España: *Non Plus Ultra.*

La flota estaba preparada, pero los vientos se mostraban indóciles. Esperaron su buena voluntad en Middelburg. Aquí se descubrió una cosa inaudita. Sin haber pedido autorización a nadie, la hermana mayor del rey, la archiduquesa infanta Leonor, a punto de regresar ella también a España, había entablado una relación sentimental con uno de los convidados de su hermano, Federico de Baden, conde del Palatinado. Si bien ella podía pretender una alianza más ilustre, este partido no era indigno de ella. Su tía Margarita, Chièvres en persona, se inclinaban a la comprensión. Por contra, ante la sorpresa general, Carlos, saliendo de sus taciturnos silencios, montó en terrible cólera. Su hermana estaba sujeta a la razón de Estado, en ningún caso tenía derecho a manifestar una preferencia, a elegir personalmente.

Sordo esta vez a las opiniones de su entorno, que temía un escándalo, Carlos despachó de su Corte al infeliz pretendiente y ordenó levar anclas despreciando el capricho de los vientos. Esta actitud sería hoy considerada como inhumana. Pero le valió al joven rey un prestigio del que hasta entonces había estado desprovisto. Todos admiraron su rápido gesto de autoridad y sobre todo su sentido del honor. Incluso los mismos vientos parecieron impresionados y la travesía se hizo maravillosamente bien hasta el golfo de Vizcaya.

Allí estaba alerta el dios de las tormentas: desencadenó su furia. Los barcos fueron desviados de su ruta, muchos se hundieron, llevándose al fondo del océano ciento cincuenta hombres, doce damas y la totalidad de la cuadra real. El 18 de septiembre de 1517, duodécimo día de viaje, apareció no el puerto de Laredo, cerca de Santander, como estaba previsto, sino la costa inhóspita de Asturias. Carlos y su hermana fueron los primeros en desembarcar en el miserable puerto de Villaviciosa.

Los habitantes, casi salvajes, habían tomado las armas, creyendo un ataque de los turcos. Cuando reconocieron a su soberano, lo aclamaron, le llevaron seis bueyes, veinticuatro ovejas, pan y odres de vino, organizaron una corrida de toros. Eran incapaces de hacer otra cosa. No era cuestión de ofrecer un lecho, mueble desconocido en aquellas regiones. Su Majestad Católica y los señores flamencos tan amantes de la comodidad tuvieron que dormir encima de gavillas de paja.

Luego se hubo de buscar carretas y caballos, puesto que los otros habían perecido todos. Solamente se pudo reunir cuarenta monturas para doscientas personas. ¡Qué expedición en aquellas extensiones pedregosas, a lo largo de los caminos, a través de colinas, barrancos y torrentes! Se avanzaba muy despacio. Esto permitía a una población miserable, orgullosa y ociosa organizar en cada parada regocijos curiosamente pomposos con cantos, danzas, procesiones. Laurent Vital, ayuda de cámara del rey, nos ha dejado su descripción y también la de la cruel ironía de los flamencos ante esos espectáculos.

En cuanto a Carlos, los observaba con su mirada enigmática y no decía palabra. No sonrió ni siquiera cuando apareció una cohorte de preciosas jovencitas que acudieron a saludarlo.

Había soportado bastante bien el mareo en el mar, pero no aguantó el mareo de la montaña y permaneció en cama (¡por fin una cama!) durante quince días en San Vicente. Después el cortejo se volvió a poner en camino hacia Valladolid. Valladolid estaba cerca de Tordesillas a donde Chièvres quería llevar directamente a su pupilo. Se proponía evitar hasta allí las grandes ciudades, poco seguras. Por eso tomaban caminos espantosos batidos por la nieve y la lluvia, con un frío riguroso. El rey tenía que dormir en tiendas improvisadas. En una ocasión, un cobertizo le sirvió de palacio.

En cuanto se enteró, el cardenal Cisneros salió a su encuentro acompañado del infante Fernando y del Consejo de Castilla. Uno de sus agentes, Ayala, le había escrito desde Bruselas: «Es muy deseable estar con el rey en cuanto desembarque para ocultar cosas que no es bueno que otros sepan. No es que haya alguna tara en él, sino porque su educación lo ha hecho tímido y tan encogido que puede parecer diferente de lo que es en realidad». En pocas palabras, no había que producir un efecto desagradable en los españoles.

Durante el camino, el octogenario cardenal cayó enfermo y tuvo que detenerse en el monasterio de Aguilera. Allí le llegó un mensaje real: nadie debía moverse ni, sobre todo, salir al encuentro de Su Alteza. Luego llegó una segunda orden más dura, más imperativa aún: la Casa del Infante debía ser disuelta, en adelante quedaba prohibido que Fernando se relacionara con sus compañeros habituales. Esto provocó tales disturbios que, desde su lecho del dolor, el cardenal amenazó con hacer intervenir la guardia. Esperó a continuación otras noticias, no recibió ninguna concreta. Solamente exhortaciones a la paciencia respondían a sus cartas.

El rey seguía errando de pueblo en pueblo. Cuando recorría cuatro leguas se detenía incluso siete días. ¿Acaso Chièvres esperaba la muerte de Cisneros?

Este acontecimiento no se había producido cuando a finales de noviembre aparecieron las murallas de Valladolid, pero no era ése el término de esa extraordinaria odisea, que duraba ya dos meses. Chièvres no quería que las poblaciones urbanas vieran a Carlos antes de que hubiera recibido, a falta de abdicación, plenos poderes de su madre y el cortejo se dirigió a Tordesillas.

Habiéndose ganado a los caballeros de honor y al confesor de la reina, el borgoñón actuó por sorpresa.

Un día, Juana, según su costumbre, soñaba rodeada de tinieblas cuando le anunciaron al señor de Chièvres, quien, sin esperar respuesta, se introdujo a donde ella estaba. Contó a la reina indiferente interminables historias sobre Flandes y luego, incidentalmente, le dijo que su hijo y su hija mayores se sentirían dichosos si la saludaban.

Carlos y Leonor se encontraban en la habitación contigua. Entraron inmediatamente. El ayuda de cámara Laurent Vital, a quien debemos este relato, quiso alumbrarlos con una antorcha, pero Carlos lo rechazó enérgicamente:

—¿No sabéis que mi madre no puede soportar la luz?

Los jóvenes hicieron profundas reverencias y Carlos dijo en francés:

—Señora, vuestros hijos muy obedientes están felices de encontraros con buena salud. No desean más que manifestaros su filial sumisión.

Juana permaneció largo tiempo en silencio:

—¿Sois mis hijos? —dijo por fin—. ¿Lo sois de verdad? Me parece que habéis crecido mucho en tan poco tiempo. Este largo viaje seguramente os ha cansado. ¿No sería mejor que os retirarais para descansar un poco?

Carlos y Leonor obedecieron. Chièvres se quedó y entabló otra conversación. Juana lo escuchaba vagamente, conocía sus intenciones, adivinaba sus mentiras. Pero a través de ellas la Loca entreveía quizá esta verdad: a falta de un dueño legítimo, las Españas iban a caer en plena anarquía. Ya fuera por este motivo, por cansancio o por indiferencia, ella, que se había negado a trazar una sola línea desde hacía once años, firmó el acta en virtud de la cual su hijo ejercería el poder. Esta sola firma iba a permitir que Chièvres gobernara un imperio en el que no se ponía el sol.

Mientras que Chièvres se deshacía en buenas palabras, Carlos y Leonor conocían a su hermana Catalina, que tenía diez años y compartía la reclusión de su madre. «La humilde y solitaria princesa», como la llama Vital, vivía en una habitación encima de la de su madre. Iba vestida como una campesina con un vestido de cuero y sus cabellos estaban recogidos en una sola trenza.

Su hermano y su hermana, indignados, decidieron que tenía que escaparse. No fue fácil. Hubo que hacer en secreto un agujero en la habitación de la niña para que pudiera huir. A la mañana siguiente, la reina se dio cuenta. Tuvo una crisis terrible, gritó, lloró a mares, se negó a beber, a comer y a acostarse hasta que no le fuera devuelta su hija. Carlos se vio obligado a satisfacerla, pero exigió que la infanta llevase una existencia casi normal. La lúgubre paz de las tumbas volvió a caer sobre Tordesillas.

Aún se encontraba allí Carlos cuando se enteró de la muerte de Cisneros. Acababa de escribirle diciéndole que sólo Dios podía recompensar sus servicios. Habiendo tomado posesión de sus reinos, el rey solamente podía descargarlo del peso de los asuntos y permitirle que se tomara un descanso tan bien merecido. Durante mucho tiempo se diría que el gran cardenal murió desesperado ante tal ingratitud. En realidad nunca llegó a leer esa terrible carta: murió antes de que le llegara.

El camino estaba totalmente libre. El 18 de noviembre de 1517, el rey fue proclamado en Valladolid e hizo su entrada. Llevaba sobre la coraza un manto con sus colores, de brocado de oro, de plata y de escarlata constelado de joyas. De su gorro de terciopelo negro con una pluma blanca colgaba una enorme perla sostenida por un rubí. Toda la pompa borgoñona le rodeaba y, no obstante –¡oh sorpresa!– la magnificencia española no le iba a la zaga. De casa en casa había arcos de triunfo, guirnaldas de flores y estandartes. Alfombras de flores cubrían las calles. Los grandes señores del país, seguidos cada uno de cientos de caballeros, relucían de gemas.

Durante cuatro meses se sucedieron las fiestas, banquetes, desfiles, corridas de toros, torneos y justas en las que el delgado pequeño rey asombró a la asistencia por su destreza y sus talentos ecuestres. Adriano de Utrecht recibió con gran pompa el capelo de cardenal, la pobre Leonor, que tenía dieciocho años, fue prometida al viudo de sus dos tías, Isabel y María, el rey Manuel de Portugal, que tenía cincuenta y tres. Este monarca, paralítico de una pierna, era padre de diez hijos naturales.

Aparentemente reinaba la alegría, pero ya estaban abiertas las hostilidades entre españoles y flamencos.

No se sabe si Carlos fue informado de que el 31 de octubre anterior un monje alemán llamado Lutero había fijado en la puerta de la capilla del castillo de Wittemberg noventa y cinco tesis incendiarias contra las indulgencias.

VI. «TODAVÍA NO»
(1517-1519)

Durante uno de los más brillantes torneos, todos se extrañaron de que el rey llevara un escudo blanco en el que estaba grabada con letras de oro la palabra *Nondum*, es decir, *Todavía no*. Así pedía Carlos a sus pueblos que tuvieran paciencia. A sus dieciocho años no sentía ninguna necesidad, ningún deseo, de ejercer su poder o consideraba prudentemente que todavía no estaba capacitado para ello. Se ha dicho que en él la obstinación de Isabel la Católica pugnaba contra la versatilidad de Maximiliano.

La naturaleza había vacilado en cuanto a la manera de aplicarle las leyes misteriosas del atavismo. No se había decidido abiertamente ni por el digno heredero de los grandes Reyes Católicos ni por el descendiente neurasténico de los príncipes de la «melancolía». La incertidumbre reinaba igualmente con respecto a su vitalidad. Los españoles, un tanto desconcertados ante un soberano del que incluso su nombre (Carlos) no les era familiar, admiraban que, no satisfecho con sus victorias en las justas, se aficionó a las corridas de toros. Sin embargo su salud seguía siendo frágil, padecía de las entrañas, lo cual le producía «un aliento de león», según su admirador Lastanosa; Tenía ya varios dientes estropeados, «un pelo áspero y ralo –nos dice también Lastanosa–, mal desarrollado y que daba la impresión de haberse revolcado en un campo de avena, pues este remedio es muy eficaz contra la sarna.

Chièvres podía invocar este buen motivo para impedir el contacto directo entre el rey y sus nuevos súbditos. Desde luego, lo que él quería era seguir siendo el dueño de la mente de su alumno. Y además era determinante el hecho de que el rey de Castilla y Aragón no hablaba ni una palabra de español.

Cuando esto se supo, fue el colmo de la indignación entre los señores y los prelados, ante quienes se elevaba una barrera infranqueable de flamencos, entre los que se encontraban algunos «españoles vendidos», como el marqués de Villena y el obispo de Badajoz. En general, Chièvres, Adriano de Utrecht, Le Sauvage, eran los únicos interlocutores de los miembros nacionales de la Corte. El arzobispo de Zaragoza, hijo natural de Fernando de Aragón, y por lo tanto tío del rey, fue apartado igual que los demás. «Chièvres es dueño absoluto —escribían los embajadores— y, si bien otros consejeros son consultados, todos sin embargo están atentos a su voluntad y a su más mínima indicación.»

Por desgracia, Chièvres no había querido hablar con Cisneros ni recibir sus últimos consejos. No sabía nada de España. Por muy noble que fuera, tenía las ideas mercantiles de un país en el que reinaba la economía. Los borgoñones tenían que sacar provecho de las circunstancias merced a las cuales controlaban los reinos, que ellos consideraban muy pobres. El total de los ingresos de la Corona no pasaba de quinientos mil ducados, de los que unos ochenta mil provenían de las Indias (nombre con el que eran designadas las posesiones de ultramar). Casi todo el resto pertenecía a unas pocas familias, la miseria de la población y la de la pequeña nobleza eran extremas. Había, pues, que apropiarse de los beneficios.

Chièvres había ya concedido a flamencos una buena cantidad de los beneficios, pero se proponía atribuir el principal de ellos, el arzobispado de Toledo, a su sobrino el cardenal Guillaume de Croy, que tenía veinte años. Ya se había puesto de acuerdo, reservándole su parte correspondiente, con el papa León X para hacer desaparecer el testamento del anterior arzobispo, Cisneros, y malversar las cantidades que éste había legado a los pobres. Ante la irritación de los españoles, mostró no obstante cierta prudencia hasta el juramento de las Cortes.

Había una cuestión apremiante que se refería al archiduque infante Fernando. Según las tradiciones de las dinastías ibéricas y austríaca, el hijo menor de Juana la Loca tenía derecho a una parte de la herencia. Su abuelo de Aragón había deseado durante mucho tiempo dejarle la totalidad de la herencia y todavía quedaban algunos señores que lamentaban el haber abandonado ese proyecto.

Nada había más diferente que esos dos hermanos. Carlos, educado en el norte, era melancólico, taciturno, un poco preocupante, como lo fue en su juventud la hija de los Trastamara y de los portugueses. Fernando, que nunca había salido de España, poseía el encanto, la alegría, la libertad de espíritu, la facilidad de palabra, de su padre austroborgoñón.

Estos dos jóvenes no se habían visto nunca. Se encontraron muy ceremoniosamente y Fernando tuvo la inteligencia de mostrar en ese momento su respeto a su hermano mayor, de manera que descartó las sospechas. Las disensiones entre parientes eran sin cuento en la historia de sus familias españolas. Isabel la Católica le había quitado el cetro a su hermano Enrique IV, Fernando de Aragón debía el trono al asesinato del suyo. Pero ese día los lazos de la sangre, muy poderosos entre los Habsburgos, dieron prueba de su solidez.

Carlos tenía apenas dieciocho años, Fernando quince. Pero no dejaron de comprender que una rivalidad entre ellos causaría la ruina de su Casa y que, por el contrario, su unión fortalecería su grandeza. Los asistentes se admiraron al ver que se manifestaban un afecto que rara vez olvidaron durante toda su vida.

Carlos echaba ya de menos los Países Bajos y sus bosques, las bellas cacerías en los alrededores de Bruselas. Si hubiera obedecido a su inclinación personal, habría vuelto gustosamente a su país natal, habría dejado las Españas en manos de Fernando. El sentido del deber se lo impedía. La razón de Estado le exigía lo contrario, como Chièvres se lo había dicho. De todas maneras, ninguna decisión podía ser tomada antes de la reunión de las Cortes.

* * *

Las Cortes de Castilla, representantes simbólicas del pueblo, lo eran en realidad de las dieciocho ciudades principales, que delegaban cada una un procurador. Su principal papel consistía en votar el impuesto, aunque los procuradores, que pertenecían generalmente a la nobleza media, no estaban obligados a pagarlo. Pero las Cortes tenían derecho a presentar reivindicaciones.

Se reunieron en Valladolid el 5 de marzo de 1518 en condiciones poco apropiadas para justificar la importancia que le han concedido los historiadores del siglo XIX. Presidían el canciller Le Sauvage y el obispo de Badajoz, los asesores eran borgoñones o españoles recién llegados de Flandes. Sin embargo, se presentó una resuelta oposición en la persona del doctor Rumel, procurador de Burgos, que expresó las quejas no del pueblo, sino de la alta aristocracia. Recordó principalmente que el rey estaba al servicio de la nación. El rey juró respetar los privilegios de las Cortes y en cambio recibió su juramento y seiscientos mil ducados. Por lo demás, quedó bien especificado que abandonaría el gobierno en el caso de curación de su madre, la cual seguía poseyendo «íntegro y completo el derecho y el dominio de los reinos de Castilla y de León».

La asamblea no se quedó en eso. Redactó un pliego de peticiones en ochenta y ocho artículos y Carlos, notablemente flexible, lo aprobó todo: se casaría con su prima Isabel de Portugal (hija de su tío y cuñado Manuel); el infante Fernando no abandonaría Castilla antes de tener hijos; no se daría ningún cargo a un extranjero; el oro castellano no saldría del reino.

Ninguno de esos compromisos fue respetado. En cuanto se clausuró la sesión, el rey ordenó a su hermano que partiera para los Países Bajos, de donde Margarita era de nuevo regente. Fernando no pensó ni un instante en desobedecer.

A su llegada a Bruselas, Margarita y luego el Emperador lo colmaron de atenciones y pensaron en reservarle un gran papel. Maximiliano imaginó crear para él un reino que englobaría Italia, Austria, Bohemia, Hungría. Esta nueva quimera no inquietó demasiado a Chièvres, feliz al ver a su pupilo desembarazado de una amenaza concreta.

En realidad, Fernando de Aragón tenía una mejor visión de futuro cuando quería reservar para el pequeño de sus nietos las posesiones de los Reyes Católicos. Carlos habría tenido un dominio bastante hermoso con los Estados austríacos y los Países Bajos, sin contar con la expectativa de la corona imperial. Un reparto hecho de esa manera probablemente habría evitado muchas guerras y sufrimientos a una Europa mejor equilibrada.

Es imposible discernir si la resolución de no ceder en nada era ya del indescifrable adolescente o de su mentor. Sea lo que fuere, la avidez de Chièvres y la de sus amigos se desencadenó sin ninguna vergüenza. La Corte se abalanzó sobre España como sobre un país conquistado. La única concesión irrisoria hecha a las Cortes fue la de conceder cartas de ciudadanía a los borgoñones que ocupaban los mejores puestos.

El joven cardenal De Croy obtuvo el arzobispado de Toledo y la cantidad colosal de doscientos cincuenta mil ducados. Ya siendo obispo de Cambrai, el sobrino de Chièvres no ocultaba que jamás pondría los pies en España. El propio Chièvres asumió el cargo muy lucrativo de contador mayor de Castilla y el derecho exorbitante de distribuir todos los oficios de las Indias. Su esposa fue gratificada con un bonito regalo: 615 perlas. Adriano de Utrecht, ya cardenal, fue nombrado obispo de Tortosa; el médico real, Marlian, obispo de Tuy. La lista podría alargarse hasta el infinito.

El dinero español se iba a los Países Bajos, otro juramento violado. Ante una moneda de oro, que se había convertido en rarísima, cantaban:

Doblón de oro,
te guarde Dios,
que el señor de Chièvres
no dio con vos.

Sorprende bastante que a Chièvres no le importara arruinar las finanzas públicas y al mismo tiempo la popularidad del rey. Una explicación podría ser que tenía la intención de reservar para Borgoña todos los recursos de las posesiones de Carlos, para hacer de su país natal la clave de arco del imperio futuro.

La situación de Castilla era tanto más desastrosa cuanto que una epidemia de tifus hacía estragos desde el mes de diciembre. La Inquisición, sintiéndose amenazada por el despotismo flamenco (las Cortes habían pedido su fortalecimiento), alentó los descontentos, que primero se manifestaron con una llamarada de antisemitismo y con nuevas persecuciones contra los judeocristianos, los marranos.

Sin hacer caso de todo esto, Chièvres había llevado ya el rey a Aragón, donde había de afrontar otras Cortes. Jurídicamente se trataba de tres reinos, Aragón, Valencia y Cataluña, que tenían unos trescientos mil súbditos, bastante menos ricos en conjunto que Castilla y bastante menos unificados. Las Cortes de Zaragoza concedieron doscientos mil ducados después de largas discusiones, cantidad considerable dada la situación del país. Fue proclamada la unión de los reinos de España, así como su carácter indivisible. En adelante ya no se les vería dispersarse por obra de casamientos y conveniencias de familia. Al llevar a cabo esta revolución, Chièvres seguía el ejemplo de Maximiliano, que se había esforzado en hacer una sola Austria de sus diversos ducados. Los pedazos del Imperio se unían poco a poco como los de un gigantesco rompecabezas, los Estados sustituían a los dominios.

También había tifus en Zaragoza. A Chièvres le faltó poco para sucumbir. Le Sauvage murió de ello el 7 de junio de 1518. Chièvres, cuando se restableció, no nombró sucesor del canciller a una de sus criaturas. Quizá cedió a la presión de Margarita. Quizá comprendió que los tiempos habían cambiado. Sea lo que fuere, el gran feudal designó a un italiano que quería destruir el sistema feudal, fundamentar el imperio sobre bases modernas y centrarlo no sobre Borgoña, sino en el mundo mediterráneo: Mercurio Gattinara.

En espera de su llegada, Carlos recorrió Aragón, provocando una vez más la ira de los castellanos con los que había residido apenas cuatro meses y solamente en la ciudad de Valladolid. Y es que Aragón miraba hacia Italia, centro de todas las preocupaciones internacionales.

Gattinara iba a acentuar esa orientación. Se hizo cargo de sus funciones el 15 de octubre y, por instigación suya, el

rey se instaló en Barcelona donde consiguió cien mil ducados de las Cortes de Cataluña. España pasaba ya a segundo
plano en las preocupaciones de los ministros. Maximiliano
había tenido un primer ataque de apoplejía y se esperaba
su fin próximo. Barcelona constituía un excelente puesto
estratégico para preparar la sucesión, al contrario que Castilla, situada en el extremo de Europa y tratada un poco
como colonia, ante la indignación de los conquistadores
del Nuevo Mundo.

Carlos no ocultaba su manera de pensar. Dijo a las Cortes durante las discusiones financieras:

—A pesar de los asuntos que reclaman nuestra presencia en Flandes, tierra tan abundante en ciudades y riquezas, tan religiosa, tan civilizada, y donde somos muy
amado, respetado y servido,... a pesar de ello hemos hecho
callar el amor natural a la tierra en la que nacimos... sin
dejarnos conmover por las lágrimas de esos pueblos...

Cometió un nuevo error al no visitar Valencia, que se
sintió amargamente ofendida.

Gattinara no se dignó reparar el daño. Ese jurisconsulto
piamontés, que entonces tenía cincuenta y tres años, había
conocido a Margarita en Saboya y, desde entonces, servía a
Borgoña y ocasionalmente al Emperador. Humanista pro-
visto de una cultura universal, imbuido al mismo tiempo
de la tradición medieval y de la de los Césares romanos, alimentaba, sin dejar de ser realista, el convencimiento de
que la corona imperial, tan mermada de su antiguo esplendor, pero revestida aún de su prestigio sagrado, debía dominar a esa Europa que entraba en una era nueva. «Ningún hombre ha marcado tan profundamente la
construcción del Imperio, se puede dudar que hubiera
sido posible sin él. Por encima del rigor, en Gattinara se
encuentra el granito de locura de la gran construcción imperial. Los españoles, pueblo de fronteras abiertas, acaba-
rán por entrar en el juego de una construcción imperial
sin fronteras y sin límites»[1].

A comienzos del año 1519, la situación no era ésa. España seguía siendo extraña a esa gran idea. Pero sí había

[1] Pierre Chaunu, *L'Espagne de Charles Quint*.

penetrado en el espíritu del rey. Las locas esperanzas de Carlos el Temerario, los sueños portugueses, las quimeras de Maximiliano, tomaban cuerpo de pronto en el muchacho aparentemente absorbido por sus torneos, sus cacerías y los fabulosos banquetes que con frecuencia lo ponían malo sin proporcionarle ni una onza de grasa. La inclinación hacia lo absoluto hallaba también satisfacción ante la perspectiva de suceder a Carlomagno.

Así, Gattinara completó la obra de Chièvres y de Adriano Floriszoon. «A Carlos, educado en la tradición dinástica borgoñona, le había costado trabajo... hacerse a la idea de un Estado secularizado... Gattinara, formado por el humanismo en la idea de Imperio... iba a enseñar al príncipe a dirigir él solo todos sus países y sus pueblos. Confundir principio dinástico y noción de Imperio era para Carlos descubrir precisamente su futuro político»[2]. Presentaba siempre la imagen de un príncipe indiferente, tímido, abúlico, pero bajo esa decepcionante corteza existía ahora su personalidad en potencia.

Iba a tardar todavía un tiempo en afirmarse. El futuro dueño del mundo no poseía la impetuosidad característica de la mayor parte de los caballeros de la época. Hasta tal punto era lento que a veces se acusó a ese idealista de portarse como un mercader. Tenía manías extrañas. Como, por ejemplo, su pasión por los relojes, péndulos, relojes de pared. Poseía una gran cantidad y deseaba oír todas sus campanadas simultáneamente. Atendía a ello con una especie de ansiedad, como si su felicidad dependiera de esta concordancia.

Mientras, Maximiliano hacía esfuerzos para que fuera elegido rey de Romanos, sucesor preconizado al Imperio. Durante el verano de 1518, presidió por última vez la Dieta de Augsburgo. En esa ocasión, Alberto Durero, que era amigo suyo, le hizo un retrato: el de un hombre anciano aún majestuoso y seductor.

Se necesitaba mucho dinero para conciliarse los Electores y, por supuesto, el Emperador no lo tenía. Había devorado hasta la dote de su nieta la archiduquesa María, pro-

---

[2] Brandi, *Charles Quint.*

metida del rey Luis de Hungría. Por suerte, la banca Fugger lo sostenía, poniendo el interés de su comercio en la elección de quien poseía los Países Bajos y las Españas. Esa casa, tan poderosa como un soberano, le proporcionó letras de cambio gracias a las cuales los Electores se comprometieron en favor de Carlos.

De inmediato, llegaron las embajadas pontificia y francesa cargadas de bolsas de oro. Francisco I era candidato y el papa León X lo apoyaba, pues no quería un César instalado en Nápoles a cuarenta leguas de la Ciudad Eterna. El viento cambió. Los Electores objetaron a Maximiliano que, no habiendo sido coronado en Roma, él mismo era todavía rey de Romanos.

El Emperador ideó entonces organizar contra los turcos una inmensa cruzada, de la cual él sería naturalmente el jefe. El papa proclamaría una «Tregua de Dios» de cinco años y todos los Estados cristianos pagarían un impuesto especial. Buen sistema de poner a flote la caja del Habsburgo, que no podía desear más.

El papa asintió y Maximiliano, satisfecho, partió de Augsburgo. Se detuvo en Innsbruck y tuvo que pasar por la humillación de verse acosado por los mesoneros de la ciudad, que le reclamaban las deudas. Padeció un segundo ataque y, apenas restablecido, tomó la dirección de Viena. El 12 de enero de 1519 murió de camino a Wels, en la Alta Austria. Según su deseo, su corazón fue llevado a Brujas y colocado en la tumba de María de Borgoña, su esposa bienamada.

Maximiliano había atravesado su época como un *condottiere* resplandeciente y desafortunado. Sin conseguir nada para sí mismo había reafirmado la grandeza de la Casa de Austria. Era el blanco de las burlas de los Grandes, pero era adorado por el pueblo. En el largo linaje de los Habsburgos taciturnos, hieráticos, con frecuencia poco agraciados, eleva su figura inesperada de un arcángel fantasioso y jovial.

VII. LA CORONA DE CARLOMAGNO
(1519-1520)

El Sacro Imperio Romano Germánico se había degradado mucho desde sus horas de gloria. Tanto como Francia se había unificado, él se había descompuesto. Políticamente formaba un magma: siete electorados, treinta y tres soberanías de dinastías alemanas, alrededor de otras treinta no alemanas, ciento siete condados, cuatro arzobispados, cuarenta y seis obispados, sesenta y tres abadías, trece monasterios, ochenta y cinco ciudades libres, todos ellos «inmediatos», es decir, soberanos, dependientes teóricamente del Emperador, pero no le obedecían si él no les compraba su acuerdo.

El sucesor de Carlomagno no tenía poder real sino en sus dominios patrimoniales y, en todo caso, gracias a su tesoro. El feudalismo había triunfado sobre la Corona, lo mismo que, en sentido inverso, los Capetos habían triunfado sobre el feudalismo.

En todas partes las disputas abundaban entre los nobles, burgueses, caballeros, obispos, abadías, ciudades libres. En Suabia casi estaban en guerra civil. Las controversias de Lutero con los teólogos ortodoxos agitaban los ánimos, algunos llegaban a reclamar la confiscación de los bienes de la Iglesia cuya riqueza escandalizaba, las rebeliones campesinas estallaban sin cesar.

Y sin embargo la debilitación de la dignidad imperial, la situación casi ridícula de un César menesteroso y sin poder no rebajaba en nada su aureola mística. Si bien la evolución del mundo obligaba al viejo *imperium* a retroceder ante el nacionalismo y la independencia territorial, su proyección moral seguía poco más o menos intacta.

Su poder material había caído muy bajo con Maximiliano. Pero éste había empezado a devolverle una cierta consistencia dotando de una administración coherente a los dominios dispersos de los Habsburgos. Dos elementos contribuían a esta restauración: por una parte, la agitación social, la de los campesinos propensos a buscar en el Emperador un recurso contra los abusos de los príncipes; por otra parte, el miedo al Islam, frente al cual la Cristiandad parecía perdida si no formaba un bloque homogéneo.

Enrique VIII de Inglaterra presentó su candidatura: por vanidad y porque su todopoderoso ministro, el cardenal Wolsey, esperaba ser papa.

Algunos historiadores han atribuido a Francisco I motivos igualmente poco serios. Es un gran error. Era vital para Francia detener la ascensión de Carlos que, al heredar posesiones propias de la Casa de Austria, era ya por sí solo una coalición. Revestido de la púrpura imperial y en situación de dominar las Alemanias, tendría bajo su cetro un conjunto de Estados como nunca se había visto. Así es que el Valois no manifestó ni megalomanía ni extravagancia al alzarse contra el que se convertía en su rival.

Si llegaba a Emperador, Francisco impediría que fuera cercado su reino, pero, si era dueño de Italia del Norte y encontraba la manera de extenderse hacia el este, rodearía al menos en parte ese imperio naciente formado por pedazos tan diversos. Los Países Bajos se encontrarían en gran peligro, «Borgoña» podría morir definitivamente.

La partida era, pues, de importancia capital y, aunque no hubiera querido, Carlos no habría podido evitar intervenir en ella a pesar de no haber puesto jamás los pies en Germania y de apenas hablar el alemán.

Pero ésa no era de ningún modo la forma de pensar de los españoles. Castilla veía ya con malos ojos su repentina unión con países lejanos como Austria, Alsacia, el Tyrol, que no tenían nada que aportarle. Y aún temía más ser incorporada al Imperio, cuya supremacía no aceptaba.

Francisco I proclamaba:

—Juro que tres años después de mi elección estaré en Constantinopla o estaré muerto.

Ese heroísmo no era más que un alarde. Si bien la artillería decidía la suerte de las batallas, la corrupción decidía la de las elecciones. El oro francés corría a raudales. El joven arzobispo de Maguncia, que era como el modelo para sus colegas, se dejó comprar hasta seis veces. Sólo el rey de Hungría y de Bohemia estaba unido a los Habsburgos. Los otros seis Electores prometieron sus votos al francés.

No era posible llevar desde España ese juego endemoniado. Carlos o al menos sus consejeros pusieron su causa en manos de su tía Margarita, hija del último Emperador y la mejor diplomática de su tiempo. Margarita emprendió la lucha armada con letras de cambio de los Fugger, pero pronto, asustada por los obstáculos que había que superar, aconsejó a su sobrino que cediera ante Fernando.

El Papa no tendría ya ningún motivo para ponerse frente a ese joven príncipe, pues la cuestión de Nápoles no se plantearía. Fernando, ya muy popular en los Países Bajos, tenía también la baza de residir en tierra de Imperio. Por último, sabía ganarse los corazones e imponerse por su prestancia. La bondadosa tía no añadía que el hermano mayor no poseía esos dones.

Por primera vez Carlos reaccionó sin pedir consejo. Por primera vez manifestó su voluntad personal y al mismo tiempo definió el concepto que se había formado de su papel en el futuro, un concepto del que no cambiaría nada hasta el momento de abandonar sus coronas.

Desde luego, estaba dispuesto a mostrarse generoso con su hermano, pero un reparto con él serviría demasiado bien a los intereses franceses. «Sería la aniquilación de nuestra Casa... Como Emperador, podré hacer grandes cosas, podré no sólo conservar, *sino aumentar los dominios que Dios nos ha confiado. Podré restablecer la paz y la seguridad en la Cristiandad...* Solamente estando unidos podremos ambos llevar a cabo nuestra gran tarea.»

Así es que el mutismo del hijo de Juana la Loca ocultaba ambiciones inmensas: la de extender más sus innumerables posesiones y, sobre todo, la de devolver al Emperador su vocación universal, espiritual y temporal al mismo tiempo. Inspirándose en la Antigüedad y en la Edad Media, el eventual sucesor de Carlomagno se proponía imponer una nueva *Pax Romana*, reformar lo que ahora llamamos la unidad europea. Esta manera de pensar podría ser la de un jefe de Estado moderno. Pero en 1519 revelaba un peligroso apegamiento al pasado, un desconocimiento deliberado de la situación real, de la mentalidad de los pueblos. Y en efecto, ese austroflamenco formado entre los hombres más materialistas de su época consideraba en nada las realidades si las comparaba con sus responsabilidades ante Dios.

En un mundo en ebullición, su camino estaba ya trazado. No lanzarse a una loca aventura como Carlos el Temerario, sino mantener o más bien defender el orden milenario, impedir que el individuo pusiera en peligro las instituciones consagradas, que la razón humana atacara las verdades eternas, consolidar la escala de valores establecida desde que el Papa y el Emperador dominaban la jerarquía cristiana, salvar a la Iglesia ayudándola o incluso forzándola a purificarse. Luego, después de que Occidente hubiera vencido al mal, reanimar el verdadero espíritu de las cruzadas, arrojar a los infieles fuera de Europa, liberar la Tierra Santa.

La carta de Carlos a su tía contenía en germen todo esto. Manifestaba igualmente la intransigencia de un idealismo incapaz de inclinarse ante el imperativo de los hechos.

* * *

Así pues, para el mayor de sus sobrinos la sutil Margarita emprendió la conquista de la Dieta reunida en Francfort. No se descuidó ningún medio de hacer presión. Fugger dio a entender que sus letras de cambio generosamente distribuidas sólo serían pagables mucho después de la elección. Se hizo la promesa de modificar la estructura constitucional del Imperio. Durante las ausencias necesariamente frecuentes del soberano, una especie de república federal de los príncipes gobernaría en su lugar. El rey de España se comprometió a no enviar nunca tropas españolas a Alemania.

El Papa contraatacó violentamente, ordenó a los Electores eclesiásticos que votaran a favor de Francisco I. Su estrepitosa intervención produjo un efecto detestable. Se reprochó a la Iglesia que gastara en Roma el dinero de las Alemanias y las ideas de Lutero contaban ya con numerosos adeptos. De pronto, fenómeno hasta entonces desconocido, la opinión pública se manifestó de forma que el Habsburgo, adversario decidido de los nacionalismos, se halló apoyado por un movimiento nacionalista. A finales de mayo, la causa francesa estaba perdida.

León X y Francisco I suscitaron entonces la candidatura de un hombre de paja, el duque Federico de Sajonia, llamado Federico el Sabio, protector de Lutero y gran coleccionador de reliquias. El duque objetó su pobreza y el rey de Francia le dio dinero y le prometió una pensión anual. Convencidos merced a nuevos subsidios, los Electores se pronunciaron por él, pero no tuvieron tiempo de proclamar el resultado de su voto. Tres ejércitos de mercenarios (y no de patriotas alemanes, como iban a afirmar unos historiadores austríacos) sitiaron Francfort bajo las órdenes de Enrique de Nassau y de Franz von Sickingen. Federico el Sabio desistió de inmediato, tanto más cuanto que se quedaba con el dinero recibido.

El 28 de junio de 1519, Carlos fue elegido Emperador por unanimidad, con la reserva manifestada por el Elector de Brandenburgo ante notario de que obedecía al temor y no a su libre elección. La noticia llegó diez días después a España, en donde fue muy mal acogida. Sin embargo Gattinara exclamó entusiasmado:

—Sire, estáis en el camino de la monarquía universal, vais a unir a la Cristiandad bajo un solo cayado.

El 12 de julio redactó una memoria destinada a servir de pauta al funcionamiento de la nueva maquinaria política. Exponía cómo debían ser articulados el gobierno general y los gobiernos locales. En cuanto a los principios, no había nada de original. El Imperio renacía en su tradición histórica, defensor de la religión, de la paz y de la felicidad de todos.

Pero esto no apaciguó las inquietudes españolas. El Emperador tuvo que promulgar una Pragmática y afirmar: «Nuestra intención y voluntad es que la libertad y la exención de los reinos de España y de sus reyes... de no reconocer ningún superior les sea, ahora y en adelante, observada y mantenida inviolablemente y que disfruten de ese estado de libertad y de integridad». No debía haber, pues, ninguna subordinación de España al Imperio, sólo una comunidad de lazos con el mismo soberano. Esto se mantendría en vigor hasta el final del reinado.

La apoteosis del nuevo César había costado ochocientos mil ducados, más de dos mil kilos de oro. Le dejaba una aplastante deuda cuyo peso sentiría durante toda su vida. Grande fue la rabia de sus adversarios. Venecia propuso formar contra él una liga que comprendiera a Francia, Inglaterra, la Santa Sede, las Suizas. Este proyecto no tuvo futuro, pues todos, con excepción de Francia, encontraron preferible vender su neutralidad.

Gattinara pudo proclamar a su señor: «Rey romano, Emperador romano electo, siempre augusto, rey de España (era la primera vez que se mencionaba ese título), de Sicilia, de Jerusalén, de las Baleares, de las islas Canarias e Indias, del continente de allende el océano, de Styria, de Carintia, de Carniola, de Luxemburgo, de Limburgo, de Atenas y Patras, conde de Habsburgo, de Flandes, del Tyrol, conde palatino de Borgoña, de Hainaut, de Ferrette, del Rosellón, landgrave de Alsacia, príncipe de Suabia, señor en Asia y en África». Para la historia, el nombre de Carlos V ha resumido todo eso.

Por si no fuera bastante, esa misma primavera de 1519, Hernán Cortés fundaba Veracruz en México, punto de arranque de un nuevo imperio al que no se esperaba.

El imperio que acababa de nacer no se justificaba por ninguna consideración política, económica, geográfica, racial. Venía del azar, no de la necesidad, pues se debía al fracaso de algunos matrimonios, a la fecundidad de algunos otros y sobre todo a los caprichos de la muerte. Llevado a sus últimos extremos, el sistema dinástico había engendrado un monstruo, pegadas unas a otras las patrias de Lutero y la de Torquemada, Holanda y Sicilia, el Franco Condado y las Indias Occidentales.

Desde luego, el Emperador y su entorno no veían así las cosas. En el Louvre hay una escultura en madera de boj que representa el perfil del Carlos V de esa época, una imagen que impone bastante, en la que «la mandíbula de cocodrilo», como dice Michelet, parece efectivamente dispuesta a devorar el mundo y justifica la nueva divisa, la palabra añadida a la antigua, cambiada en *Non Plus Ultra*: No hay límite.

No obstante, sería una completa equivocación atribuir al Habsburgo la ambición desenfrenada de un Napoleón, de un Hitler. Estos hombres quisieron hacer Europa a su manera y Carlos lo quería también, pero en nombre de un ideal religioso. Nadie tuvo hasta ese punto conciencia de su deber, de la manera en que un día rendiría cuentas de sus actos. Se indignaba por el cinismo y la desenvoltura de un Fancisco I, de un Enrique VIII, demasiado propensos a considerar «sus antojos» como la ley suprema.

Quedó muy impresionado cuando el hermano dominico Bartolomé de las Casas le expuso la manera detestable cómo funcionarios y soldados explotaban a los indios[3] de sus posesiones de ultramar. Fernando de Aragón, actuando en nombre de su hija, había ya promulgado leyes, llamadas de Burgos, con el fin de proteger a los indígenas, pero no eran respetadas. Las Casas se opuso firmemente a la afirmación del obispo de América central, la Tierra Firme, según el cual los indios debían ser tratados como esclavos.

Unos meses después, Carlos publicó, a propuesta suya, un acta relativa a la fundación de una Orden que se encargaría de convertir a los indios y de cuidar de ellos. Estos caballeros con capa blanca y cruz roja, debían trazar en el Nuevo Mundo un «camino evangélico». Otto de Habsburgo ha señalado la similitud de esa expresión con la que al mismo tiempo empleaba Lutero fulminando contra los abusos de la Iglesia.

El joven soberano se preocupaba más de censurar que de ampliar las conquistas llevadas a cabo, casi sin su deseo, por los conquistadores en la otra punta de la tierra. Esto formaba parte también de su misión.

* * *

---

[3] Se les llamaba así porque Cristóbal Colón estaba convencido de haber llegado a las Indias.

Una misión tan difícil como grandiosa. Chocaba casi desde el comienzo con el más prosaico de los obstáculos: la falta de dinero. Se necesitaba mucho para que la Corte, que ahora era imperial, pudiera trasladarse de España a los Países Bajos y luego a Alemania. Castilla estaba desolada ante la perspectiva de que su rey se marchara, furiosa por tener que pagarle después de los sacrificios que ya había hecho, después de las razias de los flamencos. Decían:

—El rey no gobierna, ha caído en manos de bandoleros.

Una derrota de la flota española ante los turcos cerca de Argel vino a aumentar el resentimiento cuya importancia no medían Chièvres y Gattinara, ocupados sólo por el Imperio y por una agitación que se producía también en Austria.

Hubo que recurrir a las Cortes. Hasta el 20 de mayo de 1520 no se las pudo reunir. Con gran descontento por parte de ellas, fueron convocadas en Galicia, en Santiago, cerca del puerto de La Coruña (el nuevo reino de España no tenía capital).

La Mota, obispo de Badajoz, pronunció un gran discurso destinado a conmover el orgullo castellano. Sería un inmenso honor para un país cuyo soberano ceñía la corona de Carlomagno, que era el César romano como lo habían sido antaño Trajano, Adriano, Teodosio, esos españoles de gloriosa memoria. Los historiadores no están de acuerdo sobre el efecto producido. Tuvo sobre todo el de dividir Castilla. Los representantes de las ciudades periféricas votaron un *servicio* de cuatrocientos mil ducados, las del centro se opusieron. Había muchas otras cuestiones importantes en el orden del día. Pero Carlos disolvió la asamblea, nombró regente de España a Adriano de Utrecht, no demasiado impopular porque tenía las manos limpias, y se dispuso a partir. Una flota de cien velas lo esperaba en La Coruña.

Aún no había dejado tierra firme cuando se enteró de la sublevación de Toledo y de Salamanca, especialmente hostiles al Imperio. La pequeña nobleza (hidalgos, caballeros) había desencadenado el movimiento comunero, al que el pueblo le iba a dar carácter de verdadera revolución. Carlos quiso hacer frente a los rebeldes. Su sola presencia habría bastado probablemente para calmar los ánimos, puesto que su partida era la causa principal del malestar, pero Chièvres y Gattinara lo retuvieron. Obsesionados por la gran política internacional, se preocupaban mediocremente de España.

La flota levó anclas y el incendio se propagó a Burgos, Valladolid, Segovia. Se acusaba a los malos consejeros del rey de haberle hecho cometer una traición. Se decía que la reina Juana, en absoluto loca, era prisionera de ellos. Se consideraba que los impuestos exigidos a las Cortes eran un peso tremendo. El cardenal regente, a pesar de su energía, era el último que podía poner un dique a ese torrente. ¿Qué valor tenía su autoridad? ¿Acaso no había jurado el rey no colocar a ningún extranjero en un puesto importante? Se recordó esto tardíamente, ya en alta mar, y Carlos nombró dos adjuntos españoles, el almirante de Castilla y el condestable de Velasco, que mostraron pocas prisas en cumplir con su misión.

El ejército enviado contra los rebeldes incendió Medina del Campo, dejando así el campo libre a los extremistas. Ese ejército fue destrozado. Por iniciativa de Toledo, fue convocada en Ávila una asamblea que representaba a las dieciocho ciudades con derecho a voto. Esta Junta se propuso conseguir la anulación del *servicio*, volver al impuesto tal como se percibía en tiempos de Fernando y de Isabel, la prohibición de la salida de dinero, el nombramiento de un príncipe como regente.

La *Comunidad*, comparada equivocadamente con la Comuna de París, era «antifiscal, xenófoba, nacional, sectorial», esencialmente urbana. No castigaba a los ricos, castigaba a los traidores... Su ideal político mira al pasado, es la proyección en el futuro de una referencia idealizada al pasado»[4].

El 23 de agosto, la revolución llegó a Tordesillas. Los rebeldes se apoderaron de la casa consistorial y exigieron ver a la reina. Pronto centenares de hombres se hacinaron en el siniestro castillo donde la desgraciada Juana se abando-

---

[4] Pierre Chaunu, *o. c.*

naba a sus fantasmas. Esta «Loca» se negó a conversar ante la masa, sólo aceptó recibir una delegación.

La Junta se presentó ante ella el 29 de agosto. La reina pronunció algunas palabras vagas, que fueron interpretadas como una aprobación, pero se negó firmemente a firmar ningún documento. Mantuvo su negativa en septiembre, cuando la visitaron de nuevo los comuneros y esta obstinación fue bastante para privar al movimiento de toda eficacia. Se estaba lejos de las revoluciones modernas. Pero no por eso se extinguió la rebelión, aunque perdió la posibilidad de vencer y de poner en peligro el poder soberano.

* * *

Mientras tanto, Carlos efectuaba una travesía excepcionalmente fácil y rápida. Al cabo de siete días abordaba en Dover, después fue a celebrar Pentecostés en Canterbury, en donde su tío Enrique VIII y su tía Catalina de Aragón lo colmaron de atenciones.

Y es que las cosas habían cambiado en Europa e Inglaterra ocupaba ahora la posición de árbitro. Toda la buena voluntad de Chièvres hacia Francia no podía impedir que la fuerza de las cosas provocara en breve plazo un enfrentamiento entre los antiguos candidatos al Imperio. Enrique VIII, convertido en el fiel de la balanza, estaba en condiciones de poder decir:

—El que yo apoye será el amo.

Él lo decía, pero era lo que el cardenal Wolsey pensaba. Este ministro habría tenido las cualidades de un gran hombre de Estado, si no hubiera llevado su venalidad hasta el extremo. Pagado por ambos rivales, su ambición y su vanidad lo incitaban a cavar un foso entre ambos. Y no dejaba de poner en guardia al uno contra el otro.

El Papa, que seguía una política no menos tortuosa, le preguntó cuáles eran sus verdaderas intenciones. Antes de responder, Wolsey exigió recibir dos obispados y un beneficio de veinte mil ducados.

Desde la elección, se había convenido que Francisco I y Enrique VIII se reunirían el mes de junio en Francia. Deseando jugar al Rey de Reyes, el Tudor tenía empeño en humillar con su fasto al Valois, el cual se proponía no ceder en este punto. Chièvres tuvo tiempo de renovar discretamente los tratados comerciales, aunque eran desfavorables a los flamencos, y de esbozar un nuevo proyecto de compromiso entre su señor y la pequeña María Tudor, hija única de Enrique.

Las torpezas de los franceses favorecieron su proyecto. En el Campo del Paño de Oro, Enrique, que entonces tenía veintiocho años, y Francisco, que tenía veintiséis, sólo se dedicaron a rivalizar ante las damas. Francisco desplegó una magnificencia aplastante y, torpemente, venció en la lucha a quien habría debido halagar. La amistad dudosa del Tudor se convirtió en un odio sólido.

Carlos volvió a ver al rey de Inglaterra en Gravelinas. Sencillamente vestido, tímido, respetuoso, no era un Emperador, era el sobrino solícito ante su buen tío. Enrique quedó impresionado. Carlos ganó la partida.

Otro éxito: el jefe de la flota española, Hugo de Moncada, se tomó la revancha, aplastó a los turcos, los arrojó del Mediterráneo. En cierto modo pagaba las deudas de su señor a los Fugger, cuyo comercio iba a encontrar vía libre: primera victoria del reinado.

¡Pero cuántas contrapartidas temibles! Castilla sigue en llamas. El extraño obispo de Zamora, don Antonio de Acuña, se puso a la cabeza de los comuneros, encuadró en sus tropas curas rurales y llevó a cabo terribles estragos. El reino de Valencia también se subleva. Se trata de un movimiento distinto de la Comunidad castellana, la Germanía, estimulada por las corporaciones. Un fabricante de tejidos y un confitero lanzan al asalto de los nobles las milicias que antes se habían levantado contra los piratas.

A Carlos y su Consejo les resulta más difícil dominar la situación porque reciben muy pocas noticias. Francia intercepta los correos del infortunado regente.

Y no es ésta la única desgracia. Por falta de dinero no se puede pagar a los marinos victoriosos que desembarcan en Nápoles. Estos hombres se vengan contra Italia meridional, la saquean hasta las fronteras de los Estados Pontificios. Italia monta en cólera. Al otro lado del Imperio, los ducados austríacos también se sublevan, la agitación amenaza con extenderse a los Países Bajos. En cuanto a las Alemanias, la anarquía es su estado natural, los disturbios religiosos la agravan más. Estas convulsiones casi generalizadas no se deben a un propósito deliberado, sino a la formidable mutación, señal del cambio de una era.

El Imperio apenas nacido corre el peligro de ser su víctima. ¿Adónde debe acudir primero el Emperador para restablecer el orden? Sus consejeros vacilan, pero no su alumno, que ha aprovechado bien sus enseñanzas. Sin hacer caso de los tumultos populares, decide hacerse coronar en Aquisgrán. Sólo entonces será ese personaje sin parangón con los demás mortales ante quien la resistencia sería un sacrilegio.

VIII. LA IGLESIA, EL IMPERIO Y EL MAQUIAVELISMO (1520-1521)

Carlos V se enteró del desorden que reinaba en Alemania cuando el 23 de octubre de 1520 tuvo que esperar varias horas ante las puertas de Aquisgrán a causa de una discusión de precedencia que había estallado en la ciudad entre el duque de Juliers y el príncipe de Anhalt. No pudo hacer su entrada solemne hasta la caída de la noche. Los siete Electores que acudieron a recibirlo hicieron hermosos discursos a los que él no supo qué responder. No hablaba bastante el alemán. El efecto fue tan deplorable como el que se produjo anteriormente en España por el mismo motivo. ¿Qué clase de César era aquél?

Los Electores experimentaron una gran sorpresa al verlo más altivo, más distante e incluso más majestuoso que sus predecesores. Maximiliano, bonachón, se comportaba como uno de entre ellos. Ahora el jefe de la Cristiandad reforzaba su rango a pesar de su juventud y de su pequeña estatura. Podía hacerlo merced a un poder territorial del que carecían los últimos Emperadores. La adquisición del ducado de Wurtemberg, que uniría las posesiones austríacas de los Habsburgos con sus provincias renanas, lo iba a consolidar aún más.

La consagración se llevó a cabo con la pompa de costumbre. Carlos, al prestar los juramentos tradicionales, juró acrecentar el Imperio: en su espíritu esto no era una cláusula de estilo. Su frente, sus hombros, su pecho, sus brazos, recibieron la unción con el óleo santo. Luego, el soberano se tendió en el suelo cuan largo era, los brazos en cruz, ante el altar. Se elevó un inmenso clamor:

—¡Viva el Rey eternamente!

Carlos se levantó, se revistió una casulla que había llevado Carlomagno. Le entregaron «Joyeuse», la espada legendaria del carolingio, la corona, el cetro y el globo, le llevaron al trono de piedra que databa de la época de los francos. Tenía veinte años, el peso de un mundo, de una civilización, pesaba sobre sus hombros. Si bien muchos de los asistentes lo consideraban muy endeble, él sin embargo no sentía vacilar ni su decisión ni su valor.

El austríaco Polheim se equivocaba al escribir: «El Emperador es un niño que no reacciona, sólo los flamencos lo dirigen, gentes que no nos desean ni bien ni honra».

La verdad era que Carlos empezaba con gran prudencia a ejercer el poder. Conservaba su afecto hacia Chièvres, pero sospechaba de los enormes errores cometidos en España y no tenía ya una confianza ciega en su mentor. Había descubierto lo que valía Gattinara, escuchaba al canciller, pero desconfiaba de los impulsos de este genio violento al que apreciaba sin amarlo. El señor de Berghes, que había llevado bien el asunto de Wurtemberg, veía cómo aumentaba su prestigio. Recibió la onerosa responsabilidad de los asuntos imperiales.

En espera de la primera Dieta que debía celebrarse en Worms, Carlos pasó varias semanas en Colonia. El nuncio Alejandro le recordó una gestión que había hecho con él antes de marcharse de los Países Bajos. El Papa pedía de manera apremiante que los libros del monje Marín Lutero fueran quemados y que el autor fuera desterrado del Imperio.

¿Lutero? ¿Tenía verdaderamente tanta importancia ese personaje? En uno de sus despachos, don Juan Manuel, embajador de España en Roma, aconsejaba que se sirvieran de él para presionar al Santo Padre.

Carlos había ya aprobado el entredicho. Lo confirmó y el nuncio se apresuró a organizar el auto de fe de sus terribles escritos. «Los libros ardían, escribió triunfalmente al Papa, antes de que los consejeros del Emperador y el mismo Emperador se dieran cuenta de que lo habían permitido.»

Pronto se decepcionó. Carlos se negó a desterrar del Imperio a Lutero, diciendo:

—Nadie es condenado antes de haber tenido la posibilidad de disculparse. Esta cuestión será tratada en la Dieta.

Alejandro y luego León X sospecharon que el joven soberano era un Maquiavelo en germen y que quería llevar el juego que había aconsejado don Juan Manuel. Pero quizá sólo se trataba del temor a enfrentarse con la opinión pública. En efecto, había que reconocer que el populacho, como escribía Alejandro, parecía haber sido conquistado por el hereje, había insultado, amenazado, a los sacerdotes que pertenecían al séquito del nuncio. El mismo jefe del ejército, Sickingen, contaba entre los protectores de Lutero. ¿Se tenía miedo de él?

Pero Carlos no tenía en cuenta ninguna de esas consideraciones. Se había educado entre humanistas, respetaba a esos pensadores, admitía sus críticas sobre el bajo nivel intelectual de los teólogos, las estructuras de la Iglesia, su apetito de riquezas, sus intrusiones indiscretas en los asuntos públicos. Admiraba a Erasmo, a quien un día defendería de las fulminaciones de los dominicos.

Estaba convencido de que la Iglesia –no la fe– exigía una reforma profunda. Adriano de Utrecht se lo había enseñado así y el espectáculo que ofrecía Alemania le confirmaba ese convencimiento.

La Santa Sede tenía en ese país un poder temporal único. Una amplia parte de los inmensos ingresos eclesiásticos servía para construir las basílicas y los palacios romanos. El comportamiento de los obispos escandalizaba, la elección imperial acababa de probar la corrupción de los más importantes de ellos. Además, ese comercio de las indulgencias, causa inicial del desencadenamiento de Lutero, se practicaba con descaro. El Papa había incluso concedido a las mujeres el derecho de firmar contratos de indulgencias que sus maridos estaban obligados a respetar[1].

Carlos ya no podía captar la verdadera naturaleza de un movimiento cuyos orígenes eran múltiples, los principales eran una exigencia espiritual que deseaba quedar satisfe-

---

[1] Como es sabido, se trataba de comprar para sí mismo o para otra persona la condonación de días o de semanas de purgatorio.

cha con la «justificación por la fe», la indignación contra las exacciones del alto clero, el tardío despertar de un nacionalismo alemán producido por el odio hacia Roma y, más sutilmente, el deseo de la clase en auge, burgueses, banqueros, legistas, de suprimir los intermediarios entre ella y la autoridad suprema.

El significado profundo del fenómeno se le escapaba al Emperador, pero sí se daba cuenta de su fuerza y de sus efectos. Un problema espantoso añadido a tantos otros, tal vez ningún muchacho de veinte años había debido nunca enfrentarse con unos parecidos.

* * *

La asistencia a la Dieta de Worms superó a lo imaginado. Acudieron tantos príncipes con enormes escoltas, tantos prelados, dignatarios, delegaciones, embajadores, que faltaron los víveres, la avena y los alojamientos. Los escuderos luchaban a cuchillo para conseguir un aposento. Las miradas del mundo estaban puestas en la ciudad que iba a ver elevarse el alba de una era nueva.

El 28 de noviembre, el Emperador hizo su entrada. Ordenó de inmediato al Elector de Sajonia, Federico el Sabio, que había ofrecido asilo a Lutero, que trajera al monje para que compareciese ante «hombres sabios y llenos de sentido común». Garantizaba la seguridad del rebelde.

El nuncio puso el grito en el cielo. El Papa había condenado a Lutero, ningún poder temporal podía oponerse a que se llevara a cabo el arresto. El 17 de diciembre, Carlos, contradiciéndose totalmente, recordó a Federico que cualquier lugar en que residiera el hereje caería en entredicho. El Elector tenía que dar garantías de su abjuración. Un mes después, nuevo giro: Su Majestad confirmaba el salvoconducto enviado en noviembre y esperaba a Lutero en Worms.

¿Indecisión? ¿Debilidad de voluntad? ¿Vacilaciones de un hombre demasiado joven ante una situación para la que nada lo había preparado? De ninguna manera. Su postura cambiaba en función de las maniobras cínicas de

León X, que estaba negociando al mismo tiempo una alianza con él contra Francia y una alianza con Francia contra él.

El cardenal De Croy, cuyo nombramiento había causado tantas desgracias, había muerto de repente. Francisco I pidió que fuera sustituido por el terrible obispo de Zamora, el propio jefe de los Comuneros, y el Papa dejó que esta amenaza quedara planeando. Hubo de conceder precipitadamente un obispado español a su sobrino, el cardenal de Médicis. «La codicia descarada de los prelados romanos supera toda imaginación», escribió don Juan Manuel. Habiendo conseguido esta satisfacción, el Papa tranquilizó a Carlos, pero no dejó de seguir negociando con Francisco I el precio del nombramiento del rebelde.

¡Qué difíciles de manejar eran los hombres! ¡Y hasta qué punto son codiciosos, intrigantes, ferozmente ambiciosos, indiferentes ante sus deberes para con Dios! Alrededor del trono se agitaba una masa de pedigüeños tan impacientes como rapaces. Sacerdote o caballero, gran señor o magistrado, todos solicitaban un cargo, una tierra, dinero, los más hábiles ocultando intereses personales bajo el aparente deseo de servir al bien público. Así, también los príncipes alemanes pedían la reforma de la Iglesia, pero pensando en apoderarse de sus bienes.

Carlos, que ya era suspicaz por naturaleza, comprendió pronto que no podía fiarse de nadie. Para no caer en los lazos que le tendían ante sus pies, adoptó un comportamiento imprevisible, tomando sucesivas decisiones contradictorias, avanzando, retrocediendo. El nuncio le escribió al Papa que no se trataba de un aprendiz fácil de manejar y que había que esperar grandes sorpresas.

Se perdieron dos meses discutiendo sobre los asientos de unos y otros. Como era imposible llegar a un acuerdo, al final todos se quedaron de pie. El 27 de enero de 1521 fue abierta la Dieta con gran pompa y el Emperador, que se había esforzado mucho, consiguió leer su discurso en alemán. El Sacro Imperio, dijo, tenía la fortuna de volver a encontrar su antiguo esplendor gracias al poder de España y de Borgoña. Los conflictos internos tenían que aplacarse, el bandolerismo desaparecer, un gobierno fuerte debía

99

reunir las múltiples provincias que se habían separado. El Emperador tenía como única ambición acometer esa tarea antes de llevar a la Cristiandad contra el Islam.

Estas palabras no fueron apreciadas. Nadie se preocupaba por unificar el Imperio y resucitar el poder de su jefe. Se iniciaron entonces debates mezquinos que asquearon a Carlos. Consiguió no obstante reglamentar la composición y las atribuciones del Consejo del Imperio y del Tribunal del Imperio, a éste le correspondía intervenir entre las ciudades y entre los señores. Fue adoptada una especie de Constitución término medio entre la concepción monárquica del soberano y la concepción feudal de los príncipes. Los diferentes Estados perdieron el derecho a concluir *motu proprio* alianzas con extranjeros. En cambio se opusieron firmemente a la creación de aduanas imperiales y se limitaron a votar los impuestos necesarios para el reclutamiento de un ejército que permitiría al César ser coronado en Roma. Además, esas tropas obedecerían sólo a capitanes alemanes. El rey de Dinamarca recibió el Holstein en el marco del Imperio, el rey de Polonia los Países Bálticos, el Wurtemberg fue definitivamente anexionado a Austria.

¿Y Lutero? El nuncio exigía ahora que fuese llevado a la hoguera. Durante un paseo a caballo, Chièvres le respondió:

—Poned cuidado en que el Papa no se oponga continuamente a los intereses del Emperador. Después, ya veremos, pero si Su Santidad se obstina, le crearemos tales dificultades que le costará mucho trabajo superarlas.

Se encargó a una comisión de que formulara las innumerables quejas del Imperio contra la Santa Sede. Salió de ello una requisitoria agobiante. Todo el mundo estaba de acuerdo en que el Emperador pusiera fin a los abusos. Carlos tenía la firme resolución de extirparlos sin atentar contra el dogma y esperaba que el monje turbulento se daría por satisfecho, renunciaría a sus teorías revolucionarias.

Su confesor, el padre Glapión, intentó preparar el terreno por mediación de Federico el Sabio y de Sickingen. Era conocer mal a Lutero, más preocupado por salvar su alma que por pactar con los grandes de la tierra. Estaba decidido a proclamar su verdad ante la Dieta «incluso si en la asistencia había tantos demonios como tejas en su techo», a no retractarse y a proponer eventualmente planes de reforma.

Viajaba en coche descubierto, precedido de un heraldo imperial para su protección. En realidad no corría ningún peligro. Su paso exaltaba a las gentes en delirio, que lo aclamaban desaforadamente. Era, bajo una forma religiosa, la explosión de ese nacionalismo que había conquistado a la mayor parte de los países europeos y del que Alemania se sentía oscuramente frustrada.

El 16 de abril estaba el Emperador a la mesa cuando le anunciaron el formidable acontecimiento:

—El gran jefe de los herejes está aquí.

No mostró ningún sentimiento a pesar de una emoción y una curiosidad intensos. Tal vez, pensando que era medio prisionero de tantos hombres viles y corruptos, sentía una secreta simpatía por el pobre monje que, como él, deseaba purificar la Iglesia.

Lutero compareció ante una asamblea de majestad aplastante. El Emperador se hallaba sentado en medio de los cardenales y de los más altos dignatarios laicos y eclesiásticos. El gran tribuno deseaba proclamar su fe, le presentaron unas fórmulas requiriéndole para que aceptara unas y abjurara de otras. Lutero, al principio intimidado, solicitó que le permitieran reflexionar, luego, su natural se impuso, con voz tronante lanzó su célebre declaración:

—Aquí estoy. No puedo hacer otra cosa...

Los representantes de los Estados alemanes estaban entusiasmados, Carlos helado de horror. Sólo el aspecto de ese hombre grueso que vaticinaba lo escandalizaba. Sus palabras eran más chocantes todavía. Lutero, hablando de sus sentimientos personales, hacía alarde de un individualismo, un orgullo criminales. ¿Cómo se atrevía a hablar de sus relaciones con Dios, oponer este egocentrismo a los decretos de la Iglesia?

—¿Esto es un reformador? –murmuraba el Emperador mientras la elocuencia del rebelde encontraba vía libre–. ¡No será él quien me haga hereje!

Le prohibió comparecer de nuevo ante la Dieta y le mandó que abandonara Worms inmediatamente. Su salvoconducto tenía aún veinte días de vigencia. El nuncio intervino, acosó al Emperador incluso en la iglesia donde estaba oyendo Misa. Un salvoconducto no servía de nada cuando un hereje era condenado. En otro tiempo, en Constanza, el Emperador Segismundo así lo había estimado y mandó quemar a Juan Huss. Carlos se enfadó. Se negaba a faltar a su palabra.

No obstante, Federico de Sajonia no se fiaba. Con el fin de proteger a Lutero organizó su secuestro, pero para no tener preocupaciones de conciencia no quiso saber qué lugar le iba a servir de asilo. El monje fue llevado al castillo de Wartburg, donde se reprochó a sí mismo amargamente el haber huido sin hablar al pueblo, se debatió contra el diablo que, según él, se le apareció y, cosa más importante, tradujo al alemán el *Nuevo Testamento*.

El Emperador esperó al 8 de mayo para exiliarlo del Imperio y firmar la orden de detención. Envió un mensaje a la Dieta, en el que ya resumía la política religiosa que obstinadamente mantuvo hasta el final. Hay pruebas de que redactó personalmente ese documento. Quería preservar la doctrina y la unidad de la Iglesia sin rechazar *a priori* las ideas nuevas. Así es que pedía la reunión de un concilio del que el cristianismo saldría purgado de sus manchas, regenerado.

* * *

Llegaron malas noticias. Juzgando que la guerra era inevitable, Francisco I la había empezado, siguiendo un método nuevo, sirviéndose de países satélites. Roberto de La Marck, duque de Bouillón, llamado el jabato de las Ardenas, invadía Luxemburgo, sobre el que pretendía tener derechos, mientras que el rey despojado de Navarra intentaba una vez más recuperar su posesión. Estallaban tumultos en Nápoles y en Austria. El Papa mantenía una postura tan ambigua que don Juan Manuel aconsejaba a Su Majestad utilizar a Lutero para crear una Iglesia nacional. En cuanto a España y sus comuneros, no se sabía nada. Los franceses interceptaban cuidadosamente los correos.

Carlos se dio cuenta, con pesar, de que no podía controlar él solo semejante situación desde Viena a Valencia, desde los Países Bajos a Italia, sin mencionar México recientemente conquistado por Cortés. Además tenía que entregar una parte de la herencia a Fernando, a quien no podía tratar como a Margarita. Después de la muerte de su padre Maximiliano, la inapreciable tía solamente había recibido una cantidad de dinero que, según se decía en la Corte, un criado de Chièvres habría despreciado.

Se tomó una importante decisión. Fernando, tan popular en España, tan amado en Flandes desde que lo conocieron, recibió la parte oriental del inmenso dominio, quedando entendido que ese conjunto permanecería siempre indivisible. Se trataba de un nuevo bloque que comprendía los cinco archiducados de Austria y las tierras llamadas Países anteriores, Wurtemberg, Tyrol, Vorarlberg, Sundgau, Alsacia. Fernando fue nombrado lugarteniente general y presidente del gobierno del Imperio, se casó con la antigua prometida de su abuelo, Ana Jagellón, heredera del rey de Hungría y de Bohemia, que a su vez estaba unido a la archiduquesa María.

Así fue creada una segunda dinastía de la Casa de Austria. El archiduque infante tan querido por el anciano aragonés se hacía cargo de un mundo germánico, eslavo, magiar, mientras que Carlos, el borgoñón, el flamenco, iba a convertirse en español poco a poco. Estaba claro que ambos hermanos no habían heredado las funestas disposiciones de los Trastamara. Eran conscientes de que la unión de su familia constituía el mejor soporte de su fantástico imperio.

La Dieta acabó tristemente. Una primavera glacial heló las siembras y provocó una epidemia de lo que llamaríamos sin duda una gripe maligna. El 28 de mayo de 1521 murió Chièvres.

Este acontecimiento señaló un giro del reino. Aunque había empezado a emanciparse, Carlos seguía bajo el ascendente de su antiguo tutor, resuelto defensor de la paz. En adelante contaría solamente con Gattinara.

Así describió el embajador veneciano Contarini al hombre entre cuyas manos las circunstancias ponían la suerte del Imperio.

«Es de carácter sanguíneo, alegre, prudente y práctico... de fuerte voluntad y muy trabajador... Por él pasan todos los asuntos públicos y privados... Casi siempre, después de haberlo consultado, se hace lo que el Canciller ha pensado que se debía hacer... Un día, hablando con su sobrino, le dijo: "Su Majestad Cesárea tiene más necesidad del Canciller que éste de Su Majestad". No ama mucho a los españoles y detesta a los franceses... Está unido al Soberano Pontífice, sobre todo desde que recibió un breve de Su Santidad nombrándole cardenal.»

Al contrario que Chièvres, el piamontés seguía pensando que el centro de la política mundial se encontraba en Italia y que el Emperador debía llevar allí lo esencial de su esfuerzo. Francisco I, renunciando a los fuegos fatuos, había declarado la guerra el 22 de abril. Gattinara convenció a su señor de que replicara con el envío a Lombardía del ejército bajo las órdenes de Lannoy y de un gran estratega, Pescara.

Habría sido imprudente dejar así las manos libres a Robert de La Marck, si Wolsey, aceptando actuar de árbitro, no hubiera intimidado al rey de Francia, que ahora retenía a su aliado. Wolsey hacía todo lo posible para que se enfrentaran los dos rivales. La diplomacia de ese prelado venal y soberbio que, olvidando a su rey, decía altanero: «He decidido...», no era menos astuta que la de León X. Maquiavelo tenía buenos discípulos.

El cardenal inglés convocó en Calais a sus colegas Gattinara y Duprat, canciller de Francia, para buscar una solución pacífica al conflicto, amenazando con revolverse contra quien fuera el agresor. En realidad su decisión ya estaba tomada. Soñando siempre con la tiara, se pondría siempre de parte del César, dueño de Nápoles.

Esta perspectiva es más o menos el único consuelo de Carlos cuando el 31 de mayo abandona Worms, descontento con los resultados de la Dieta, preocupado por el futuro. Ahora nos parecen irrisorias las esperanzas, las ilusiones, que alimentaba cuando decidió dirigirse a Aquisgrán. ¡Cuántos motivos de angustia, cuántos fantasmas, desde

Juana la Loca hasta ese Lutero que se había hecho invisible! ¿Cómo, en semejantes condiciones, preparar la tarea esencial, la cruzada?

La Corte imperial se embarca y desciende lentamente el Rin. Atracan en Maguncia donde espera un mensajero que, pasando por Amberes, ha podido evitar las emboscadas francesas. Las noticias que trae son de hace seis semanas. ¡Y qué noticias! Los comuneros, desorientados después de la desautorización de la reina, la han emprendido con los nobles, que han acabado atacándoles. La invasión de Navarra ha llevado a Aragón junto a la Corona, el rey de Portugal ha enviado fondos al cardenal regente, gracias a los cuales se han podido reclutar unos miles de mercenarios. Tordesillas ha sido reconquistada, el ejército rebelde ha sido aplastado en Villalar, el obispo de Zamora ha sido capturado cuando huía a Francia. Sólo resisten todavía la Germanía de Valencia y un puñado de desesperados terroristas agrupados alrededor de una mujer, doña María Pacheco. España está definitivamente sometida a la Casa de Austria.

Al poco tiempo se enteran de que Enrique de Nassau ha derrotado al Jabalí de las Ardenas, que abandona su presa. En Navarra, los asuntos de los franceses mandados por el duque de Lesparre van mal. En efecto, el duque será destrozado a finales de junio.

Parece que el sol se levanta en el cielo que ayer estaba negro. El gobernador del Milanesado, Lautrec, hermano, igual que Lesparre, de la amante de Francisco I, comete tan grandes torpezas que, de pronto, el Papa deja de hacer su doble juego y toma el partido del Emperador, lo reconoce como rey de Nápoles y pone a su disposición los suizos enrolados gracias al dinero de Francisco I.

Por fin, con el alma sosegada, Carlos va a encontrar de nuevo sus queridos Países Bajos, mientras se abre la conferencia de Calais y sus tropas asolan horriblemente el norte de Francia, con desprecio de una tregua que el cardenal Wolsey había fingido exigir.

En Calais, el buen apóstol afecta desear restablecer la paz. Sabiendo a qué atenerse, Gattinara manifiesta una arrogancia inaudita. Reclama los antiguos dominios borgoñones, el ducado, naturalmente, las ciudades de Somme y una indemnización, el Delfinado, la Provenza, el Milanesado, tierras del Imperio, la Champaña, que estaba anexionada a Navarra, el Languedoc, que fue una dependencia de Aragón.

—El Emperador –dice– da así muestras de su transigencia, pues el papa Julio II privó a Luis XII de todo el reino de Francia.

La discusión es violenta. Duprat exclama:

—Apuesto mi cabeza...

Gattinara lo interrumpe:

—¡Prefiero la de un cerdo!

Y todo esto para conseguir la negociación discreta de la alianza que van a firmar Carlos V y Enrique VIII. Éste se compromete a invadir Francia. Los esponsales de su hija con el Emperador son confirmados. Cuando la conferencia acaba, sin resultados, se hace pública la formación de la Liga.

Mientras tanto los turcos se apoderan de Belgrado, pronto le toca el turno a Rodas, formidable bastión cristiano en el Mediterráneo. Carlos se desespera por no poder cumplir su misión. Su única preocupación debería ser la de detener al infiel. Pero el destino ha decidido otra cosa. Lo que empieza es el gran duelo entre Habsburgo y Valois, un duelo de dos siglos.

IX. LAS DECEPCIONES DEL AMOR
Y DE LA GUERRA
(1521-1522)

El veneciano Contarini, observador incomparable, trazó un retrato bastante completo del joven Carlos V que, de algún modo, ilustra el retrato de la Escuela flamenca que se conserva en el Louvre, retrato de un joven amable de ojos soñadores, un tanto indolente y confiado ante la vida:

«Su Majestad Cesárea es de talla mediana, ni muy alto ni muy bajo, de piel tirando más bien a blanca que a rosa, bien proporcionado, los ojos miopes, el aire grave, pero ni cruel ni severo. Su único defecto es la mandíbula, que es tan larga y ancha que no parece natural, sino postiza, lo cual hace que cuando cierra la boca los dientes de arriba no se ajustan con los de abajo... Así es que, cuando habla, sobre todo al final de las frases, balbucea palabras que no se entienden bien... Es de lo más religioso, muy justo, sin ningún vicio, *sin esa tendencia a lo voluptuoso que es propia de los jóvenes* y no se entretiene con ninguna distracción. No se complace más que en los asuntos públicos y en los Consejos, que preside con asiduidad. Es poco afable y más bien avaro que liberal, por lo cual no se le ama mucho... Es más bien silencioso y muy modesto, no se entusiasma cuando los acontecimientos le son favorables ni se deprime en la adversidad. Se ve claramente que siente más el dolor que el placer, lo cual está de acuerdo con su manera de ser en la que predomina la melancolía. Por natural inclinación tiene una cualidad poco recomendable, según lo que me ha dicho su confesor, con el que he trabado gran amistad (los embajadores venecianos eran excelentes espías): y es que recuerda las ofensas y no las olvida fácilmente.»

A sus veintiún años, Carlos asombraba, desconcertaba a

su entorno porque no poseía «esa tendencia a la voluptuosidad propia de la gente joven». A pesar de tantas prometidas, no daba muestras de quererse casar y nunca había tenido amante. ¡Qué poco se parecía a su padre! Por supuesto, los cortesanos soñaban con proporcionarle la ocasión de afirmar su virilidad con la complicidad de alguna bella mujer, ejercer sobre él un ascendiente fructífero. Carlos, muy consciente de esas intrigas, se guardaba cuidadosamente de ellas y se mostraba desconfiado con las mujeres.

Esto parecía tan raro que empezaron a circular algunas leyendas. Se decía que, cazando en España, al Emperador le había llamado la atención la belleza de una pastora. ¡Pero cuando intentó acercarse a ella, ésta salió huyendo agitando la carraca de los leprosos! En Gante, la casualidad había hecho que se encontrara con una joven encantadora ante la que había sucumbido. ¡Esta vez se trataba de una bruja que se convirtió en una espantosa vieja cuando abandonó el castillo!

Tanto trabajó la imaginación popular, que la verdadera iniciación del joven soberano está envuelta en un cierto misterio. Acerca de esto, los historiadores están divididos en dos grupos contrarios hasta el punto de no ponerse de acuerdo en el nombre de la elegida. ¿Se llamaba Margarita o Juana Van Gheenst? Sin tomar parte en la controversia, nos inclinamos a favor de Margarita y de la versión más romántica, de la que sorprende que un Víctor Hugo o un Alejandro Dumas no hayan sacado partido. Es ésta.

El retorno del Emperador a Flandes fue ocasión de grandes fiestas y de kermeses. Durante un baile en Oudenarde, Carlos se fijó en una huérfana muy seria a la que educaba la señora de Lalaing y que estaba destinada al claustro. Encargó a uno de sus chambelanes que le concertara una entrevista con ella. El chambelán invitó a bailar a Margarita, habló con ella y la llevó fuera del salón.

Unos momentos después fue a decirle a su señor que la bella lo esperaba, pero que, como era muy púdica y novata, fingiría dormir. Carlos, lleno de emoción, encontró en efecto a Margarita echada en un lecho, desnuda y con los ojos cerrados. Le gustó esta pequeña comedia, pues le permitía superar su timidez. En su inocencia, vio en ello una muestra de pureza y se creyó amado por sí mismo.

Sólo después de haber manifestado su ardor a Margarita comprendió la verdad: estaba inconsciente, realmente dormida con un sueño sospechoso. Cuando al cabo de bastante tiempo se despertó, lanzó un grito y se puso a llorar. Solamente se acordaba del chambelán, según el cual el Emperador deseaba conocerla, y del refresco (que contenía un narcótico) que le había ofrecido. Para dar un final bonito a la historia, se contaría que Margarita fue directamente del castillo a un monasterio del que nunca salió.

Las cosas parece que sucedieron menos dramáticamente. Carlos no dejó a su amante hasta la primavera siguiente (1522), bien por su propia decisión, o más bien bajo la presión de su tía, preocupada por esta relación.

El 1 de agosto, Margarita dio a luz una niña en la casa de su tío materno, el señor de Coye. La archiduquesa se hizo cargo de la niña, a la que educó y le puso su mismo nombre. Esta tercera Margarita estaba destinada a ser también regente de los Países Bajos. En cuanto a la madre, el Emperador le concedió una pensión tan escasa que la gente se escandalizó de su avaricia. Desapareció de la escena, probablemente bajo el hábito de religiosa.

Algunos biógrafos han dicho que esta aventura hizo a Carlos feliz e independiente. Nada de eso. La decepción había sido demasiado brutal cuando, después de haber creído que el impulso era mutuo, el joven se dio cuenta de lo contrario. Esto le dejó tanto más huella cuanto que en amor también exigía lo absoluto, la unión total de alma y cuerpo. Al parecer, eso no era posible.

Desde entonces, Carlos se sumió en su soledad interior, alejado de las pasiones. Rodeó a su corazón, en cierto modo, de una zona de seguridad, solamente se permitía lo que satisfacía a sus menos nobles apetitos, la glotonería y las conquistas en las que el sentimiento estaba excluido. Tuvo sus episodios, generalmente muy breves, con mujeres hacia las que mostró siempre desprecio y dureza, aunque se tratara de la encantadora hija del conde de Nogarola. En cambio, cuidó mucho de sus hijos naturales, concediéndoles, por así decir, la consideración que negaba a sus madres.

En estas disposiciones pasó sin transición de una adolescencia infantil a la edad adulta. Todas las energías que negaba a los placeres de su edad, las entregaba al trabajo, a la acción. Sus contemporáneos se asombraban de su obstinación, de su aplicación, poco corrientes en los príncipes, así como de la atmósfera «sombría» que lo rodeaba. Llegaban a compararlo con un diablo, algo especialmente extraño que llevaba la marca del Maligno. «Sabe calcular como un demonio, ha escrito Tritsch. Es ávido y glotón y rápido como el demonio. Y, no obstante, no lo hace como un diablo exuberante y jocoso... Sino que más bien actúa como un sonámbulo, los párpados bajos, los labios secos y ligeramente entreabiertos, su cara siempre impasible y su rostro pálido como la muerte.»

* * *

Nos resulta muy difícil comprender bien las guerras del siglo XVI emprendidas casi únicamente por medio de mercenarios para quienes maniobras y batallas eran operaciones comerciales. Estos hombres tenían contratos que les garantizaban el saqueo de un determinado número de ciudades. Sucedía que, una vez la ciudad vacía de substancia, la tropa satisfecha se dispersaba y el vencedor se encontraba sin ejército e incluso podía verlo de pronto alzarse contra él. No era cuestión de ocupar durante mucho tiempo un territorio e incluso atacar una plaza en la que no había nada que robar.

Los jefes de Estado tenían que procurarse dinero, siempre dinero, si querían tener ejércitos. Tenían también que entregar pensiones a sus aliados. Así, Carlos se había comprometido a pagar al Papa y a Wolsey las que su rival suprimiría cuando se enterara de su defección, que por el momento era secreta. A pesar de la prosperidad de Francia, a pesar de la importación del oro americano (por lo demás, reducido a la mitad durante el período de 1516 a 1525),

Francisco I y Carlos V se tendrían que debatir durante todas sus guerras con terribles dificultades financieras.

Wolsey, que deseaba aprovecharse de ambos lados, hizo una propuesta de arreglo. Gattinara envió de inmediato a su señor un informe belicoso. Carlos estaba convencido de antemano.

—No he hecho todavía nada grande –decía.

Y añadía piadosamente:

—Alabado sea Dios, no he sido yo quien ha comenzado esta guerra.

Se puso al frente de las bandas que mandaban Nassau y Sickingen y, de nuevo, arrasó el norte de Francia. Los campos vivieron horrores olvidados desde la guerra de los Cien Años. Francisco I necesitaba un mes para reunir los fondos necesarios con que reclutar un ejército. Bayard se lo dio defendiendo heroicamente Mézières. El 22 de octubre, las tropas francesas aparecieron reforzadas ante Valenciennes. El ejército imperial estaba dividido en dos cuerpos, uno bajo las órdenes del propio Carlos, el otro bajo las de Enrique de Nassau, imprudentemente separados. La mayor parte de los capitanes franceses presionaron al rey para que arremetiera contra ellos. Habría podido ser el fin de la guerra. Pero Francisco, que quizá no tenía gran confianza en soldados reclutados demasiado precipitadamente, prefirió, olvidando su impetuosidad habitual, seguir los consejos timoratos del mariscal Châtillon (padre de Coligny) y la ocasión se perdió.

«Parece –escribió Mézeray– que, por no haber abrazado a la fortuna en el momento en que le tendía los brazos, ésta juró huir y nunca presentarse a él.»

Por lo demás, Carlos no pudo aprovechar su ventaja. Había agotado sus arcas y sus regimientos se desmoronaban. Tuvo que retirarse lastimosamente. Se comentó en plan de burla la incapacidad militar de ambos rivales.

El Emperador no se conmovió. Si bien concedía poca importancia a los astrólogos, ordinariamente muy influyentes entre los príncipes, sabía que, según su horóscopo, cada uno de sus fracasos engendraría una buena suerte antes de que volviera la mala fortuna. Encontró dinero gracias a los Fugger, gracias a la enorme herencia de Chièvres,

111

gracias sobre todo a los banqueros de Florencia, que habían prometido cuatrocientos mil escudos a Lautrec, virrey del Milanesado, pero se arrepintieron y se los dieron al César.

Esto permitió reclutar gran cantidad de suizos. Fueron enviados no a Francia, sino a Italia, en donde Lautrec, privado de dinero, veía a sus propios suizos desbandarse y a las ciudades lombardas rebelarse. El 19 de noviembre de 1521, los imperiales surgieron ante Milán, que se sublevó y echó a los franceses.

Dos días después moría el papa León X, se dijo que de alegría al enterarse de la noticia. El cónclave se abrió en medio de una prodigiosa confusión. Los cardenales pensaban en todo menos en la Iglesia: en la política, desde luego, y sobre todo en el provecho que les podría proporcionar el hombre que eligieran.

El cardenal de Médicis era el candidato de los franceses. El embajador don Juan Manuel no tenía tiempo de consultar con su señor. La elección de Wolsey con el que éste se había comprometido sería una catástrofe. Don Juan Manuel dijo bromeando:

—Ahí tenéis al cardenal de Tortosa, es un santo hombre, os dejará todos los beneficios de la Cristiandad.

Todos rieron. Se produjo un duelo tremendo entre el cardenal de Médicis y el cardenal Farnesio, sin que ninguno de los dos pudiera reunir la mayoría de dos tercios. Médicis, temiendo a Wolsey, se acordó entonces de la ocurrencia de don Juan Manuel. Ante el estupor del propio Sacro Colegio, ante el furor del pueblo indignado al ver a un «bárbaro» ceñir la tiara, el cardenal Adriano Floriszoon, obispo de Tortosa, decano de Utrecht, se encontró elegido por unanimidad.

Era como una confirmación de la misión divina del Emperador, que no obstante no mostró ninguna alegría. Envió un mensaje a su antiguo maestro para pedirle que restableciera la paz entre los cristianos y los convocara para unirse contra el Sultán, cuyas tropas acababan de invadir Croacia. En cuanto al nuevo pontífice, estaba descompuesto, quería renunciar. ¡Una carga como aquélla a sus años! Pero nada se podía contra la manifestación del Espíritu Santo.

Adriano escribió una carta muy afectuosa a su alumno. Ambos tenían la misma ideología y parecían destinados a reformar la antigua asociación del Papa y el Emperador. Desgraciadamente, el correo de Carlos tardó mucho. En cambio, una larga carta de don Juan Manuel llegó rápidamente a Tortosa. El embajador, creyéndose responsable de lo que había sucedido, explicaba minuciosamente al anciano ignorante de las intrigas romanas la conducta que debería seguir. Esto indignó a Adriano VI. Debía su elección a Dios solo y no desacreditaría a la Iglesia convirtiéndose en la criatura de César.

Mientras, Carlos y Gattinara se deshacían en atenciones con Wolsey para apaciguar su cólera y dejar a salvo la alianza. Tal vez habrían fracasado si, por instigación de los franceses, el duque de Albany, tutor del pequeño rey Jacobo V de Escocia, no hubiera atacado a Inglaterra.

El peligro era grande, pues Lautrec, que había podido reunir un ejército (considerable) de cuarenta mil suizos y venecianos, entraba en Lombardía. Por desgracia para él, un convoy de oro enviado de París fue interceptado por los imperiales. Sus suizos no fueron pagados y le impusieron la estrategia de su codicia. Después de haber tomado y saqueado Novara, obligaron a su general a atacar en las peores condiciones la Villa Biccoca, donde se había atrincherado el general imperial Colonna con españoles y otros suizos.

Fue una batalla moderna, que demostró una vez más que las lanzas no contaban ya ante la artillería. Los suizos de Lautrec fueron muertos hasta el último. Los de Colonna discutieron sobre el precio que les pagarían si perseguían a los franco-venecianos en fuga. Esto le dio a Lautrec tiempo para escapar.

Esta gran victoria de Biccoca obtenida el 27 de abril hacía a Carlos dueño del norte de Italia, pues Venecia se había apresurado a cambiar de campo. Un mes después, el 29 de mayo, Enrique VIII declaraba por fin la guerra a Francia.

Ambos soberanos se encontraron en Canterbury, Carlos saludó a su prometida de seis años, la princesa María. Hicieron planes de campaña, se preparó el sitio de Bolonia. En esto, llegó un mensajero del Papa. Respondiendo al deseo que su hijo espiritual había expresado unos meses antes, Adriano VI exhortaba a los príncipes a que se reconciliaran, con el fin de luchar contra los turcos. Esto estaba ya fuera de lugar. Enrique VIII quiso responder groseramente. Carlos lo hizo de manera cortés, lamentando la agresividad, la mala fe de los franceses. En tanto su rey no fuera vencido, era imposible pensar en la cruzada.

Tal vez el Emperador habría escrito de manera diferente si ya hubiera conocido la noticia de la toma de Génova. Los suizos de su ejército se habían apoderado de esta opulenta metrópoli y se habían hecho con tantas riquezas que habían regresado a sus casas. El ejército imperial había quedado reducido casi a nada y de nuevo faltaba el dinero para crear otro.

No servía de nada que Cortés se hubiera apoderado de los tesoros de México. Los Países Bajos eran los únicos ricos, y los Países Bajos no estaban sujetos a impuestos. Cada provincia concedía según su parecer los subsidios y podía poner condiciones para ello. Esta vez, los Estados Generales, hostiles a la guerra, descontentos con la prodigalidad de la Corte, exigieron controlar el empleo de los fondos.

Carlos lo rechazó. Deseaba liberarse de esa tutela, reunir sus Estados dispersos en el seno de un Imperio que, al menos, los haría solidarios. ¡Cuánto envidiaba la unificación de Francia!

Regresó a Flandes y estuvo meditando un tiempo sobre la dificultad de su tarea, sobre la extraña necesidad que subordinaba el cumplimiento de una misión prescrita por Dios a las peores contingencias materiales. Con frecuencia trabajaba hasta altas horas de la noche. Si abandonaba su mesa llena de complicaciones, era o para cazar o para realizar en solitario largas cabalgadas.

Solitario, lo estaba incluso en las fiestas (siempre fastuosas a pesar de las dificultades económicas), incluso cuando tomaba sus comidas en público, incluso en los torneos. Había en él algo de autómata que representaba a la monarquía. Juana la Loca se había abismado en el fondo de ella misma. Sin perder el equilibrio, Carlos no dejaba de sentir esa fascinación interior. Estaba resuelto a servir a la humanidad, pero no le gustaba el contacto con las gentes, le daban miedo sus debilidades. El único que se le imponía era Gattinara y él se lo perdonaba difícilmente.

Aunque se encontraba más a gusto entre los flamencos, se decidió a regresar a España, donde la huida de María Pacheco y sus terroristas había señalada el fin de la sublevación. Deseaba poner en orden el país y también encontrarse con el Papa que, seis meses después de su elección, seguía residiendo en Tortosa.

Antes de partir redactó su testamento sin mencionar en él al Imperio ni a Austria. Pedía ser enterrado en su tierra, en Borgoña y, en caso de no ser posible, en Brujas junto a su abuela María de Borgoña, hija del Temerario. Se dirían treinta mil Misas a su intención, miles de ducados serían distribuidos entre los ancianos, los estudiantes, las jóvenes sin recursos.

El Emperador confió una vez más la regencia de los Países Bajos a la archiduquesa Margarita y le puso como adjunto a un extraño personaje escandalosamente rico, odiado por el pueblo, pero protector de las artes, Carondelet, arzobispo de Palermo sin haber puesto nunca los pies en ella.

El 16 de julio de 1522 desembarcó en Santander. Sus noventa barcos llevaban tres mil lansquenetes alemanes contratados con grandes dificultades, dos mil cuarenta y cuatro miembros de su Corte y mil quinientos caballos.

Ante la noticia de su llegada, Adriano VI, resuelto a no meterse en ninguna combinación política, cingló precipitadamente hacia Italia.

115

X. LA FASCINACIÓN ESPAÑOLA
(1522-1523)

Lo mismo que en su primer viaje, Carlos evitó las ciudades tan poco seguras e incluso los grandes caminos. Se desprendió de su inmenso séquito, no quiso tener junto a él más que unos pocos más cercanos. Fue una larga cabalgada a través de campos áridos, de pueblos cuyos habitantes lanzaban clamores de alegría, gritaban su afecto sin por eso disipar los sombríos pensamientos de su soberano.

El Emperador todavía comprendía mal los abusos cometidos por sus consejeros flamencos y el odio desencadenado contra ellos. Pensaba sólo que sus pueblos se habían sublevado, sacrilegio inexpiable, que la gran nobleza y la burguesía, de acuerdo con la política que llevaban en cada momento, se habían ido sustituyendo los unos a los otros para luchar contra la Corona.

¿Se mostraría clemente, como le insistían sobre todo el duque de Alba y su tía la reina Catalina de Inglaterra? No. Carlos no tenía un temperamento cruel, pero en aquella época no era cuestión de considerar las razones de un culpable. La mansedumbre pasaba por ser debilidad, comprometía el prestigio regio. Un interés superior impedía permitir que las intrigas locales entorpecieran a quien se proponía salvar a Occidente y a la Iglesia. El Emperador no respetaría las promesas prodigadas a los comuneros para conseguir su sumisión. Él era el único que tenía en su mano la espada de la justicia. Y, si los Grandes como el condestable de Castilla habían llevado a cabo las operaciones costeándolas ellos, no serían resarcidos. ¡Que hubieran reaccionado antes!

Habría, pues, una represión despiadada y muchas confiscaciones gracias a las cuales el Tesoro mejoraría. No obstante, el nieto de la gran Isabel no podía evitar la fascinación que España ejercía sobre él. Así, Carlos estaba decidido a repudiar los principios de Chièvres. El dinero que le proporcionaría el castigo de los rebeldes no lo emplearía ni en pagar las deudas ni en reclutar tropas. Lo emplearía en renovar España, le permitiría igualarla en prosperidad a Francia y a Flandes.

Sus pueblos tan dispersos carecían de homogeneidad, a su economía aún primitiva le faltaba flexibilidad y diversidad. Los judíos habían sido expulsados, los moros eran perseguidos. Carlos no se imaginaba hasta qué punto el fanatismo comprometía el futuro de sus Estados. Al contrario. Se proponía continuar esa política de forma que los españoles –ilusión de un joven sin experiencia– se harían tan laboriosos como los flamencos. Y soñaba con el Nuevo Mundo desconocido sobre el que reinaba, dando por descontado que sus riquezas favorecerían esa metamorfosis.

En esa época, los conquistadores seguían buscando al norte y al sur de América la ruta hacia Asia, que había sido el objetivo de Cristóbal Colón. Eso explicaba la asombrosa rapidez con la que habían descubierto y ocupado inmensas franjas costeras cuyas poblaciones diezmaban. Les contagiaban microbios que causaban enormes epidemias. Los supervivientes eran obligados al trabajo en las minas, que también era mortífero, dadas las técnicas arcaicas. El ocupante creaba así un vacío a su alrededor, lo cual contribuía «a proyectarlo constantemente hacia nuevos espacios, es decir, hacia nuevos hábitats humanos». En 1522 todavía llegaban a España barcos cargados de metales preciosos, de perlas o de cochinillas, después de viajes que habían durado de seis a dieciocho meses. Pero el primer imperio colonial, el de los Reyes Católicos, estaba ya arruinado.

De los aproximadamente 250.000 km^2 que Carlos había heredado en las Antillas y en las orillas del istmo, unos diez mil colonos vivían a costa de trescientos mil indios, resto de unos millones de almas. El centro de la conquista se había desplazado a 1.500 km al oeste y a 4.000 más al suroeste, lo cual triplicaba las dificultades. La crisis que había comenzado hacía varios años sólo se superaría hacia 1530 gracias a la «segunda América». Cortés controlaba entonces unos dos tercios del imperio azteca.

El Emperador se formaba una idea bastante confusa de esa situación según los informes que recibía. No se daba cuenta de que el gran espejismo oceánico, la sed de riquezas y de aventuras lanzaban fuera de España a los más emprendedores de sus hijos, especialmente castellanos, pues «las Indias» eran territorios castellanos. Se ha dicho que, si los descubrimientos los hubieran hecho aragoneses o catalanes, hombres de negocios menos sensibles a las fantasías y al fanatismo, América habría enriquecido prodigiosamente a España en vez de arruinarla.

Carlos no podía prever esa extraña inversión de las cosas. En su pensamiento, el botín de la conquista serviría para cambiar sus reinos en un Estado moderno. Eso era dejarse arrastrar por la formidable corriente de ideas que recorría Europa. Sin percatarse de ello claramente, el César, campeón de la unidad cristiana, quedaba convertido, al término de su meditación, en un nacionalista español.

A fin de cuentas, ¿no serían los españoles los mejores instrumentos para sus propósitos imperiales? Eran piadosos, heroicos, apasionados de ideal e incluso de quimeras, siempre dispuestos a batirse por el honor. Gran contraste con los flamencos esclavos de su bienestar y de sus intereses, con los alemanes anárquicos y venales, con los fulleros italianos.

Aunque el resto del mundo estaba en ebullición, Carlos decidió fijar su residencia en España.

* * *

Había establecido lo que hoy nosotros llamaríamos prioridades de su gigantesca tarea. Remodelar sus posesiones ibéricas en vez de perderse en el avispero italiano y sólo después hacerse coronar en Roma, luego someter las Alemanias. Podía concebir este plan gracias a lo que valían sus ministros y sus generales, gracias sobre todo a su extraordinario ascendiente sobre hombres que, con frecuencia, estaban intelectualmente por encima de él.

La fidelidad que conseguía de ellos no la debía ni a juegos de equilibrio, ni a favores, ni a bonitas palabras. Nadie manifestó jamás tan ostensiblemente que la ingratitud era la virtud de los reyes, jamás nadie se mostró más insensible ante advertencias que no quería oír. La fe de sus servidores en ese desmedrado César provenía de una firmeza a toda prueba, del convencimiento contagioso de que toda desobediencia a sus órdenes era impía.

Carlos recuperaba sus atavismos españoles y a su vez imponía su sello a sus súbditos, en cuyo ídolo se convertiría más tarde. Se le ha alabado por haber «sabido formar un tipo de hombre firme, tajante y sediento de verdadera grandeza», un hombre incapaz de concesiones en lo que se refería al honor y hasta tal punto seguro de los designios de la Providencia, que llegaba a despreciar la realidad. Se le ha acusado de fomentar la intolerancia religiosa, el orgullo racista, el desprecio a los extraños, la sed de dominio. Baumgartner le reprocha el haberse servido de fuerzas medievales para imponer su ley a un mundo moderno.

Ahora, los numerosos archivos dispersos por todas las geografías y felizmente encontrados confieren un aspecto diferente a su acción: una acción comparable a la de los reformadores más eficaces. El espíritu de aventura no desapareció, pero cesó de poner su marca en el gobierno. Fue creada una policía, la justicia fue administrada según unas reglas fijas, garantizando una especie de seguridad hasta entonces desconocida. El bandidaje, que era una institución, desapareció casi completamente, las familias nobles tuvieron que renunciar a sus tradicionales *vendettas*. La Inquisición conservó su terrible poder, sin por eso entorpecer el del rey, como iba a producirse más tarde.

El problema terrible era el de las finanzas. Carlos, educado por flamencos, pretendía conocer exactamente sus ingresos, para ajustar a ellos sus gastos. Los anticuados sistemas castellanos no se lo permitían. El Emperador introdujo una revolución administrativa que provocó tempestades. Creó un Consejo de finanzas presidido por su antiguo superintendente de los Países Bajos, Enrique de Nassau-Dillenburg, y que además comprendía al «borgoñón» Jacques Marurin y a don Juan Manuel. Unos años más tarde, cuando la tendencia española se acentuó, este organismo dejó de incluir a extranjeros. Funcionó bajo la dirección de Francisco de los Cobos, luego de su yerno Juan Vázquez de Molina. El Consejo recibía todos los ingresos de la Corona, los gastos estaban sometidos a su aprobación.

El Consejo se reunió todos los días y trabajó con mucha dedicación, aunque sus miembros no fueran insensibles a las gratificaciones, práctica entonces corriente entre los funcionarios. Pero pronto se dieron cuenta de que se les exigía que rodaran la roca de Sísifo. La política casi planetaria de Gattinara hacía que fuera imposible un equilibrio.

Por otra parte, ¿cómo no seguirla? Los turcos habían tomado Rodas y Belgrado, había que hacer los últimos esfuerzos para impedirles que engulleran la Cristiandad. Había que hacer frente a Francia. Había que mantenerse en Italia, defender los Países Bajos, proteger los Estados austríacos.

Carlos había ordenado a su tía Margarita que no escatimase ningún sacrificio en favor de Fernando, dedicado a levantar un muro ante el Infiel. Se trataba naturalmente de las riquezas de los Países Bajos. El embajador del archiduque, Martín Salinas, no dejaba de seguir atentamente los trabajos del Consejo español. En 1523 ya advirtió a su señor que la obra emprendida era sobrehumana y que ni el príncipe más poderoso del mundo podría librarse de la bancarrota.

Incluso los ingresos ordinarios de la Corona de España eran, a pesar de las Indias, inferiores a los gastos ordinarios. En cuanto a los gastos extraordinarios, crecían a un ritmo vertiginoso. Había que añadir el servicio de la Deuda, es decir, de los bonos vendidos a banqueros a quienes se había garantizado un interés del 3 al 7%. Ingresos muy concretos garantizaban su pago. Cuanto más pasaba el tiempo, más se afectaban nuevos recursos a nuevos empréstitos. Pronto se comprometerían los ingresos futuros, mientras que los intereses serían exorbitantes.

Jamás el desgraciado Emperador iba a tener sanas estas finanzas, lo cual le permitiría dominar el mundo. Hasta el final de su reinado iba a agotarse buscando las fórmulas

121

gracias a las cuales podría retrasar treinta años el cumplimiento de la lúgubre predicción de Salinas.

¡Si pudiera cambiar a los españoles en un pueblo realista! ¡Si hubiera dejado que los judíos y los moros llevasen la economía! Sus convicciones, que por lo demás respondían al sentimiento general, no le permitían la segunda solución. En cuanto a la repugnancia que sentían los españoles por tareas extrañas a sus sueños, no se las echaba en cara. Él mismo sabía demasiado bien lo que significaba la búsqueda de lo absoluto. En detrimento de sus intereses materiales, una especie de conjunción se realizaba en los ideales entre el pueblo y su soberano, al que su melancolía, su reserva, su aureola de infalibilidad lo hacían un poco fabuloso.

*   *   *

El Papa holandés se sentía desgraciado en Roma. Las intrigas, la codicia, las malas costumbres, el fasto de los prelados, horrorizaban a ese asceta, la violencia del pueblo le causaba espanto. Por su parte, los italianos seguían tratándolo de «bárbaro», se indignaban ante su humildad, su austeridad, los excesos de su piedad. ¡Le reprochaban que celebrara la Misa diariamente!

Una epidemia de peste puso en fuga al alto clero. Adriano VI quedó casi solo, viviendo como un ermitaño. Desde la toma de Rodas, se empeñaba en predicar la cruzada, la unión contra los turcos. El Emperador quería acabar antes con Francisco I. Acabó por convencer a su antiguo maestro de que el rey de Francia sostenía a los herejes alemanes, se entendía con el Sultán; el Papa, con angustias de muerte, aceptó sellar una alianza con él. Pero Adriano VI no pudo resignarse a abandonar su papel de árbitro supremo, a reclutar tropas para combatir a los cristianos. Unos días después de la firma del tratado, el 14 de septiembre de 1523, murió.

Fue un duro golpe para el Emperador. En el cónclave, que duró dos meses, Julio de Médicis, en otro tiempo candidato de los franceses, se había convertido en el suyo, pues le había convencido de sus buenas intenciones. Los franceses apoyaban oficialmente al cardenal Farnesio. En el momento decisivo dieron sus sufragios a Julio de Médicis y aseguraron su elección, aunque era hijo bastardo. Hicieron creer al nuevo pontífice Clemente VII que el Emperador le había sido contrario. Clemente VII nunca se lo perdonó al César.

XI. EL SOLDADO PERDIDO
(1523-1525)

La lucha contra Francia estaba tomando carácter de encarnizada; cada uno de los dos rivales le prometía al otro «que lo convertiría en uno de los más pobres príncipes de la Cristiandad». Carlos estaba seguro de que ganaría la partida, pues no solamente Enrique VIII le prestaba su apoyo sin reserva, sino que, desde hacía unos meses, disponía en la propia Francia del más valioso aliado, el príncipe de la sangre comandante en jefe del ejército, uno de los vencedores de Mariñano, el Condestable de Borbón.

Gracias a su mujer, heredera de la rama primogénita de su familia, gracias a la hija de Luis XI, Ana de Beaujeu, que era su suegra, gracias también al amor –aunque no correspondido– que le profesaba Luisa de Saboya, Carlos de Borbón había conseguido levantar ante la Corona de Francia la amenaza constituida por un feudo formidable. Con su tremendo arrojo, sus ambiciones imprecisas y su inquietud, era una «excepción clamorosa» en un reino tan difícilmente unificado. Peligro que un Capeto no podía menospreciar.

A Carlos V se le había ocurrido bien pronto ganarse a ese feudatario insaciable y soberbio. En otro tiempo, las Casas de Borgoña y de Borbón habían estado estrechamente unidas. Ya en 1519 el Emperador envió mensajeros al Condestable proponiéndole, si se diera el caso, la mano de su hermana Leonor, viuda del rey de Portugal (la duquesa de Borbón estaba muy enferma). Su gestión no tuvo ningún éxito.

Dos años después, las cosas habían cambiado. Borbón perdió a su mujer y el rey empezaba a sentir celos de su magnificencia. Luisa de Saboya concibió la esperanza de sustituir a la desaparecida. Rechazada, se convirtió en enemiga mortal del Condestable y reclamó la prodigiosa herencia de su mujer, de la cual era la parienta más próxima. Borbón replicó hablando de casarse con la hermana del Emperador.

Entonces, Francisco I hizo caso a sus legistas que estimaban necesario reducir «al estado de un gentilhombre de cuatro mil libras» al último enemigo natural de la monarquía. En otro tiempo se le habría abatido con la espada. Se prefirió tenderle lazos jurídicos. Fue un proceso que acabó con el guerrero. Sus bienes fueron embargados. La moribunda hija de Luis XI, esa Ana de Beaujeu que había salvado y luego comprometido la obra de su padre, le recordó a su yerno el antiguo pacto Borgoña-Borbón. Había que unirse al Emperador para reducir al rey:

—Prometedme que haréis todo lo que podáis y moriré contenta.

Borbón siguió el funesto consejo. Envió emisarios a Carlos V y a Enrique VIII, que mordieron el anzuelo con avidez. El Emperador prometió al rebelde en potencia la mano de su hermana y doscientos mil escudos, el inglés una cantidad más o menos igual, ambos le prometieron la Provenza, el Lyonesado, la Champaña, un verdadero reino, con tal de que el uno recuperase «su» Borgoña y que el otro fuese reconocido rey de Francia. ¿Acaso no lo era legalmente en virtud del tratado de Troyes de 1422?

El Condestable negoció, tratando de engañar a ambos soberanos, que a su vez trataban de engañarse el uno al otro, puesto que Carlos no habría podido desmembrar el reino si Enrique lo hubiera poseído por entero.

«Este virtuoso príncipe –escribía Wolsey–, viendo la mala conducta del rey y la enormidad de los abusos, quiere reformar el reino y favorecer al pobre pueblo... Nunca ha habido un rey tan odiado como éste. Se halla en la extrema pobreza y en la mayor alarma. Ha sacado tanto dinero que, si sigue sacando, lo pondrá todo en su contra.» Wolsey ensombrecía el cuadro, pero es verdad que una cierta agitación reinaba en Francia, donde había vuelto a aparecer una miseria largo tiempo olvidada. Así pues, parecía que Borbón iba a poder arrastrar un gran partido tras de sí.

Actuó con astucia durante varios meses, negándose a prestar juramento a Enrique VIII y a recibir el Toisón de Oro, que le habría hecho vasallo del Emperador. Francisco I barruntó sus maniobras y se produjo un vivo altercado entre los dos. El Condestable abandonó la Corte y se fue a su castillo de Chantelle. Poco después pasó el Rubicón, firmó un tratado con el señor de Beaurain, representante del Emperador. Se llegó al acuerdo de que antes del 1 de septiembre de 1523 se llevaría a cabo una invasión cuádruple a Francia, mientras que Borbón reuniría a sus numerosos vasallos y a la nobleza descontenta, de la que creía estar seguro. Se comprometía también a reclutar diez mil lansquenetes alemanes.

Francisco I, ignorando la avalancha que estaba a punto de caerle encima, preparaba una nueva expedición para recuperar el Milanesado. Había salido de París, nombrado a su madre regente y a Borbón en persona lugarteniente del reino. En Nivernais, un mensaje de Luisa de Saboya le notificó el complot, revelado por dos gentileshombres normandos a quienes habían sonsacado. Ya un ejército desembarcaba en Calais, ya los lansquenetes alemanes atravesaban el Franco Condado. El Condestable había pedido a sus aliados que frenaran su impulso hasta que el ejército francés hubiera atravesado los Alpes. Por su parte, él se fingía enfermo.

Francisco fue a verlo, le interrogó. Borbón, lejos de defenderse, afirmó que sólo había querido descubrir las intenciones del Emperador. El rey fingió ser engañado, animó a su primo para que le acompañara. ¡Lástima!, el héroe de Mariñano se encontraba demasiado mal. Se pondría en camino en cuanto se restableciera. En éstas se despidieron. El 7 de septiembre, los españoles entraron en Gascuña, los alemanes en Champaña. La noche del 9 al 10, el Condestable, al enterarse de que cuatro mil gendarmes se aprestaban a rodear Chantelle, huyó en compañía de un solo hombre llamado Pompéran. Después de una odisea de novela pudo llegar al Franco Condado, tierra imperial.

Luego, ingenuamente, esperó, Carlos y Enrique hicieron lo mismo. Esperaron tres meses la gran sublevación convenida, tres meses durante los cuales Borbón habría podido sorprender a París al frente de sus lansquenetes. Estaba sesenta años retrasado. Nadie se movió. Se vio en esta ocasión que los tiempos habían cambiado. Las guerras no eran manifestación de disputas feudales. Ahora eran naciones las que se enfrentaban.

* * *

Francia no estaba salvada. Veinte mil imperiales acudieron a reforzar a los quince mil ingleses reunidos en Calais. Un ejército como ése apen₎ ₍s si habría encontrado resistencia, pero disputaban entre sí, Enrique VIII quería conquistar primero Boloña y Carlos las ciudades del Somme, antiguamente borgoñonas.

Estos acontecimientos tenían lugar durante el cónclave. Wolsey, que esperaba nuevamente la tiara, convenció a su señor para que cediera. Las vanguardias estaban a once leguas de París cuando le llegó la noticia de la elección de Clemente VII. ¡Había sido traicionado una segunda vez! «Hace demasiado frío ahora –escribió–, ni hombre ni animal lo aguantaría.» Y el invasor retrocedió.

En definitiva, el Condestable, que creía haber resucitado en provecho propio el viejo reino de Arles, solamente había aportado su espada al Emperador. ¿Cómo iba a premiarle éste después de semejante decepción? Se respetaba demasiado para revocar tan pronto sus promesas, pero se amaba demasiado para mantenerlas. Ofreció a Borbón su hospitalidad en España o tomar el mando de sus tropas en Italia, es decir, o ser un cortesano o un simple capitán, aunque llevara el título de lugarteniente general.

Borbón, que seguía esperando casarse con Leonor de Austria, comprendió que no la conseguiría sin haber rendido a su hermano algún brillante servicio. Se encargó de destruir el ejército francés, inmovilizado en Lombardía a causa del invierno y que estaba mandado por su enemigo acérrimo, el favorito de Francisco I, un cabeza loca, el almirante De Bonnivet.

Antes de morir, Adriano VI había realizado la proeza de unir contra los franceses a la mayor parte de los Estados italianos, incluida Venecia a la que el Emperador aceptaba dejarle el Friul, en otro tiempo arrebatado a Austria. Clemente VII no tuvo ni tiempo ni los medios para invertir la corriente. Las tropas afluían a la península: alemanes a sueldo de Venecia; napolitanos bajo las órdenes de su virrey flamenco Lannoy, antiguo maestro de Carlos; españoles que llevaban consigo dos grandes hombres de guerra, el astuto italiano Pescara y Antonio de Leyva.

Para aquella época, lo que estaba sucediendo era extraordinario. Violentas batallas se preparaban en Italia, mientras que el Emperador, lejos de conducir sus tropas, permanecía en Madrid, ponía en hora sus relojes y se ocupaba de la administración. Esto parecía indigno de un caballero. Si Francisco I se quedaba en Francia era a causa de las consecuencias de la conjuración del Condestable. Contaba con ponerse al frente de su ejército en cuanto hubiera acabado.

En cuanto a Borbón, se movía con celo, reclutaba otros seis mil alemanes. Bonnivet, que disponía de una formidable artillería, había avanzado hasta tres leguas de Milán. Habría podido tomar cómodamente la ciudad, no lo hizo y retrocedió cuando Borbón lo atacó con una furia poco corriente. Tuvo que evacuar el Milanesado. Bayard cayó durante la retirada. ¿Qué estudiante no conoce sus últimas palabras dirigidas al vencedor como las cuenta Martin du Bellay? ¿Fue verdad que el caballero sin reproche echara en cara al Condestable que prestara sus servicios «contra su príncipe, su patria y su juramento»? Poco importa. Estas palabras, que pronto fueron legendarias, reflejan perfectamente la indignación que los franceses sienten por su traición.

Y Borbón seguía forjándose ilusiones. Estaba seguro de conseguir la Provenza, en la que se edificaría el famoso reino de Arles bajo la soberanía imperial, pero esto no le impedía escribirle a Enrique VIII que lo reconocía como rey de Francia: de toda Francia, en contra de los intereses del Habsburgo.

Sin estar enterado de este doble juego, Carlos no concedía plena confianza al tránsfuga. Aceptó su plan, le dio un ejército, pero colocó junto a él a tres guardianes, los tres generales, Lannoy, Pescara, Leyva, que naturalmente no lo podían soportar.

El 9 de agosto de 1524, el Condestable entró en Aix. Habría querido atravesar el Delfinado, apoderarse de Lyon, avanzar hasta el corazón del país, el Borbonesado. Aquí estaba en casa. No dudaba que entonces se atraería a sus vasallos, levantaría a la Francia central, se apoderaría de París.

El Emperador no lo entendía así. Temía crear una nueva potencia cuyo control perdería pronto. En su nombre, Pescara ordenó al conquistador que primero tomara Marsella, puerto considerable, muy útil entre España e Italia. Tal vez Borbón habría desobedecido si hubiera dispuesto de medios económicos. Pero ¡ay! España ya no pagaba a las tropas y Wolsey, rumiando su rencor, también había cortado sus entregas de dinero.

Para impedir que el ejército se desbandara, había que prometerle el saqueo de Marsella y sus riquezas. Borbón pensaba conseguir fácilmente la plaza, en la que tenía partidarios a quienes seducía la perspectiva de ver renacer el antiguo reino. De creerle, se vería a los cónsules venir personalmente a entregarle las llaves.

Pero no había tenido en cuenta a otro tránsfuga, Renzo Orsini, llamado el capitán Rance, proscrito de la Santa Sede. Rance galvanizó a la población en la que seguía vivo un antiguo odio a los aragoneses que, hacía un siglo, habían puesto a saco la ciudad. La resistencia fue heroica.

—Ahí están los cónsules, que nos traen las llaves –se burló Pescara del Condestable, mientras llovían las balas de cañón.

Habiendo sido rechazados todos los asaltos, Borbón levantó el sitio el 28 de septiembre. Su retirada se convirtió en desastre, los soldados de aquella época se entregaban con la misma facilidad a maldecir la suerte que a la embriaguez y a la buena fortuna. El mariscal de Montmorency aplastó la retaguardia, la artillería se perdió.

Mientras, Francisco I había tenido tiempo de reclutar catorce mil suizos y de reunir a su nobleza. Francia entera formó un bloque alrededor de su soberano, a quien poco antes llenaba de reproches.

Contrariamente a la opinión de algunos historiadores, el rey tuvo razón en no dejar que ese impulso resultara inútil. Por lo demás, había que alimentar a tanta gente... Esto no era posible sino en Lombardía so pena de extenuar el reino.

Igual que en 1515, el ejército francés atravesó los Alpes a pesar de que la estación era mala y esta vez se apoderó de Milán. En cambio perdió la ocasión de obtener una victoria decisiva en Lodi. Seis mil imperiales pudieron atrincherarse en Pavía, una plaza bien fortificada, bajo el mando de Antonio de Leyva que, enfermo, baldado, realizaba milagros.

Francisco I puso sitio a la ciudad el 28 de octubre de 1524. Había posibilidades de que la tomase sin combatir, pues los cinco mil alemanes de la guarnición no habían sido pagados y hablaban de entregarla. Leyva salvó la situación envenenando a su jefe. Demasiado seguros de vencer, los franceses no se daban prisa. Incluso el rey envió un cuerpo de tropa para conquistar Nápoles. Pasaron cuatro meses.

Durante este tiempo, Lannoy y Pescara, habiendo reunido una parte de sus gentes, se instalaban en las inmediaciones del campo enemigo. Borbón, por su parte, había arramblado con las joyas de la duquesa, luego se lanzó sobre Augsburgo, donde enroló a no pocos alemanes. El jefe de esas terribles bandas era un no menos terrible capitán, un luterano –¡no había que ser exigentes!–, Georges Frundsberg. En enero esas fuerzas se juntaron con las de Lannoy y de Pescara. Sitiaron a los sitiadores de Pavía.

Después, faltó de nuevo el dinero así como los víveres. Generales y caballeros vendieron sus cadenas de oro, sus insignias, su platería. ¡Una gota de agua en el océano! Los soldados podían desbandarse de un día a otro. Pescara los retenía a duras penas prometiéndoles el saqueo del campamento francés, que sobreabundaba de todo.

Carlos se estaba reponiendo de unas fiebres malignas cuando le llegaron esas inquietantes noticias. Las de Alemania eran aún peores. Desde el mes de junio de 1524, la guerra de los campesinos sublevados contra los señores asolaba terriblemente Suabia, Franconia, Sajonia, Alsacia. Los compañeros (obreros) de las ciudades se unían al movimiento. Más tarde Lutero los desautorizaría furiosamente y se reconciliaría así con los príncipes. Pero el Emperador no dudaba entonces de que las predicaciones del monje fueran las responsables de una rebelión desencadenada en nombre de los Evangelios con el fin de fundar el «reino de Dios». Fernando permanecía impotente ante esta tempestad. Tenía los ojos fijos en Hungría, amenazada por el avance inexorable de los turcos.

En los Países Bajos presionados por la regente, el descontento tomaba proporciones alarmantes. También allí la doctrina de Lutero empezaba a producir sus efectos. En Bois-le-Duc ya se amenazaba a los religiosos.

El imperio de los Habsburgos, apenas formado, ¿iría a derrumbarse?

XII. LAS MOLESTIAS DE LA VICTORIA
(1525)

En aquel invierno que veía oscilar la balanza del destino, el Emperador y sus consejeros buscaban la manera de tomar la iniciativa, es decir, de procurarse una gran suma de dinero. En España las reformas administrativas no producían todavía efecto; Cortés se había adueñado de toda la Nueva España, pero no había llegado el momento de ver que sus tributos afluían; de los flamencos ya no había nada que esperar. Gattinara proponía crear un fondo especial al que la Iglesia aportaría su contribución y que permitiría al soberano actuar en los diferentes territorios en los que su intervención parecería urgente. Los Estados de los Países Bajos se oponían a ello. Quedaba un solo recurso: casar a Su Majestad y obtener de la elegida una dote considerable. ¿Cómo esperar eso de la séptima prometida, la pequeña princesa María de Inglaterra? No se podía uno fiar de un tío raro y de su temible Wolsey. Por lo demás, sus posibilidades eran limitadas. Únicamente un rey, el de Portugal, primo hermano y cuñado de Carlos[1], disponía de un tesoro inagotable. Los españoles habían siempre esperado que su soberano seguiría una tradición cuyos peligros ignoraban y que se casaría con la hermana del Creso, Isabel de Portugal.

Esta infanta poseía la belleza mágica, el encanto y el misticismo de las princesas de su país, que ya habían transmitido su «melancolía» o su exaltación a las Casas de Borgoña, de Castilla y de Austria. Sin haberla visto nunca, Carlos la veneraba. Pensaba que ella era la única que le permitiría encontrar por fin el amor puro. Desde su aven-

---

[1] Se había casado con la hija menor de Juana la Loca.

tura de Oudenarde, no había tenido más que ligerezas con mujeres a las que no entregaba nada de su corazón.

De todas formas, ese sentimiento no jugó un gran papel. La cifra de la dote no permitía vacilación alguna. El rey de Portugal ofrecía novecientos mil ducados. Se le debía mucho dinero que habría que deducir de esta suma fabulosa. Quedarían unos cuatrocientos mil ducados, una mina suficiente para cambiar el curso de la historia. Permitiría al Emperador poner en práctica su «gran plan», la partición de Francia, organizar la cruzada después de haber vencido a sus enemigos y recibido la corona de manos del Papa.

Todo esto permanecía en el terreno de los sueños en ese comienzo de marzo de 1525 cuando, desde los cuatro puntos cardinales, llegaban funestos mensajes. En una carta a su hermano, larga y quejumbrosa, Carlos explicaba sus dificultades y ponía al desnudo su alma atormentada. «Me estoy consumiendo hasta los huesos», escribía.

Su mayor pena era la de tener que morir sin dejar un recuerdo glorioso. Ahora bien, no podía hacer la paz, puesto que ésta dependía de un adversario irreductible, ni la guerra, porque le faltaban los medios. Si los conseguía merced a su matrimonio, iría a Nápoles y desde allí se esforzaría en acabar con Francia. «Pero todas esas posibilidades no ofrecen confianza.»

El 10 de marzo el Emperador reunió a su Consejo, que estaba formado por dos italianos, uno de ellos Gattinara, cuatro flamencos y dos españoles, el principal de éstos era Hugo de Moncada, émulo de César Borgia, personaje siniestro si creemos a sus contemporáneos. En esos momentos, Moncada se hallaba en manos de los franceses: había sido apresado en el ataque a Provenza.

Carlos reconoció que todo le parecía perdido en Italia. Incapaz de dominarse en esta ocasión, se paseaba nervioso por la amplia sala. En ese momento anunciaron la llegada de un correo de Pavía. El Emperador no tuvo tiempo de autorizar que entrara. Saltándose la etiqueta, el comendador Peñíscola dio un empujón a los guardias y se puso de rodillas gritando:

—Hubo una batalla el 24 de febrero. Hemos obtenido

la victoria. El ejército francés está destruido, el rey es vuestro prisionero.

En un primer momento, Carlos se quedó petrificado. Murmuró dos o tres veces:

—¡El rey prisionero!

Después, sin añadir nada, fue a su oratorio, se echó sobre su reclinatorio. ¡Qué huracán de sentimientos encontrados se desencadenó en él! El hombre se sentía humillado. Sus generales habían conseguido una gran victoria, mientras su jefe permanecía tan lejos de ellos entre pergaminos. La habían conseguido el 24 de febrero, el aniversario de sus veinticinco años, señal indiscutible de su predestinación, pero, a sus veinticinco años, él, el Gran Maestre del Toisón de Oro, nunca había librado una batalla personalmente.

Luego cambiaba de talante. ¿Qué peso tenía el Gran Maestre del Toisón de Oro al lado de César cuando por vez primera merecía plenamente ese título? Los vértigos grandiosos de sus antepasados, los de Rodolfo el primer Emperador Habsburgo, y los del Temerario enardecían al joven. Dios había hecho un milagro en favor suyo. Nada se oponía ya a la unidad de Occidente. La Cristiandad iba a saber quién era su jefe natural y bajo su bandera reconquistar Constantinopla, Jerusalén.

Esta embriaguez no duró. Carlos sabía qué lazos le tendía el destino después de haberlo encumbrado. Quiso informarse completamente, hizo llamar a Peñíscola, le pidió que le relatara los acontecimientos.

Se extrañó de que el comendador acudiera tan pronto. Era debido al rey de Francia. Sí, Lannoy quiso adelantarse a Borbón, cuyo correo debía embarcarse en Génova y pidió, al que según las leyes de la caballería era su prisionero personal, casi su propiedad, puesto que le había entregado su espada, pidió a Francisco I un salvoconducto que permitiera a Peñíscola atravesar Francia. El rey se apresuró a aceptar no sin pedir una contrapartida: que un gentilhombre, también cautivo, Montpezat, llevase una carta a su madre. Ruego atendido de inmediato.

Con el fin de dar pruebas de su lealtad, Francisco I leyó en voz alta su carta, que contenía la frase llamada a ser famosa: «Todo se ha perdido menos el honor y la vida, que está a salvo». Peñíscola llevó a Montpezat a Saint-Just-lès-Lyon ante la regente Luisa de Saboya, recibió el salvoconducto y se precipitó hacia su señor. No sabía, Lannoy no sabía, Carlos no supo sino después de mucho tiempo, que Montpezat, además de la carta, había llevado el anillo del rey y que este anillo estaba destinado al Sultán Solimán el Magnífico, el Gran Turco, la encarnación del demonio.

* * *

Las terribles desgracias que este anillo le van a causar están en el arcano del futuro y el Emperador se abandona por el momento a la alegría de enterarse de las de su rival. ¡Cuántas equivocaciones ha cometido éste! Debería haber esperado a que los imperiales se dispersasen por falta de dinero y no «hacer la guerra a banderas desplegadas», siguiendo el consejo de Bonnivet, debió dejar que su artillería le proporcionara una ventaja decisiva, en vez de reducirla él mismo a la impotencia, entorpeciéndola con una carga intempestiva.

Hubo otros errores de los que Carlos ni piensa burlarse. Y es que han sido en general la consecuencia del espíritu caballeresco, de esa tradición medieval que causó la pérdida del Temerario y no encajan con los métodos modernos, pero es el ideal supremo tanto para el Habsburgo como para el Valois. Vencido en una hora, no por eso Francisco I ha dejado de conquistar una nueva aureola gracias a su manejo de la espada. Otra vez Carlos se lamenta considerando que, a su lado, él sólo ofrecía la imagen de un escriba, de un burgués.

A pesar de la contribución apreciable de Borbón, de la habilidad táctica de Lannoy y de Antonio de Leyva, el honor de la victoria recae en definitiva sobre Pescara. Pescara ha maniobrado como un capitán de su tiempo. Sus mil quinientos arcabuceros atacaron el flanco de la caballería contraria y destruyeron con su fuego a los valientes señores que cargaban así como en tiempos de las cruzadas. La flor de la nobleza francesa no se recuperó de ello.

Carlos tampoco se regocijó de eso. Alonso de Ávalos, marqués de Pescara, esposo de Victoria Colonna, primera dama de Italia, es también él un discípulo de César Borgia. Desde 1521, sus éxitos son innumerables. El Emperador desconfía de su ambición, de su popularidad. No le dirá ni una palabra de agradecimiento. Es más: le quitará el condado de Capri, que ese general se había apropiado demasiado alegremente. Las recompensas irán al fiel Lannoy.

Peñíscola se esforzó en poner a Su Majestad de buen humor haciendo sonar las trompetas de la gloria. Aunque el augusto rostro no se ha iluminado, ahora tiene que darle su segundo mensaje, un mensaje mucho menos exaltante. A pesar del saqueo del campamento francés, a pesar de la cantidad de prisioneros ricos que tendrán que pagar su rescate, los soldados están lejos de pensar que sus jefes ya no están en deuda con ellos. Se deben catorce meses de soldada a los seis mil lansquenetes de la guarnición de Pavía, cinco meses a los veinticinco mil que ha reclutado Borbón, siete meses a los infantes españoles. En cuanto a los jinetes, están esperando desde hacía dos años.

Por suerte, unos y otros le han dejado a Lannoy tiempo para poner en seguridad al rey en la fortaleza de Pizzighettone. Al día siguiente se sublevaron. Atacaron el castillo de Pavía donde los generales vencedores habían buscado refugio, lo invadieron, lo arrasaron. Lannoy y Pescara se habían ocultado, el uno en un desván, el otro en una alacena. Los mercenarios los descubrieron, por poco los matan, pero prefirieron obligarlos a que comprometieran sus propios bienes. Además Pescara tuvo que hipotecar las contribuciones de Milán, Lannoy, que era muy rico, firmó gran cantidad de letras de cambio. Mediante esto, la tempestad amainó. Pero si Su Majestad quiere conservar un ejército, sacar partido de su victoria, tiene que enviar mucho oro a sus lugartenientes.

Carlos no responde, con toda la razón. Le ha tomado la medida a la fragilidad de su victoria. Por eso prohíbe las festividades públicas, pues esta victoria ha sido –dice– sobre cristianos. Se limitará a dar gracias al Cielo con una Misa y una procesión tras la que irá personalmente. A los españoles les gusta esto.

*   *   *

Llegan otros dos mensajes, uno de Borbón que, hábil-mente, había abandonado Pavía antes de la rebelión, el otro del rey de Inglaterra. El Condestable se atribuye el mérito del acontecimiento. Después de haberle besado la mano a Francisco I, incluso de haberle servido a la mesa para mostrarle bien que él respeta el código de la caballería, desea vengarse por completo del soberano que ha pisoteado ese código sagrado. Francia está abierta, decapitada, sin tropas, sin jefes de guerra, sin más gobierno que el de Luisa de Saboya, una mujer sin prestigio.

Borbón pide autorización (y por supuesto los medios) para lanzarse contra esa presa que se le ofrece. ¡Irá de un salto hasta Lyon, hasta París!

También Enrique VIII se relamía de gusto. Hace una propuesta que, según le parece, no podrá ser rechazada: que Carlos se case sin tardar con su prometida la princesa María. Inglaterra dará doscientos mil escudos de oro y otros ciento cincuenta mil a Borbón, para que pueda conquistar Francia (sus intenciones coinciden), una Francia de la que el Tudor será solemnemente reconocido como rey en aplicación del tratado de Troyes. María es su única heredera. Cuando Enrique muera, su yerno recibirá Francia e Inglaterra, será el amo del mundo. Mientras tanto, que Borbón tome las provincias que desee.

Por su parte, el Papa, muy asustado, Venecia y la mayor parte de los Estados italianos piden que se alíen todos al César victorioso. Naturalmente, Clemente VII espera muchas cosas a cambio.

Si Carlos tuviera el ímpetu, la audacia, incluso la imprudencia de Francisco I, quizá, si tomara impulso, forzaría la oportunidad y fundaría la monarquía universal. Pero conserva la cabeza perfectamente fría, busca con aplicación el buen camino. Un solo pensamiento lo exalta: recobrar Borgoña. Cualesquiera que sean la política a seguir y los tratados que se impongan, esta exigencia será primordial. El bisnieto del Temerario descansará en Champmol entre los suyos. Para lo demás espera las opiniones de sus consejeros y, la primera, la de Gattinara.

No tiene ninguna tentación de ir a recoger laureles. ¿De qué sirve montar una ruinosa expedición, arriesgar un regreso azaroso, cuando su rival está a su merced y no podría negarle nada? Es un cálculo que no se armoniza con los principios del Toisón de Oro. O bien habría que desplegar una soberbia magnanimidad, atraerse el agradecimiento del cautivo, vincularlo a su vencedor. Según la perspectiva imperial, esta actitud digna de un paladín sería tal vez la mejor táctica. Sí, pero implicaría la renuncia a Borgoña, cosa imposible.

Quizá Carlos cree que todo se puede conciliar cuando escribe a su canciller: «Será más honrado obtenerlo con suavidad, si posible, pues si es haciendo la guerra a un prisionero que no puede defenderse podría sonar mal». Mientras sus ministros reflexionan, pasa el momento de aplastar a Francia y hacer de ella una aliada. El Imperio de Carlomagno no renacerá.

Gattinara no quiere ni dar una importancia excesiva a Borbón ni poner a Enrique VIII en condiciones de amenazar a los Países Bajos. El canciller no tendrá en cuenta ninguno de sus proyectos al redactar la *Memoria*, programa destinado a su soberano. Es curioso comparar la carta pesimista de Carlos a su hermano con este documento, cuya forma intencionadamente serena cubre pretensiones desmesuradas, muy poco realistas.

Gattinara recuerda primero los derechos del Emperador sobre Francia. Incluso el mismo Dante los reconoció en su *De Monarchia*. No obstante, el César debe mostrarse generoso como un león y clemente como Dios. No hay que aniquilar el reino de los Valois, esto le daría demasiada ventaja a Inglaterra. Enrique VIII podría recuperar Normandía, Guyena, Anjou, posesiones de sus antepasados. En cuanto a las de la Casa de Borgoña, es decir, el ducado y Picardía, revertirán de manera natural a su señor legítimo. Francia abandonará Italia, la soberanía sobre Flandes y Artois. Borbón recibirá la Provenza, sus antiguos dominios y la mano de Leonor. Cuando el Emperador se case, irá a Italia, recibirá la corona imperial, obligará al Papa a convocar un concilio que resolverá los problemas religiosos. La reconciliación general será sellada por el casamiento del delfín y una hija de Leonor. Entonces la Cristiandad estará en condiciones de hacer frente al infiel.

Nada de destronar al prisionero. Solamente un Wolsey ha podido concebir tal designio. En el siglo XVI, las derrotas no llevan consigo cambios dinásticos y deponer a un héroe desgraciado provocaría la indignación del mundo.

Mientras, Moncada, liberado después de un cambio con el mariscal de Montmorency, Lannoy, Pescara (bestia negra de Gattinara) tienen otras ideas. Según ellos, el Emperador no debería reclamar nada a Francisco I y éste, en cambio, le dejaría libre de confiscar los Estados italianos. Se navega, se discute.

Durante este tiempo, Luisa de Saboya proclama:

—El rey está preso, pero Francia es libre.

La extraña mujer, alternativamente genio bueno y genio malo del reino, acude a todas partes. Se apodera del Parlamento, al que, en compensación, le permite perseguir a los reformados, apacigua a París dispuesto a sublevarse, repatría los restos del ejército vencido, enrola a los aventureros errantes, atiende a la seguridad de las fronteras.

Ante el estupor general, paga las deudas de la Corona a los militares y a los cantones suizos. El país entero –ese país que apenas si empieza a ser una nación– se agrupa alrededor de él. Es una manifestación emocionante de la solidaridad de las provincias, que antes eran extrañas las unas a las otras; el embajador veneciano se maravilla y admira las instituciones monárquicas de Francia.

La regente se siente fuerte con esta unanimidad cuando el señor de Beaurain le lleva las condiciones del Emperador. Su Majestad no pedirá rescate, dejará libre a su prisionero «gratuitamente». No pide más que lo que le es debido, lo que es del rey de Inglaterra, lo que es del Condestable.

La regente ni siquiera consulta a los Grandes reunidos con ella. Está dispuesta a discutir el rescate de su hijo, pero no cederá ni una pulgada del reino.

Madame Luisa ofrece una suma enorme, tres millones de coronas, el abandono de Italia y de la soberanía sobre Flandes y el Artois. Incluso ofrece secretamente ayudar al Emperador a que se vengue de Venecia y de su doble juego.

Gattinara, que se ha vuelto razonable al contacto con la

realidad, estaría dispuesto a estudiar la seductora propuesta. ¿Acaso no ha considerado siempre Italia como base del poder imperial? Carlos no lo escucha esta vez, quiere «su» Borgoña. No contemplará horizontes más amplios hasta que no le sea devuelta.

Mientras, su embajador en Inglaterra ha recibido el encargo de una misión delicada: liberarlo de su compromiso con la princesa María y sin embargo conseguir el dinero. ¡Dinero! Es la obsesión del sucesor de Carlomagno. Por boca de su representante se declara dispuesto a casarse con su prometida con la condición de ver de inmediato la dote, seiscientos mil ducados. Si el rey su tío no está de acuerdo, que al menos le preste cuatrocientos mil.

Irritación de Enrique VIII, que comprende perfectamente. De todas maneras, se vería en gran apuro para pagar cualquier suma, pues su Parlamento, cansado de la guerra, le ha cortado el suministro y la perspectiva de impuestos extraordinarios ha causado revueltas en sus condados. El Emperador, que rompe su noviazgo, no le dará la corona de Francia. No tiene, pues, ningún interés en permitirle que aumente su poder. Ya está Wolsey con la vista puesta en esa regente indomable y en sus cofres siempre llenos.

—El que yo apoye será el amo –fanfarronea Enrique una vez más.

En Italia, las tropas imperiales sólo han cobrado ochenta mil ducados en lugar del millón esperado. Siembran el terror y la desolación. Viendo al vencedor inmóvil, el Papa, Venecia y los demás olvidan su espanto y empiezan a buscar los medios de sustraerse a su dominio. Morone, canciller del duque titular de Milán, Francisco Sforza, teme ver a su señor despojado una vez más. Se confabula con Pescara, le incita a que sea el salvador de su patria. El reino de Nápoles sería digno de él, le resarciría de la ingratitud imperial. Se forma una conspiración, aunque Pescara herido, enfermo, no da –todavía– su consentimiento.

En Alemania, las cosas van de mal en peor. A pesar de la desaprobación de Lutero, la sublevación campesina no para de extenderse. Por todas partes hay matanzas, ciudades saqueadas, castillos incendiados, abadías desoladas. Tantas devastaciones acaban con el espíritu anárquico de los príncipes, que por fin se organizan para ofrecer resistencia. Le correspondería al Emperador restablecer el orden. ¡Qué ocasión para afirmar su prestigio y su autoridad, para al menos esbozar una acción centralizadora! Pero el Emperador menesteroso permanece impotente en su lejano reino.

Dos meses después de su victoria, Carlos habría ya perdido sus frutos si no mantuviera al cautivo, del que piensa que puede obtenerlo todo y sobre todo esa tierra sagrada, convertida en mito, Borgoña.

XIII. LOS JURAMENTOS DE MADRID
(1525-1526)

Una amistad digna de los antiguos hombres de pro surgió en el campo de batalla entre Lannoy y su ilustre prisionero, cuyo valor admira. Así es que Francisco I está muy bien tratado en Pizzighettone, incluso recibe a las damas lombardas que le compadecen y le admiran. ¿Pero cómo podría el caballero siempre en movimiento sobrellevar la cautividad? Escribe a Carlos unas cartas muy humildes, le pide que no lo lleve a la desesperación, se declara esclavo suyo. Mientras espera una improbable respuesta compone bellos versos.

Nynphes qui le pays gracieux habitez
Où court ma belle Loire arrosant la contrée...
Oú est votre seigneur que tant vous aimez?

A todo esto llega el señor de Beaurain. Rechazado por Luisa de Saboya, viene a comunicar al rey mismo las condiciones de su señor. Francisco había advertido que su situación le impedía tratar. No obstante, lee la larga lista de las exigencias imperiales y le pone notas. Acepta todo lo que atenta contra el dominio real, acepta, si no ser vasallo, al menos el segundón del Emperador y ayudarle en sus empresas.

¿Y Borgoña? Después de haberla rechazado, el rey ofrece someter la cuestión al Tribunal de los Pares. Si el Tribunal no reconociera el derecho de Carlos, el Valois se casaría con Leonor de Austria (una buena faena para el Condestable) y el ducado recaería en sus hijos.

Hugo de Moncada va a llevar estas ofertas al Emperador. Lannoy y él aconsejan vivamente que las suscriba. Tie-

143

nen razón. Para Carlos es la ocasión inesperada de acabar gloriosamente una guerra que no puede proseguir por falta de medios económicos, de dominar a esos Capetos «emperadores en sus Estados» y de unificar Europa. No la aprovecha, obsesionado por Borgoña, animado de un deseo bastante mezquino de revancha sobre un rival demasiado brillante. A sus veinticinco años no concibe aún claramente una política universal, a pesar de las lecciones de Gattinara. La reacción de Luisa de Saboya, que protesta, le sirve de excusa.

Francisco I tiene el espíritu más amplio y cree que su vencedor se parece a él, está persuadido de que todo se arreglaría en un momento si pudiese hablar con él. Lannoy favorecería gustosamente esa entrevista, pero tiene que contar con los demás, Borbón, Pescara, Leyva, que están muy pendientes de tener al rey a su merced. Al final de una áspera discusión, se decide transferir el precioso rehén al Castillo Nuevo de Nápoles.

Francisco protesta diciendo que quieren su muerte, luego se inclina. Es llevado a Génova, donde se embarca. Lo rodean dieciséis galeras, que el mal tiempo no tarda en bloquear en Portofino. El mal tiempo es un pretexto. De hecho, la flota del famoso *condottiere* Andrea Doria, entonces al servicio de Francia, y la que envía la regente de Francia a las órdenes de Montmorency son dueñas del mar. Podrían liberar al rey si el rey no estuviera empeñado en cumplir sus obligaciones caballerescas hacia Lannoy, que también es tan caballeresco.

Se llega a un extraño acuerdo entre el virrey y Montmorency. Lejos de atacar a los navíos enemigos, éste le añadirá seis de los suyos con el fin de escoltar al prisionero hasta España. Durante el trayecto reina una paz total. Lannoy se ha burlado de Pescara y sobre todo de Borbón, que se sofoca de rabia al verse abandonado en Génova sin tropas y sin dinero. En cuanto al Emperador, ni siquiera ha sido consultado. «Os llevo al rey –le escribe Lannoy–, lo cual estoy cierto de que le resultará agradable, pues sólo dependerá de Vuestra Majestad el acabar rápidamente sus asuntos.»

Carlos preside en Toledo la Cortes, a las que pide subsidios. Se enfada mucho cuando recibe el mensaje del virrey seguido pronto de cerca por las quejas furiosas de Borbón y de Pescara. Y se irrita aún más al saber la recepción que Barcelona, Valencia y las demás ciudades ofrecen al vencido.

¿Un vencido? No, un héroe a los ojos de los españoles, una especie de Cid desgraciado. Se le conceden los mayores honores, se levanta un trono en las iglesias en las que oye Misa, las damas están a sus pies, la multitud se apretuja a su paso. Carlos sabe bien que sus súbditos, amantes de lo grandioso, comparan a ese gigante cubierto de gloria con su señor desmedrado y dado al papeleo. Manda encerrar al rey en el fuerte de Játiva, luego en el Alcázar de Madrid.

El Gran Maestre del Toisón de Oro no tiene en cuenta la caballerosidad. Desea obtener por medio de tortura moral lo que no se decide a arrebatar en reñida lucha. También desea saciar los rencores de su familia. Hace menos de medio siglo que el Temerario cayó víctima de las maquinaciones de Luis XI. El rencor, a veces bueno, con frecuencia mal consejero, constituye un resorte mayor de la política de los príncipes. Un día lo será de la de los pueblos.

En Madrid, el alojamiento del rey, más bien su jaula, es espantoso. Cinco pasos de largo por cinco de ancho, una sola puerta, una sola ventana con doble reja de hierro empotrada en el muro por los cuatro lados; una ventana tan alta que es necesario subir varios escalones para descubrir, dominando las orillas áridas del Manzanares, un abismo de cien pies y dos batallones que montan la guardia día y noche. Con el clima ardiente de la polvorienta Castilla, se puede dar por seguro que, así estrechado, un hombre joven, fuerte, sanguino, sexualmente insaciable (nada de visita femenina ahora), sentirá que flaquea y pagará su libertad a no importa qué precio.

La regente ha enviado embajadores a Toledo. El Emperador despliega su generosidad, firma una tregua de seis meses, autoriza que la querida hermana del rey, la duquesa de Alençon, la Margarita de las Margaritas[1], venga a recon-

---

[1] Margarita de Valois-Angulema, duquesa de Alençon, más tarde reina de Navarra.

145

fortar a su hermano, ve con buenos ojos el casamiento de Francisco y Leonor, pues el cautivo se manifiesta enamorado de esa dama a la que nunca ha visto. Por su parte, los franceses le conceden todo... salvo Borgoña. Luis de Saboya ha dicho que ni el mismo rey puede desprenderla de la Corona.

Carlos, furioso, se va de cacería durante quince días. Mal calculado: si bien el paso del tiempo deteriora la salud y la resistencia moral del cautivo, también permite a su madre actuar en Inglaterra y en Italia. ¡Qué rica es Francia comparada con un imperio en el que el sol no se pone nunca! Ofrece dos millones de coronas a Enrique VIII, un millón a Wolsey. El Tudor y su mentor no dudan más en dar un vuelco a las alianzas. Unos meses después, el tratado de Moore, obra de arte de la saboyana, cambiará el equilibrio de las potencias.

En Italia no es menos eficaz el oro francés. El Papa se concierta con Florencia y Venecia. Morone, animado, ofrece de nuevo el reino de Nápoles a Pescara, que responde de manera ambigua: «Lo que me confiáis es cosa enorme, pero no es menos enorme que oséis decírmelo. Si yo lo hiciera, sólo sería para probar al Emperador que soy más importante que algunas personas a las que aprecia más que a mí». El Papa, sin concretar más, promete cubrir teológicamente la operación. Morone, entonces, la cree hecha.

Carlos empieza a sospechar todo eso cuando unas malas noticias acaban por perturbar sus partidas de caza. Los luteranos de los Países Bajos se agitan peligrosamente y la victoria que han obtenido los príncipes sobre los campesinos no trae la calma a Alemania.

Pero lo peor es esto: Francisco, abatido, ha caído gravemente enfermo con un absceso en la cabeza. ¡Qué catástrofe si muriera, dejando a su vencedor un cadáver inútil! De repente, el Emperador vuelve a ser un caballero. Acompañado de Lannoy, se precipita hacia Madrid, recorre a galope seis leguas en menos de tres horas, va directamente a la habitación del rey y se arroja en sus brazos.

Ambos enemigos permanecen un momento abrazados.

—Sire –dice Francisco, levantándose con esfuerzo–, veis ante vos a vuestro prisionero y vuestro esclavo.

—No, no –protesta Carlos–, sino a mi buen hermano y verdadero amigo a quien considero libre.

—Vuestro esclavo –repite el otro.

—Mi buen hermano y amigo que será libre. No deseo nada más que vuestra salud, pensad sólo en ella. Todo lo demás se hará como podáis desearlo.

—Será lo que vos ordenéis, vos mandáis, pero, señor, os suplico que no haya intermediario entre vos y yo.

Esta comedia mejora sensiblemente el estado del enfermo. Al día siguiente, 18 de septiembre, llega su hermana, la curación parece próxima. Pero el 29 de septiembre el mal se agrava, todo parece perdido. Carlos no manifiesta su emoción:

—El Señor lo da –dice–, el Señor lo toma.

Luego, de repente, el milagro: al absceso revienta, el rey está salvado.

Se reemprenden las negociaciones, llevadas ahora por Margarita. Sin ningún éxito, aunque ya se conoce la defección inglesa, que deja estupefacto a Carlos. Esto no hace que cambie con respecto a Borgoña. Gattinara se lo hace saber groseramente, violentamente, a la desgraciada princesa. En ese momento, Pescara toma una decisión. Tiene una úlcera y va a morir pronto. ¿Para qué entonces un reino? El marqués manda arrestar a Morone, denuncia al Emperador a aquellos que confiaban en él. Carlos exclama:

—¡Dios puede permitir que el Papa esté siempre entre los traidores!

Su intransigencia se hace más fuerte. Tal vez le viene de esa falla misteriosa que algunos de sus antepasados han dejado en su espíritu. En un momento en que le haría falta mostrar el realismo maquiavélico de su abuelo Fernando de Aragón, es el otro abuelo, Maximiliano, el que se impone. Su idea fija lo transporta fuera de lo real. Está persuadido de su generosidad, de su derecho. Lo que le ofrecen le parece despreciable comparado con lo que se atreven a regatearle. ¡Francisco no se porta honradamente!

Los mismos españoles no piensan así. Aplaudirían un gesto teatral.

El rey, viendo la situación sin salida, se decide a hacer ese gesto por su cuenta. Carlos ha tenido miedo de encontrarse ante un cadáver, tendrá entre sus murallas un cadáver político, es decir, un simple particular. El rey de Francia desaparece, abdica.

El arzobispo de Embrun, el presidente de Selve, La Barre preboste de París, los tres embajadores de la regente, se reúnen en su habitación con Montmorency. El prisionero firma ante ellos las letras patentes que transfieren la corona a su hijo el delfín y ordenan proceder según las reglas a la consagración del niño. Éste es ahora el Cristianísimo. Francisco de Valois, convertido en simple gentilhombre, le da cuenta de ello al Emperador y se declara dispuesto a una cautividad perpetua. Solamente le pide un alojamiento más decente y unos sesenta servidores.

Carlos se lo toma al pie de la letra. Abdique o no, el rey se quedará en Madrid mientras Borgoña no sea restituida. Sin embargo, Luis de Brujas, embajador imperial cerca de la regente, y Pescara moribundo suplican a su señor que renuncie a esa provincia. Luis de Brujas está muy impresionado ante el espectáculo ofrecido por Francia. Por primera vez, la ausencia de soberano no ha provocado ninguna perturbación. El embajador escribe que hay que colocar «(al rey) y a su reino tan bajo que no se pueda levantar», cosa que ahora es casi imposible, «o tratarlo tan bien y atraerlo tan fuertemente que no desee nunca hacer mal... Más vale retenerlo que dejarlo marchar medio contento».

Pescara piensa lo mismo, viendo que aumentan los peligros. Italia es más valiosa que Borgoña. Carlos sigue de hielo. Es una de las más formidables obstinaciones que conoce la historia.

Francisco intenta entonces escapar. Lo habría conseguido disfrazado de esclavo negro, si un lacayo al que había humillado no se hubiera vengado revelando su plan. La vigilancia se estrecha y Carlos, impávido, prepara sus bodas con Isabel de Portugal.

El círculo está cerrado, la falta de salida es total. Pero

creer esto es no contar con la astucia y la pasión maternal de la regente. Luisa no quiere perder a su hijo bienamado. Se asegura de las buenas disposiciones del Papa, que puede anular cualquier juramento, y envía a España a Chabot de Brion con nuevas instrucciones. Esta vez capitula, lo abandona todo, incluso Borgoña.

De inmediato son nombrados plenipotenciarios, empiezan las negociaciones de un tratado. Francisco, sobre aviso, representa admirablemente su papel. Él también acepta sin reserva la ley del vencedor, manifestando un solo deseo: el de casarse con Leonor. ¿Acaso no está enamorado de ella?

Carlos, ingenuamente, se felicita por esta alianza de familia. ¿Pero no ha prometido su hermana a Borbón? Borbón, que ha regresado a España y le recuerda sus servicios. Su único objetivo desde el comienzo de su aventura ha sido ese matrimonio, garantía de que seguirá siendo un gran príncipe cualesquiera que sean las circunstancias.

Carlos, como es sabido, nunca ha permitido que su hermana tuviera sentimientos personales. Cambia de repente, declara que no puede casarla contra su deseo. ¡Que ella escoja! Lannoy, encargado de recoger su respuesta, Lannoy, enemigo jurado del Condestable, pregunta a la joven, ya viuda de un marido que habría podido ser su padre, si prefiere el Rey Cristianísimo, el Rey Caballero, o un duque despreciado. Un Grande de España ha quemado su casa después de haberse visto forzado a recibir en ella al tránsfuga. Leonor, evidentemente, elige al dueño del más hermoso reino que hay bajo el sol. Borbón había traicionado gratuitamente.

Habiendo faltado a su palabra tan magistralmente, ¿se fiará Carlos de la de su enemigo? Pues sí. Piensa que el hombre está quebrantado, quiere, tomando sus propios deseos como si fueran realidades, mostrar al mundo en situación humillada a aquel cuyos éxitos han enturbiado su prestigio. Francisco no comete ningún error. El Emperador se lo presenta a su hermana, que baila ante él una zarabanda morisca. La morena Leonor tiene veintisiete años, los españoles admiran su belleza. Los franceses la encuentran «espesa de talle, larga de cuerpo, corta de piernas».

¡No importa! El más galante de los reyes declara que es divina y alaba sus encantos.

A comienzos de enero, el tratado está redactado. El rey renuncia a Italia, a las soberanías en litigio, a Borgoña, devuelve sus bienes a Borbón. Entrega sus dos hijos como rehenes. Volverá para constituirse en prisionero si los Estados Generales y el Parlamento no ratifican el tratado. Naturalmente, ha de estar en París para conseguir esa ratificación.

Lannoy, fiel amigo, persuade de ello al Emperador. Gattinara adivina la maniobra. Protesta:

—Sire, ¿es que no lo conocéis? En cuanto pueda salir de nuevo a cazar olvidará juramentos e hijos. No hay que liberarlo sin tener Borgoña o bien hay que liberarlo inmediatamente y no pedir nada a cambio. ¡Entonces sería capaz de darnos Francia entera!

El canciller preferiría abandonar su cargo a firmar una paz como aquélla. Pero su influencia se ha debilitado. La tregua va a expirar y Carlos teme volver a comenzar la guerra teniendo ahora en contra a Inglaterra, el Papa, Venecia. Su mejor general, Pescara, acaba de morir. ¿Y el dinero? La dote de su prometida apenas si podrá pagar las deudas.

Hay otra cosa. El idealista sufre, en el fondo, por haber actuado como lo ha hecho. ¡Parece tan sincero Francisco! Qué alivio no tener que hacer ya de carcelero, situarse a la misma altura que los caballeros con una amistad caballeresca y familiar. El español triunfa sobre el flamenco. No teme nada si el descendiente de San Luis compromete su honor.

Se equivoca. El 13 de enero, el rey reúne secretamente en su habitación a los franceses que su madre ha enviado a Madrid (su hermana ya se ha ido). En su presencia «declara ante Dios que cede presionado y por el mucho tiempo de prisión... pero protesta que todo lo que se ha convenido en el tratado será nulo y de ningún efecto y que es decisión conservar enteros los derechos de la Corona de Francia». No falta contra las leyes de la caballería. Un caballero tiene derecho a hacer todo lo que pueda para escapar de la cárcel. Se levanta acta, los asistentes ponen sus firmas.

Al día siguiente, 14, se levanta un altar en el mismo lugar y el arzobispo de Embrun, uno de los testigos de la protestación, celebra la Misa. Se lee el tratado, el rey jura sobre los Evangelios respetarlo fielmente. Firma y los franceses firman como firmaron la víspera. Lannoy y Moncada firman a continuación en nombre del Emperador y piden al rey que se comprometa ahora como caballero. Francisco se muestra un poco sorprendido, luego, poniendo su mano en la de Lannoy, «da su fe al Emperador Carlos, Rey Católico». Seis días después es prometido a Leonor, representada por el virrey.

Todo esto no tranquiliza de ningún modo a Gattinara, que se niega en Toledo a firmar el documento y discute con su señor durante casi un mes. Carlos no se deja convencer. Ratifica él solo el tratado y, encantado, escribe a Luisa de Saboya: «Ahora que he encontrado un hermano en la persona de Francisco, vuestro hijo y vuestro rey, ahora que os confío a mi hermana como hija vuestra, creo que puedo volver a tomar el nombre del que me servía antes, llamándoos mi madre buena».

El 13 de febrero, ambos soberanos se encuentran con gran pompa, se abrazan con transportes de afecto y hacen su entrada en Madrid. Durante ocho días cenan, cazan, festejan, oyen Misa juntos. El 16 de febrero van a visitar solemnemente a Leonor, a quien el rey besa en la boca.

El 19 se separan, uno va a Sevilla a casarse, el otro toma el camino de la libertad conducido indispensablemente por Lannoy.

—Hermano –dice Carlos–, ¿os acordáis de vuestros compromisos?

—Desde luego. Podría repetirlos soñando. Nada me impedirá mantener la palabra.

—No os he odiado nunca, pero si ahora traicionarais a mi hermana y a mí en mi hermana, procuraré haceros todo el daño que pueda.

—Quedad tranquilo, mantendré mi palabra.

En el último momento se produce un contratiempo. Los guardias del castillo de Madrid se niegan a escoltar al

151

rey hasta la frontera mientras no se les pague. Esto retrasa el viaje hasta el 11 de marzo.

Luis de Saboya, llevando a sus dos nietos sacrificados y algunas bellas damas dispuestas a consolar al héroe, se ha adelantado hasta Bayona, donde los príncipes son entregados al mariscal de Lautrec.

Se ha levantado en medio del Bidasoa una balsa sobre pontones. Atracan en ella dos barcas: en la primera están el rey, Lannoy y ocho soldados españoles, en la segunda los niños, Lautrec y ocho soldados franceses. Es el momento decisivo. Lannoy habla:

—Sire, Vuestra Alteza está libre.

No pudiendo evitar una cierta inquietud después de haber asumido tantas responsabilidades, añade:

—Que Vuestra Alteza cumpla lo que ha prometido.

—Os doy mi fe de gentilhombre –dice el rey, cosa bastante grave, pues ahora ha dejado de ser un prisionero.

Ni piensa en ello, abraza tiernamente a sus hijos, se traslada a la otra barca, atraca en la orilla.

Un caballo turco, «de rapidez extrema», lo espera. Monta y galopa a rienda suelta hasta San Juan de Luz, gritando:

—Gracias a Dios soy todavía rey, soy todavía rey.

Al enterarse de estos acontecimientos, Maquiavelo tachará de imbécil al Emperador. Carlos no es un imbécil, pero no posee aún experiencia suficiente de la época terrible en la que vive. Su enorme error lo cometió en razón de la lucha que libran en él los conceptos de dos generaciones. No ha podido someterse por entero ni a las tradiciones de la Edad Media ni a la razón de Estado. Ha tenido la ingenuidad de creer que su fogoso adversario se mostraría más respetuoso de unas que preocupado por la otra. En fin, el mito borgoñón lo ha cegado. La ocasión pasó a su alcance. El joven César no supo ni violentarla ni seducirla.

XIV. EL PAPA, LUTERO Y EL INFIEL
(1526-1527)

Mientras Francisco «sentía vivamente la felicidad de haber sido desgraciado»[1], Carlos disfrutaba la de creerse vencedor y la de estar en camino hacia el puro amor. Encantadas con la alianza portuguesa, las Cortes le habían concedido gustosamente con qué pagar su boda, sus deudas con Inglaterra y la dispensa pontificia, indispensable puesto que la infanta era hija de su tía María de Aragón, nieta de los Reyes Católicos.

El matrimonio debía tener lugar en Sevilla para honrar con ello a una región, es decir, unos reinos que su soberano no había aún visitado. Fue para Carlos uno de esos escasos momentos felices en los que, a punto de consumar la unión mística de sus sueños, descubría el paraíso.

Ese hijo de las brumas germánicas y flamencas no conocía del Mediodía más que los duros contrastes de la España septentrional. Según la leyenda, supo por fin reír entre los esplendores exuberantes de Badajoz, de Granada y de Andalucía. Nada lo había preparado para su clima ni para los vestigios resplandecientes de la civilización árabe. Los moros pertenecientes a las clases menos favorecidas habían tenido que convertirse o luchar en los montes. Los príncipes, los comerciantes, prodigiosamente enriquecidos con su comercio con las Indias (las de Asia), habían huido, abandonando sus palacios fabulosos llenos de maravillas. Deslumbrado, aunque no lo quería aparentar, Carlos pasaba de la opulencia pesadamente materialista de su país natal, de la austeridad castellana, a la atmósfera voluptuosa

---

[1] GAILLARD, *Histoire de François Ier*.

153

de las Mil y Una Noches. Dejaba el invierno por una primavera cuyas flores exhalaban perfumes ignorados.

Desde el descubrimiento de las Indias Occidentales, Sevilla había superado a la propia Venecia. Era el principal mercado de la Cristiandad, una de sus ciudades más opulentas, más abigarradas, con más diversidad, un lugar de encuentro entre la católica España, el exotismo del Nuevo Mundo y los espejismos de Oriente. Fueron levantados siete símbolos muy propios para suscitar la preocupación y la cólera de los demás Estados, siete arcos de triunfo en los que estaba claramente inscrita la voluntad de fundar una monarquía universal.

Maximus in toto regnat nunc Carolus orbe
Atque illi merito machina tota subest

El mundo entero iba a estar sometido al nuevo Carlomagno.

El arzobispo de Toledo, los duques de Calabria y de Béjar, habían salido a recibir a la infanta, que llegó el 3 de marzo. El 10, los novios atravesaron los arcos de triunfo y se dirigieron a la catedral, la primera después de la de San Pedro de Roma. El cardenal legado Salviati les dio la bendición nupcial.

«La Emperatriz —escribió el embajador veneciano— apareció ante todos como una de las mujeres más bellas del mundo.» Una belleza frágil, casi inmaterial, un ángel. Así fue como la contempló Carlos, emocionado de encontrar, magnificados, algunos de sus propios rasgos en esa esposa de su sangre. Sería realmente un otro yo, la antítesis de los pecadores hacia las que Satanás lo había empujado.

La piedad de Isabel no podía por menos que confirmarlo en esa idea. La joven Emperatriz estaba penetrada por una fe tal que nos cuesta un poco de trabajo concebirla. En su ánimo, el hombre rendía homenaje a Dios cuando se acercaba a su compañera. Ésta cometía una falta grave si osaba apropiarse el amor de que era objeto, disfrutar de él profanamente. Simple depositaria de ese amor, debía ofrecerlo a Dios y, de esa suerte, hacerlo indestructible. Carlos encontraba un alma prendada de lo absoluto igual que la suya. Era una felicidad inmensa. Era también un peligro para un príncipe que ya estaba demasiado predispuesto a soñar.

* * *

El destino había decidido que ese hombre tan satisfecho no gozaría nunca pacíficamente de sus dones. El 15 de marzo se conoció la muerte de la hija mayor de Juana la Loca, la reina Isabel de Dinamarca, y las fiestas acabaron bruscamente en duelo.

El 27 pasó otra cosa. El antiguo jefe de los Comuneros, el terrible Acuña, obispo de Zamora, había sido ejecutado. Es cierto que el Emperador se había prometido no tener piedad con los rebeldes. No por ello dejó de sentirse impresionado. ¿Habría cometido un pecado mortal negando la gracia a un prelado? Espantado, envió un mensajero a su enemigo Clemente VII, con el fin de obtener la absolución. El Papa se la dio e incluso tuvo el buen gusto de no pedir nada a cambio. Hasta el 30 de abril, en que llegó la respuesta, el Emperador se negó a comulgar y permaneció encerrado en sus apartamentos, evitando incluso a su joven esposa. Nada muestra mejor la patética lucha que se libraba entre su culto a los antiguos valores y a las exigencias de los tiempos modernos. Iba a tener que pelear contra ese mismo Papa al que había tratado de traidor.

Clemente VII ha pasado por un monstruo de doblez. En realidad deseaba la paz en Europa y el equilibrio de las fuerzas extranjeras en Italia, política constante de la Santa Sede. La llevaba según el ejemplo de sus predecesores, utilizando a la vez sus armas espirituales y sus armas temporales. El nuncio denunció en Toledo la nulidad de los pactos firmados bajo coacción.

La triste Leonor pasaba por esa experiencia. Se recomía en Vitoria, esperando noticias de su prometido, que parecía haberla olvidado por completo. Asaltado por una tardía desconfianza, Carlos envió a Lannoy cerca de Francisco I. El rey lo entretuvo con bellas palabras. ¿Acaso no tenía que someter el tratado a los Estados Generales?

Mientras tanto, el Papa había puesto a trabajar a sus representantes. El 22 de mayo de 1526 se formó en Cognac una Liga Santa bajo su égida y dirigida en principio contra el Turco. Agrupaba a la Santa Sede, Francia, Inglaterra, Venecia, Florencia. Francisco entregaba a Sforza el Milanesado ocupado y terriblemente destrozado por las tropas de Pescara. ¿Tropas? No, una horda de mercenarios convertida en una especie de república militar, vampira de Italia. El Emperador encargó a Borbón que pusiera orden y tomara el mando.

No medía aún los peligros que corría. De Sevilla se dirigió a Granada y disfrutaba sus delicias. Iba a permanecer allí, sin Gattinara que se había distanciado, lejos, demasiado lejos de los incendios prendidos en sus dominios. Enviaba a sus generales, a sus embajadores, instrucciones que tardaban meses en llegarles. Meditativo, enigmático, un poco menos melancólico desde su matrimonio, parecía indiferente ante el inmenso tumulto cuyos ecos venían a morir en sus jardines encantados. Pero su máscara de piedra se agrietó bajo los golpes recibidos ese funesto verano.

Hubo primero la intimación de la Liga Santa que, tomando, con insultante ironía, los mismos términos del tratado de Madrid, pretendía «fundar una paz verdadera y durable entre todos los jefes de la Cristiandad». El Emperador era invitado a adherirse a ella después de haber dejado el Milanesado a Sforza y haber liberado en un plazo de tres meses a los Hijos de Francia mediante un rescate. Entonces el Papa se sentiría dichoso de coronarlo en Roma, con tal de que acudiera sin ejército.

La Liga Santa había enviado tres embajadores. Fue el francés, un hombre de leyes sin desbastar, Jean de Calvinot, quien tomó la palabra. Insoportable ultraje por parte de Francisco I, que renegaba así de su firma y de sus juramentos.

Carlos respondió con su dignidad habitual que, si se trataba de una paz universal, él mismo se encargaría de establecerla, después, no pudiendo aguantar más su indignación, se despachó en insultos contra el Papa y contra el rey. Puesto que éste rompía el tratado, tendría que volver a la cárcel. De otro modo, sus hijos no le serían devueltos nunca.

—Quiera Dios que esta disputa pueda solucionarse entre nosotros de hombre a hombre. Dios manifestaría su justicia.

Se trataba de un desafío según las costumbres antiguas, apelar al Juicio de Dios. ¿Osaría evadirse de ello el Rey Caballero? En cuanto al Papa, si deseaba tomar partido entre sus ovejas en vez de ser un Buen Pastor, César convocaría un concilio que lo juzgaría. En privado calificó al Médicis de bastardo y de zafio.

Esta jornada de septiembre iba a marcar una etapa. Carlos había tenido hasta entonces una especie de ingenuidad, de inconsciencia. No dudaba de la fe jurada. Ahora aprendía que ni siquiera la religión prevalecía sobre la política. Consideraba esto monstruoso, sin comprender todavía que un tratado inaplicable podía no ser aplicado por una nación resuelta a sobrevivir, ni que la Santa Sede pudiera oponerse a la unidad imperial.

Convencido de su buen derecho y de la infamia de los demás, dio suelta a los instintos crueles que dormitaban en él. Los desgraciados Hijos de Francia fueron tratados con un rigor inhumano, del que el futuro Enrique II nunca pudo recuperarse, sus criados fueron enviados a galeras o vendidos como esclavos. Los lugartenientes en Italia, en particular Borbón, recibieron licencia para soltar las riendas a los salvajes que tenían a sus órdenes, y Hugo de Moncada recibió la misión de expulsar de Roma al Papa si no deshacía la Liga Santa. Una nueva calamidad no pudo por menos que reforzar esta violencia.

* * *

Según la tradición, los hombres encargados de llevar al Sultán el anillo del rey de Francia, fueron matados en Bosnia, pero el gran visir Ibrahim, avisado de ello, hizo buscar el anillo, lo encontró y se lo puso en el dedo. Sea lo que fuere, un polaco, Laski, y un húngaro, Frangepani, sirvieron de intermediarios.

Solimán y su ministro tomaron primero sus precauciones en Asia Menor y se aseguraron de la inmovilidad de Polonia durante cinco años. El 2 de febrero de 1526, un magnífico regalo al enviado francés le anunció que la gran decisión había sido tomada. El 9 de agosto las masas otomanas cayeron sobre Hungría. El reino estaba muy dividido, Transilvania llevaba ya su propia política. Sus armas no podían compararse con las del invasor. Los caballos y las cimitarras se enfrentaron a una artillería formidable.

El encuentro tuvo lugar cerca de los pantanos de Mohacs. El rey Luis II de Hungría esperaba a los transilvanos, que no aparecían. Sus oficiales, encolerizados al ver la Media Luna, le obligaron a entrar en acción. Los turcos innumerables se abrieron ante los furiosos caballeros y arremetieron, con el rey a la cabeza, hasta los cañones cuyas descargas los fulminaron. No obstante, algunos llegaron hasta el Sultán, estuvieron a punto de apoderarse de él. Los jenízaros salvaron a su señor cortando tras ellos los jarretes de los caballos. Llevados de su impulso, los sobrevivientes se hundieron en el pantano, entre ellos el rey Luis. Fue su tumba y para largo tiempo la de Hungría. Los turcos conquistaron la mayor parte del país, se llevaron como esclavos a trescientos mil hombres, mujeres y niños.

Según el pacto firmado en tiempos de Maximiliano entre los Habsburgos y los Jagellón, Fernando de Austria, cuñado de Luis II, que no dejaba hijos, debía heredar Bohemia y Hungría. Los Estados de Bohemia aceptaron elegir al archiduque. La Dieta de Presburgo hizo otro tanto en lo que se refería a Hungría, pero otra Dieta, reunida por instigación de los turcos y en la que la diplomacia francesa no estuvo inactiva, eligió por su parte al voivoda de Transilvania, Juan Zapoly. La guerra continuó.

«Que esto no impida que el rey de Francia envíe lo más pronto posible un ejército a Italia», escribió el Papa al conocer ese desastre de la Cristiandad.

Es cierto que su propia situación era trágica, la poderosa familia de los Colonna, aliada del Emperador, había empezado ya las hostilidades después de haber reclutado a todos los bandoleros de los Abruzos. Como los franceses no aparecían, Clemente VII compró una tregua y tuvo la loca imprudencia de enviar sus tropas a engrosar las de la Liga Santa victoriosa de los españoles en Lodi. De inmediato los Colonna se unieron a Hugo de Moncada, que acababa de desembarcar. Sus bandas se apoderaron fácilmente de Roma y la saquearon. El Papa, refugiado en el castillo de Santángelo, tuvo que pagar para que se fueran, absolverlas y retirarse de la Liga. Era para Carlos un pobre consuelo de la batalla de Mohacs y de los acontecimientos que tenían lugar en Alemania.

*   *   *

«¡Queridos señores, enfureceos... exterminad, degollad y que quien tiene poder actúe!» Animados así por Lutero, los príncipes ejercían sobre los campesinos represalias feroces. ¡Qué ocasión perdida! Si el Emperador hubiera protegido, sostenido, al pueblo contra los señores, habría podido plegar a sus vasallos desdeñosos bajo su autoridad, detener al mismo tiempo los progresos de la Reforma, restaurar el Imperio. El espejismo borgoñón, el tiempo perdido en vanas discusiones con Francisco I, le costaban caro, pues ahora su propio hermano, obligado a hacer frente al peligro turco, estaba reducido a la impotencia.

Se celebraba una Dieta en Spira. Decidió que, en espera de un concilio, cada Estado, cada ciudad del Imperio, actuaría a su modo en lo que se refería al Edicto de Worms, es decir, a la Reforma. El Elector de Sajonia, Juan, sucesor de Federico y ardiente adepto de Lutero, mandó aplicar la doctrina herética; Alberto de Prusia, gran maestre de la Orden Teutónica, fundó un Estado laico; una parte de Brandenburgo, Hesse y numerosas ciudades adoptaron las nuevas creencias. En otras regiones reinó la anarquía.

Así empezaba el dominio de la Iglesia a ser sustituido por la tiranía de los príncipes, esas espadas del Señor, según Lutero, que en origen no había querido aquello. Arrastrado por los acontecimientos, tenía no obstante que ser el primero en «legitimar, fundamentar de verdad en Dios el poder absoluto de los príncipes... El tirano más odioso debe ser obedecido tanto como el más paternal de los reyes. ¿Sus actos? Dios los quiere como son»[2].

A pesar de su convicción de la esencia divina de su poder, Carlos no llegaba tan lejos. Es una paradoja de la historia el que un apóstol de la libertad llegara a oponer al César una doctrina cesarista privada de todo contrapeso. Por lo demás, la oponía a pesar suyo, pues tampoco había querido esto, diciendo que al Emperador se le debía una sumisión temporal en la independencia espiritual. Pero en aquella época no se podía impedir que el alma y el cuerpo marcharan juntos.

Mientras tanto, a finales de año, Carlos y Lutero hacían frente al mismo enemigo, el Papa, que estaba violando sus compromisos. El 17 de septiembre, el Emperador había criticado a Clemente VII en una larga carta fechada en Granada. Volvía a repetir sus acusaciones verbales, blandía la amenaza del concilio y añadía la de dar satisfacción a los alemanes impidiéndoles que continuaran con sus donativos a la Santa Sede. Este documento llegó el 9 de diciembre a Roma y, poco después, a Alemania, donde levantó gran entusiasmo. Se fijó en carteles en las calles.

Esto decidió al viejo jefe de los lansquenetes, el luterano Georges Frundsberg, a reclutar tropas para reforzar el ejército imperial de Italia, en mala situación ante el de la Liga Santa. Fernando le había ya enviado dinero procedente de todos sus bienes personales. Frundsberg vendió también sus casas, sus muebles, sus joyas. Recibió de Borbón diez mil ducados. Eso no habría sido suficiente, si los luteranos alemanes no hubieran sentido furiosos deseos de combatir al Anticristo (el Papa) y de saquear Italia. Catorce mil lansquenetes fueron reunidos, de los que, suizos y venecianos, atravesaron los Alpes, a pesar del invierno.

No tenían ni artillería ni caballería y el ejército de la Liga habría podido acabar con ellos, si su jefe, el duque de Urbino, no hubiera querido antes extorsionar algunas prebendas al Papa. Clemente VII mercadeaba igualmente con el duque de Ferrara, que deseaba Módena y Reggio. Un enviado del Emperador le había prometido esas ciudades,

---

[2] Lucien Febvre, *Un Destin, Martin Luther.*

adelantándose veinticuatro horas al enviado pontificio y el duque se apresuró a satisfacer a Frundsberg y a despacharlo dándole cuatro piezas de artillería.

El valiente *condottiere* Juan de Médicis, llamado Juan de las Bandas Negras, la esperanza de Italia, no lo sabía cuando atacó a los alemanes. Fue derrotado y mortalmente herido. Frundsberg y Borbón se unieron en Bolonia.

Durante ese tiempo, Lannoy había desembarcado a la cabeza de tropas españolas. El Papa se dirigió a él, pidió una tregua que el virrey concedió mediante doscientos mil ducados, pero, después de una violenta protesta de Francisco I, Clemente VII se retractó inmediatamente. Sus tropas derrotaron a los españoles en Frosinone. Nápoles se sublevó. Lannoy tuvo que aceptar el 15 de marzo una segunda tregua, que no contenía ninguna cláusula económica y especificaba la retirada de Frundsberg.

* * *

Había estallado una sedición entre los italianos de Borbón, se extendió a los lansquenetes, que se olvidaron de repente de su cruzada. Unos y otros gritaban:

—¡Dinero! ¡Dinero!

Sus jefes vendieron las joyas de las iglesias y les ofrecieron doce mil ducados. Los soldados querían ciento cincuenta mil. Saquearon la tienda de Borbón, a quien estuvieron a punto de acuchillar, dirigieron sus lanzas contra el propio Frundsberg, mientras éste trataba de hacerles entrar en razón. Fulminado por esta actitud de unos hombres cuyo ídolo había sido, el viejo guerrero sufrió una apoplejía, murió. El embajador imperial, que había ido a llevar el convenio establecido entre el Papa y Lannoy, sólo se salvó huyendo.

Según el informe del mismo embajador, lo que sucedió a continuación no correspondió a ningún plan premeditado y fue sin conocimiento de Carlos. No se podría creer bajo palabra de honor ni tampoco se podría afirmar nada con certeza. Según Gregorio Leti, el Emperador podría haber enviado a Borbón y a Lannoy, unidos de nuevo y reconciliados, una carta destinada a ser secreta: «Dirigíos a Roma y haced que os paguen. Yo no puedo hacerlo. Ya veis que este juego dura desde hace demasiado tiempo. Haced lo imposible para ponerle fin y no os fiéis nunca de las firmas del Papa».

Los defensores de Carlos sostienen que Borbón actuó por su cuenta. No habiendo obtenido hasta entonces ningún fruto de su defección, deseaba adueñarse de Roma y de Nápoles, «cambiar su ducado por un reino». Es la opinión de Martin du Bellay y de Gregorio de Casale. Otros creen que el Condestable se vio arrastrado por sus tropas, fascinadas ante el espectáculo de los tesoros de la Cristiandad, esa Roma puesta casi sin defensa al alcance de los bárbaros.

Sea lo que fuere, bajo su único mando los lansquenetes, abandonando la artillería y la impedimenta para moverse más deprisa, cayeron como un torrente sobre la Ciudad Eterna. Lannoy se había retirado prudentemente a Florencia, que tuvo la suerte de que la respetaran. El marqués del Vasto había negado la colaboración de sus españoles, diciendo que Borbón desobedecía al Emperador, pero no obstante hubo españoles que intervinieron. El Papa estuvo demasiado tiempo confiando en el ejército de la Liga y no pudo a última hora conseguir de los romanos bastante oro para encauzar la marea.

El 5 de mayo apareció Borbón a la cabeza de sus bandas, pidió paso libre. Clemente VII lo excomulgó. El asalto fue dado al día siguiente al amparo de la niebla. El Condestable fue uno de los primeros en penetrar, ya fuera porque quería arrastrar tras él a sus hombres, o más bien porque deseara desaparecer ante el horror de un crimen capaz de asombrar al mundo. Murió, en efecto, alcanzado por un arcabuz que Benvenuto Cellini se jactó de haber disparado.

Sus soldados se apoderaron de la ciudad. Gracias al francés Guillermo du Bellay, que fue a avisarle, el Papa pudo ir a refugiarse en el último momento al castillo de Santángelo. Desde lo alto de la muralla asistió a la matanza de ocho mil hombres, mujeres y niños y al espectáculo alucinante del saqueo.

Iglesias, palacios, casas burguesas, mausoleos, nada fue perdonado. Todo lo que la piedad del mundo y sobre todo el temor al infierno habían acumulado allí desde hacía siglos, fue presa de los mercenarios. Los luteranos se sentían felices de pisotear la Babel pontificia, convirtieron las salas de los cónclaves en establos, los santuarios en lugares de desenfreno, rompían las estatuas, se jugaban a los dados los objetos del culto o los arrojaban al río, violaban a las damas nobles, arrastraban por las calles a los cardenales, antes de caer derrumbados ebrios en las bodegas. Los españoles, más sobrios, más metódicos, torturaban a los prelados y comerciantes para sacarles dinero, los napolitanos se distinguieron por su ferocidad. En vano Rafael había pintado la flameante espada de San Pedro poniendo en fuga a Atila.

El mundo fue presa de un gran espanto. Todo se derrumbaba. El Santo Padre cautivo y escarnecido, la herejía en marcha, el infiel en el corazón de Europa... ¿No eran éstas las señales del fin de los tiempos?

XV. LOS REVESES DE LA FORTUNA
(1527-1529)

El 22 de marzo de 1527, la frágil Emperatriz iba a dar a luz en Valladolid. Sus dolores eran terribles y se mordía las manos para evitar los gemidos. Médicos y comadronas, en plena turbación, le suplicaban que no se aguantara de esa manera.

—Moriré si es el caso –dijo la valerosa princesa–, pero no gritaré.

Su tortura se hizo espantosa y, entonces, ordenó que oscurecieran la habitación para que no pudieran verle el rostro. Llegada la noche, en el momento en que estallaba una furiosa tormenta, quedó por fin libre de los tormentos y trajo al mundo al archiduque infante don Felipe, heredero de las coronas de su padre. Éste lo tomó exclamando:

—Que Dios sea siempre misericordioso contigo y que te dé luces para gobernar prudentemente a tus súbditos.

Luego, ante el estupor de los cortesanos, ese hombre taciturno y contenido se abandonó a transportes de alegría. A pesar de la tormenta, se lanzó con la cabeza descubierta fuera de su palacio y anduvo leguas hasta el convento de San Pablo. Se detuvo, chorreando, entró en una pequeña capilla, cayó de rodillas, dio gracias al Cielo.

Su exaltación persistió durante las fiestas. Después del bautismo, bajó por primera vez a la arena y se enfrentó a un toro, dando muestras de un arte que entusiasmó a sus súbditos. Se disipaban sus dudas acerca del valor de ese enigmático soberano que, a sus veintisiete años, nunca había hecho la guerra.

Los regocijos duraban aún cuando llegaron noticias de Roma. Las traía Gattinara. Confiesa en sus Memorias que vaciló entre dos consejos: el de asumir plenamente la responsabilidad del acontecimiento y el de rechazarla con horror. Al final no siguió ninguno de esos partidos y Carlos decidió dejar que las cosas siguieran su curso antes de intervenir. Mientras tanto, la flota de Andrea Doria, dueña del mar, hacía enormemente difíciles las comunicaciones entre España e Italia.

Se habría podido pensar que el Rey Católico estaba espantado por la dimensión del drama y por el atentado cometido contra el Santo Padre. Desde luego, decretó el luto y suspendió los festejos. La verdad es que sentía una alegría y una satisfacción extremas. Después de haberle entregado el rey de Francia, la Providencia –aunque no debía aprovecharse de esa gracia– ponía al Papa a su merced. Era la prueba de que Dios rechazaba a un pontífice indigno, de que sólo el César tenía la misión de representar y de servir a la Iglesia.

Nunca apareció tan contento Carlos, mientras las maldiciones caían sobre él de todas partes. Encargó a Alarcón, el antiguo guardián de Francisco I, que fuera ahora el carcelero de Clemente VII, encerrado en el castillo de Santángelo, y Alarcón no se privó de escribir: «Las piedras de la Cristiandad se levantan contra Vuestra Majestad». Pero esto no le afectó en absoluto. Mandó escribir lo que llamaríamos un libro blanco, con el fin de probar su buen derecho. Sus admiradores han querido ver en esto una especie de Antimaquiavelo.

En Roma, los soldados privados de jefe continuaban sus exacciones, paseaban a los prelados por las calles montados en asnos y se peleaban entre ellos. Derribaban palacios para vender la madera y el mármol. Sus excesos, las enfermedades como consecuencias de los mismos, les quitaron su fuerza militar. Lannoy intentó sujetarlos, pero el tratado con el Papa le había quitado la autoridad y tuvo que retirarse a Nápoles, donde azotaba la peste. Mientras, los firmantes de la Liga Santa estrechaban su alianza y los franceses preparaban una nueva expedición más allá de los Alpes.

Hasta julio, Carlos no salió de su inmovilismo, envió a los príncipes cristianos una circular ambigua. Deploraba la catástrofe, «aunque no creemos que sea tan grande como nuestros enemigos han publicado y aunque vemos que esto ha sucedido por justo juicio de Dios más que por la fuerza y la voluntad de los hombres... sin que para ello haya intervenido ningún consentimiento por nuestra parte».

La lección del tratado de Madrid no había servido de nada. El Emperador daba una nueva prueba de su obstinación granítica, actuando con Clemente VII exactamente como había actuado con Francisco I. Pierre de Veyre, señor de Mont-Saint-Vincent, fue el encargado de transmitir su voluntad a Roma bajo la vigilancia de Lannoy. Se trataba de llevar al Papa prisionero a España, a no ser que comprase su libertad dando «las más completas garantías contra los engaños y la mala voluntad». César exigía nada menos que la cesión de los Estados Pontificios, incluido el castillo de Santángelo.

Hasta el 8 de agosto no mandó a su enviado; los desgraciados romanos tuvieron que sufrir más tiempo a la soldadesca. Cuando Pierre de Veyre llegó a Italia, Lannoy, que habría podido intervenir como moderador, había muerto de la peste. El Papa rechazó el tratado exorbitante. ¿Habría que ver esa cosa inaudita, el Vicario de Cristo llevado en cautividad?

Incluso en Valladolid esa perspectiva turbaba los ánimos. El confesor imperial protestaba, Gattinara también. Se produjo un vivo debate en el Consejo, los principales de cuyos miembros pidieron que se liberara al pontífice. Carlos derramó lágrimas, dijo que había que conformarse a la voluntad manifiesta de Dios. El Papa podía salir de la fortaleza cuando quisiera, bastaba con que diera las «garantías» que se le pedían. Lenguaje idéntico al del año anterior.

Mientras tanto, un ejército francés entraba en Italia bajo el mando de Lautrec y se apoderaba de Alejandría y los venecianos derrotaban cerca de Cerdeña a la flota imperial. La de Andrea Doria controlaba por completo las aguas tirrenas.

Los guardianes del Papa decidieron ponerlo en lugar seguro en Nápoles. Viendo que querían hacerle tomar el mismo camino que a Francisco I, Clemente VII siguió su ejemplo. Aceptó de repente todas las condiciones del Emperador con la restricción mental de que no cumpliría su palabra. Las puertas del castillo de Santángelo se abrieron y el Papa huyó a Orvieto, donde denunció el tratado.

De nuevo Carlos se indignó cándidamente. Siempre unilateral, con el ánimo fijo en su propio derecho sin considerar el de los demás, no veía que su dureza «autorizaba a todo hombre a convertirse en zorro, si no podía ser león».

* * *

El 22 de enero de 1528, el heraldo Guyenne, representante del rey de Francia, y el heraldo Clarence, representante del rey de Inglaterra, fueron recibidos solemnemente en Valladolid. Guyenne leyó una larga requisitoria al término de la cual Francisco I declaraba «que atacaría al Emperador y le causaría daños en sus países, tierras y súbditos» hasta que fuese dada satisfacción a él y a sus aliados. Carlos respondió:

—Me asombra que el rey vuestro señor me desafíe, pues siendo mi prisionero en guerra justa, y teniendo su fe, no lo puede hacer por razón.

Después cambió de tono, trató a Francisco de «cobarde y malvado» y le envió un mensaje que repetía esas palabras varias veces. El rey, furioso, replicó en su audiencia de despido al embajador imperial, Perrenot de Granvelle:

—No sé en absoluto que el Emperador haya tenido nunca mi fe. Además, en ninguna guerra de las que yo he estado lo he visto ni me he encontrado con él.

Ponía el dedo en la llaga. A continuación hizo leer un desafío redactado a la antigua usanza: tratando a Carlos de mentiroso, lo citaba a batirse en duelo. Hacía mucho tiempo que no se había visto a dos soberanos enfrentarse en el campo del honor. No se les iba a ver. El destino de los imperios ya no dependía de la habilidad de un campeón.

Lautrec recibió poderosos refuerzos. Podría haberse apoderado fácilmente del Milanesado, en donde las tropas de Leyva se morían de hambre, pero Francisco I cometió el error de ordenarle que conquistara el reino de Nápoles. El mariscal descendió a lo largo de la costa, después de, a su paso, haber liberado de los imperiales las ciudades lombardas. Esto era indisponer a los italianos y sobre todo al Papa, que no deseaba de ninguna manera la presencia de los franceses en el sur.

De pronto, Clemente VII se acercó al Emperador. Éste se daba cuenta por fin de que, debilitando demasiado a la Santa Sede, corría el peligro de suscitar Iglesias nacionales en Francia, Alemania e Inglaterra. Retrocedió al antiguo tratado de Lannoy, prometió devolver al Papa Ravena y otras ciudades ocupadas por... lo venecianos. Clemente VII se ofreció a ir libremente a España, acompañado de Wolsey, con el fin de preparar un acuerdo general, pero luego se echó atrás. Le habían aconsejado que no se fiara demasiado de la lealtad de Carlos.

Mientras, en Roma, la soldadesca, que seguía sin jefe, amenazaba con cambiar de campo si no recibían el dinero. El príncipe de Orange consiguió sesenta mil ducados, se los llevó, su puso a su frente y los condujo contra los franceses. En el camino, la caballería se amotinó, se perdió la artillería. Lautrec habría podido destruir esa masa desorganizada, cometió el error de dejar que se escapara después de unos breves cañonazos.

No obstante, la ruta estaba libre y fue puesto el sitio ante Nápoles, a la que Doria bloqueó por el lado del mar. Hugo de Moncada, ahora virrey, intentó despejar el puerto. Fue vencido y muerto. El príncipe de Orange lo sustituyó. «Si sobrevivimos un mes estaremos en las últimas», escribió al Emperador. Sus tropas hambrientas le exigían cien mil ducados, lo amenazaban con una nueva sublevación.

A pesar de la casi media vuelta de Clemente VII, Carlos pasaba una vez más de la victoria a la derrota. Su hermano había enviado a Italia un ejército alemán a las órdenes de Brunswick, pero esos luteranos, que saqueaban los tesoros de las iglesias ante el furor de los italianos, fueron víctimas de la peste y pronto se desbandaron.

Una equivocación de Francisco I, equivocación política tan enorme como su equivocación militar en Pavía, cambió entonces de repente el curso de las cosas y, conforme al

169

destino pendular del Emperador, volvió a poner su fortuna en la cumbre.

El verdadero árbitro de la situación era Andrea Doria, ese *condottiero* un poco pirata, ese señor del mar, que cortaba las comunicaciones entre España y el resto del Imperio y tenía al Emperador prácticamente prisionero en la península Ibérica, puesto que no podía arriesgarse a navegar. Doria vivía en Génova, donde ocultaba sus navíos. Su contrato (pues todo era comercio en ese tiempo, que también quería ser caballeresco) estaba a punto de expirar, cuando al rey se le ocurrió crear en Savona un puerto muy peligroso para la insolente prosperidad económica y financiera de sus compatriotas. Doria, irritado, pidió que se renunciase a esa empresa. También reclamaba la independencia para su ciudad. Lautrec presionó a su señor para que aceptara, el embajador veneciano Contarini explicó el desastre que podría llevar consigo una negativa. Francisco I no quiso entender nada, diciendo:

—No se irá.

Doria se fue. Una mañana, los napolitanos en las últimas vieron con estupor que los barcos que los sitiaban izaban los colores imperiales y estandartes con la divisa *Plus Ultra*. Los víveres destinados a los franceses fueron desembarcados para ellos. A su vez, los soldados de Lautrec padecieron hambre y pronto la peste. Una carta desesperada, enviada por el mariscal al rey, cayó en manos de sus enemigos y fue publicada con grandes alardes. De inmediato la mayor parte de las ciudades italianas se aliaron también al Emperador.

Lautrec murió, su ejército levantó el sitio. Los españoles y los lansquenetes lo aplastaron en Avesa. El 28 de octubre de 1528, la flota del *condottiero* fondeó en Génova, que de golpe se hizo ciudad imperial, aunque Doria le dio una Constitución aristocrática. Francisco I intentó reparar su error fatal, confió un nuevo ejército, menos numeroso que el anterior, al conde de Saint-Pol, que no consiguió volver a tomar Génova y fue derrotado a Landriano.

Clemente VII había ya comprendido, envió al nuncio Schio a Barcelona para que firmara en su nombre un tratado «de paz y de confederación perpetua» con el Emperador. Otorgaba la investidura del reino de Nápoles y la absolución a los culpables del *saco* de Roma, prometía coronar al César y entregarle la cuarta parte de los beneficios de la Iglesia, para que pudiera organizar una cruzada contra los turcos. En cambio él obtenía la restitución de sus Estados, a través de los que tendrían derecho de paso los imperiales, incluidas las ciudades que ocupaban los venecianos; recibiría la protección de Su Majestad. Además, los Médicis serían repuestos en Florencia, de donde los republicanos francófilos los habían arrojado.

El matrimonio de dos bastardos selló ese acuerdo: el de la joven Margarita de Austria, nacida del extraño encuentro de Oudenarde, y de Alejandro de Médicis, sobrino del Papa. Gattinara recibió el capelo de cardenal.

* * *

Durante ese tiempo, el inmenso ejército del Sultán se había vuelto a poner en campaña. Amenazaba Viena y Alemania. Tal vez habría podido darle de nuevo un vuelco a la situación, pero dos mujeres deseaban poner término a una guerra que arruinaba a Francia e impedía el comercio de Flandes. Margarita de Austria, regente de los Países Bajos, consideraba que el momento era propicio. Por su parte, la realista Luisa de Saboya se preocupaba poco de la quimera transalpina y del triunfo de los infieles. Ella lo que deseaba era liberar a los Hijos de Francia en peligro de muerte y preservar la unidad del reino.

Carlos dio carta blanca a su tía, recordándole que no debía renunciar a Borgoña. Luisa había tenido allí uno de sus hijos. Ambas damas, que eran amigas de la infancia, se dirigieron casi solas a Cambrai en el más grande secreto. Se alojaron en dos casas contiguas, de manera que la supresión de una pared bastó para comunicarlas y, del 7 de julio al 15 de agosto de 1529, discutieron ásperamente.

La intransigencia de Carlos a propósito de Borgoña seguía siendo el principal obstáculo: se lo dejó de lado. Margarita se contentó con «los derechos que el tratado de Madrid reconocía al Emperador». Cláusula de estilo. Borgoña seguía en la Corona de Francia, que se anexionaba las posesiones del Condestable de Borbón, incluso si el tránsfuga era rehabilitado, incluso si su hermana heredaba sus otros bienes. Los Hijos recobrarían su libertad. Su rescate sería enorme, dos millones de escudos de oro, pero reducido gracias a la dote de Leonor de Austria, a la que por fin Francisco se decidía a tomar por esposa. Realista como una verdadera Capeto, Luisa de Saboya había conseguido lo que a su parecer era lo esencial. Poco le importaba unir en contrapartida la Cristiandad contra el Turco después de haber llamado al Turco contra el Emperador y dejar a los italianos a merced del Habsburgo después de haberles prometido ayuda y protección. Maquiavelo habría podido aplaudir si Florencia, su patria, no hubiera estado entre las víctimas.

Pero eran unas concesiones terribles, ignominiosas. Francisco I, que hasta el último momento había prodigado a sus aliados falsas promesas, traicionaba sin vergüenza a Venecia, Florencia, Ferrara, a los napolitanos contrarios a España, y por otra parte a los más antiguos amigos de Francia en los Países Bajos, el duque de Güeldres, los La Marck. El rey se comprometía a no hacer nada por ellos. Renunciaba al Milanesado y a su soberanía sobre Artois, prometía luchar contra Venecia si la República no abandonaba en la Apulia las ciudades reivindicadas por el Papa. Renegaba del Sultán y de los luteranos, «el tratado había sido hecho sólo en consideración de los progresos de los turcos y de las revueltas cismáticas que pululaban por la tolerancia».

Olvidaba a Inglaterra, pero por ese lado estaba tranquilo. Desde hacía dos años, Enrique VIII buscaba los medios jurídicos para librarse de su esposa Catalina de Aragón, con el fin de casarse con la bella Ana Bolena y tener descendencia masculina. El asunto había sido llevado en mayo ante el tribunal eclesiástico con sede en Inglaterra bajo la presidencia de dos cardenales representantes del Papa. El 23 de julio, éstos habían suspendido el proceso a consecuencia de una gestión conminatoria del Emperador cerca de Clemente VII.

Carlos, considerando como un ultraje personal la persecución a la que su tía estaba sometida, se oponía firmemente al divorcio, ante la gran cólera de Enrique. Así pues, Francisco no tenía que temer un acercamiento entre los dos soberanos. Y también estaba dispuesto a mantener sus lazos con el Sultán.

Sin duda por eso no pareció conmoverse demasiado por el clamor que se levantó contra él. El tratado de Cambrai, llamado paz de las Damas, no dejaba de ser un acto indigno. Carducci, orador de Florencia, declaró que la conducta de Francia era «impía e inhumana». Italia caía en manos de la Casa de Austria. Padecería sus consecuencias durante tres siglos.

Carlos obtenía un triunfo inaudito después de tantos peligros y contrariedades. Y de pronto el oro afluía a sus cajas. El Papa, Francia, Sforza, Venecia le entregaban como tributos cientos de miles de ducados, *«Eldorado»* americano cumplía sus promesas, aunque sus envíos de oro fuesen claramente inferiores a los que habían recibido los Reyes Católicos.

Cortés, nombrado en 1522 gobernador general de Nueva España, administraba el territorio con un gran rigor, que exasperaba a los indígenas y ponía contra él a sus rivales. Su popularidad, su gloria, eran inmensas, pero no le faltaban detractores. Se le acusaba de que creía de sí mismo lo que creían los aztecas: que encarnaba a la Serpiente emplumada, imagen viva del dios Quetzalcóatl; le acusaban sobre todo de querer hacerse rey.

Enfrentado con España, Italia y las Alemanias, Carlos no estaba dispuesto a perder una parte de su poder en el otro lado del océano. Antes, había tenido escrúpulos de conciencia en aceptar la conquista de México. Pero se había decidido después del fracaso de su orden de caballeros caritativos, pues los indios no distinguían entre unos blancos y otros y desconfiaban de su Dios. Ahora quería ser obedecido. Había ordenado que en Nueva España los indios debían adherirse al cristianismo por propia voluntad; que estaba prohibido privarlos de sus bienes; que había que «acogerlos con espíritu de amor y de amistad». Cortés tuvo que acudir a justificarse. Lo consiguió en cierta medida y regresó honrado con nuevos títulos que le parecieron insuficientes, pero en adelante estuvo asistido por una *Audiencia*, es decir, por una especie de Parlamento, que limitaba su autoridad. El hijo de Juana la Loca gobernaba efectivamente su imperio: siempre en nombre de la desgraciada encerrada en Tordesillas.

En aquel verano de 1529, Carlos, en la cima de un poder inigualado, parecía verdaderamente el único jefe de la Cristiandad –de Europa– ante los embajadores islámicos. No se sintió en absoluto embriagado por el prodigioso giro de una fortuna cuyos caprichos bien conocía y que, de momento, no le había concedido su más ardiente deseo: Borgoña. En cambio, vio en los acontecimientos la confirmación innegable de su misión. Su firmeza, su obstinación, recibían recompensas inesperadas. Y se reforzaron hasta convertirse en los rasgos casi legendarios de su carácter y de su estirpe.

XVI. CÉSAR TRIUNFANTE
(1529-1530)

Desde su matrimonio, Carlos disfrutaba de la felicidad junto a su frágil Emperatriz que, el 21 de junio de 1528, le había dado una hija, la archiduquesa infanta María de Austria, y se hallaba de nuevo encinta en la primavera de 1529. Esos tres años fueron los únicos en los que, a pesar de sus tormentos políticos, recibió la gracia de vivir en comunión perfecta con un ser adorado.

Otro hombre habría, sin duda, vacilado ante la perspectiva de una separación que podía ser larga. Pero no era ése un sentimiento capaz de ablandar a un César educado por Adriano Floriszoon.

A su vez, Enrique VIII había firmado una tregua en Hampton Court, el mar ya no ofrecía peligros. Gattinara presionaba a su señor para que fuera a Italia a fin de ser ya coronado. Italia seguía representando para él el centro vital del gran Imperio. Pero no sólo estaba Italia. Había estado el Emperador tanto tiempo lejos de las Alemanias, que sólo le llegaba un débil eco de su formidable agitación. Anunció a su hermano Fernando su intención de ir allá para arreglar –al menos así lo creía con bastante ingenuidad– todos los conflictos, todos los litigios.

Antes de partir recibió a Francisco Pizarro, que había intentado cuatro veces conquistar Perú y estaba preparando un nuevo intento. Aprobó su proyecto, lo nombró capitán general de Nueva Castilla.

Habiéndose despedido de su esposa, el Emperador se embarcó gloriosamente en Barcelona en la *Capitana*, el barco almirante de Andrea Doria. Lo acompañaba su Consejo. Ahora se componía de Gattinara, único italiano, de cuatro españoles y de cuatro flamencos, entre los que destacaba la personalidad de Perrenot de Granvelle. Cobos era el más escuchado de los españoles.

La Emperatriz nombrada regente iba a estar seis años sin ver a su marido e iba a pasar crueles dificultades entre las intrigas de los señores codiciosos, eternamente descontentos. Esta princesa, que había aportado una dote fabulosa y veía el oro del Nuevo Mundo volcarse sobre Sevilla, no dejaba de tener preocupaciones de dinero, pues la guerra y la diplomacia exigían sumas que daban vértigo.

Ella y sus hijos llevaban una existencia de reclusos austeros, sin residencia fija, entre Ocaña, Toledo, Aranjuez, Medina del Campo y Madrid.

Carlos desembarcó en Génova el 12 de agosto de 1529. Sus generales se reunieron con él. Unos y otros discutieron sobre la suerte que convenía dar a la península. Antonio de Leyva, hacia el que el Emperador tenía mucha consideración, rechazó violentamente la idea de regresar al estado de cosas anterior. Se convino en formar una Liga italiana de obediencia imperial en cuanto la resistencia de Florencia y de Venecia hubiera sido vencida.

Luego permanecieron a la espera de noticias sobre la ofensiva turca, última esperanza de Venecia. Un veneciano, Gritti, bastardo del viejo Dogo, era consejero del gran visir Ibrahim Pachá.

Los turcos habían conseguido fundar, frente a la Hungría de Fernando de Austria, otro reino húngaro bajo el cetro de los Zapoly. Era obra de Ibrahim y de Gritti. Con gran irritación por parte de los jenízaros, les habían impedido saquear Buda.

En septiembre, el ejército del Sultán se volvió a poner en marcha. El 27, Solimán el Magnífico llegó ante los muros de Viena, defendida por una débil guarnición alemana a la que Carlos sólo había podido enviar de refuerzo algunas compañías españolas. Los turcos tenían la ventaja de una considerable superioridad numérica, pero los alemanes disponían de un arma nueva, el arcabuz largo, mientras que el Sultán no había podido llevar su artillería pesada a través de la llanura húngara, convertida en un barrizal a causa de las lluvias de otoño. No obstante, la victoria del infiel no parecía dudosa, la Cristiandad, menos el rey de Francia, se hallaba en alarma.

Aunque se haya exagerado la importancia de la batalla de Poitiers, antes de ese frenazo parecía que el Islam lo iba a sumergir todo. Entonces había retrocedido, había perdido sobre todo la Galia meridional, Chipre, Creta, Sicilia, España. Pero el furioso impulso de los turcos los llevaba ahora hasta las orillas del Danubio. Si se volcaban sobre las Alemanias, poseyendo los Balcanes y dominando el Mediterráneo, el mundo occidental padecería una conmoción semejante a la caída del Imperio romano y su civilización sufriría una mutación formidable.

El arcabuz largo, la lluvia, el frío insoportable para los asiáticos, el hambre consecuencia de los terribles saqueos, decidieron otra cosa. Fueron rechazados numerosos asaltos, los jenízaros, llevados a la lucha a la fuerza y ya descontentos, declararon que preferían perecer bajo los sables de sus jefes que bajo los disparos del arcabuz largo. Un tránsfuga descubrió el secreto de las minas que el Sultán había mandado poner. El 14 de octubre, Solimán renunció y se batió en retirada, mientras el conde de Salm, héroe de la defensa, moría a causa de sus heridas. Era el primer fracaso de los otomanos, el fin de sus éxitos en el norte.

Entonces, todos pudieron asombrarse de un extraño contraste. Carlos V, lúcido y fiel a sí mismo, no se glorió en absoluto de esta especie de milagro. Ni siquiera lo atribuyó a la intervención divina: «El Turco –escribió– se ha retirado más por necesidad que por ningún refuerzo que hubiera podido venir contra él».

Por el contrario, el gran visir, preocupado por su cabeza, organizó una inmensa fiesta como si su señor hubiera sido el vencedor. Los embajadores veneciano, húngaro, polaco, moscovita, saludaron en ella al Magnífico. Francisco I no se atrevió a hacerse representar.

¡Poco le importaba al Emperador! Ante la sumisión del Papa, el repliegue de Francia, la derrota del Sultán, el gran tema del divorcio que arrebataba a Inglaterra su posición de árbitro, él dominaba la escena del mundo.

Jamás *Imperator* mostró menos soberbia. Repetía:

—No he venido a perjudicar a nadie. Sólo quiero restablecer el orden y la paz.

* * *

Había que comenzar por Italia. César creía que podría imponer su ley, pero eso era no contar con el genio nacional de los tiras y aflojas y de la *combinazione*. Las negociaciones duraron varios meses. Milán fue devuelto a Sforza, Florencia de nuevo prometida a los Médicis. El Papa fue entonces a Bolonia y esperó allí a Su Majestad, que se vengó de sus astucias retrasándose hasta el 5 de noviembre. Es curioso que ni Carlos ni sus consejeros comprendieran que, aplicándose de esa manera a humillar al Santo Padre, proporcionaban armas a los herejes alemanes y a Enrique VIII.

En Bolonia se estuvo confabulando también durante semanas. Por fin, el 23 de diciembre de 1529 fue firmado el tratado que daba forma a la Liga Perpetua de los Estados italianos. Aparentemente estaba impregnado de moderación. En realidad instauraba un sistema de vasallaje: cada miembro de la Liga tenía que abastecer de hombres y de dinero al Emperador, convertirse entre sus manos en un instrumento dócil. Las grandes efervescencias de Italia, propicias para los crímenes, las traiciones, las intrigas perpetuas, pero también para el brotar de todas las formas del genio, iban a tranquilizarse un poco, morir bajo la losa de un orden sofocante.

Llegaron a Bolonia embajadores florentinos. El Emperador les ordenó que se entendieran con el Papa, que exigió la abolición del gobierno popular, «sistema de esclavización universal», y el restablecimiento de los Médicis. Mientras las discusiones se prolongaban, un ejército imperial mandado por el príncipe de Orange puso sitio a Florencia. El príncipe tardaría seis meses en triunfar sobre la resistencia de los habitantes y perdería la vida en los combates[1].

---

[1] El título de Orange pasó a su sobrino René de Nassau y, a través de él, a Guillermo el Taciturno, a Guillermo III de Inglaterra, a la familia real de Holanda.

Carlos, que mantenía así su promesa, no dejó de volver a hablar con Clemente VII del matrimonio de Enrique VIII. Consideraba a su tía Catalina como una segunda madre y a su prima María como hermana suya, aunque hubiera sido su prometida. Volvió a afirmar que no toleraría la anulación del matrimonio.

El cardenal de Tournon y el obispo de Tarbes habían advertido al Papa, en nombre de Francisco I, que su negativa podría provocar que se desligaran de él millones de fieles. Proféticamente, el embajador veneciano en Londres, Ludovico Falier, escribía al Senado de la República Serenísima: «Su Beatitud el Santo Padre es poco considerado por el rey (Enrique VIII) porque no ha concedido el repudio. Es algo que, si Dios no lo remedia, será de gran utilidad a la Corona de Inglaterra y de gran perjuicio para la Iglesia romana».

Carlos no veía tan lejos. Él, cuya misión era reunir a la Cristiandad, no se imaginaba que al cumplir con su deber de solidaridad familiar la iba a dividir irremediablemente. Y el Papa, aunque era consciente de ello, no se encontraba en condiciones de resistirle. Así es que no se resistió.

Wolsey fue la primera víctima de ese estado de cosas. No había podido dar satisfacción a su señor. Las circunstancias hacían que perdiese su fructífera situación de mediador entre Inglaterra y el Emperador. Además, era enemigo de Ana Bolena. Perdió su cargo. En su desesperación hizo correr la voz de que el rey sería excomulgado si no se separaba de su amante. Unos meses más tarde era detenido y moría justo a tiempo para evitar el hacha del verdugo.

* * *

Parecía total el entendimiento entre el Papa y el Emperador, nada se oponía ya a la coronación. Incluso Venecia se había puesto de acuerdo e, impaciente por obtener el perdón, había delegado no menos que seis personajes considerables para felicitar a Su Majestad y expresarle «la satisfacción de la República por la concordia y la paz general conseguida gracias a él».

Carlos habría deseado que la ceremonia hubiese tenido lugar en Roma, pero el recuerdo del saqueo de la Ciudad Eterna estaba demasiado vivo y todo podía estropearse. Las noticias de Alemania, que eran desastrosas, sirvieron de pretexto. Se aceleraron todas las cosas, lo cual le dio al acontecimiento un aspecto un tanto insólito.

El 22 de febrero de 1530, en Bolonia, el Papa puso sobre la frente del Habsburgo la corona de hierro de los reyes lombardos y, el 24 de febrero, la corona de oro de los Césares. Se mantuvo la augusta tradición, el sucesor de Carlomagno recibía la misma consagración que su ilustre antecesor. Al menos así veía Carlos esta apoteosis. No sospechaba que era el último Emperador elegido que era coronado por las manos pontificias[2].

¿Pero era realmente el Sacro Imperio Romano Germánico el que recuperaba su gloria de antaño? Los Grandes Electores no habían sido informados. Desde la víspera, un solo señor alemán se encontraba allí, el conde palatino Felipe, porque había sido encargado de anunciar la victoria de Viena. Los otros germanos eran los tres mil lansquenetes de Antonio de Leyva. Todo lo que brillaba en el cortejo imperial procedía de España o de Italia. El conde palatino portaba el globo delante del Emperador que cabalga entre dos cardenales, el duque de Saboya llevaba la corona, el marqués de Montferrat el cetro, el duque de Urbino la espada.

La cabalgata, saludada con aclamaciones rituales, pasó bajo el arco de triunfo de madera cargado de flores, de banderas y de trofeos, que se derrumbó en cuanto el Emperador lo hubo atravesado. Rozado tan de cerca por la muerte, Carlos permaneció impasible. Se negó a dar oídos a quienes acusaban al Papa de haber fomentado un atentado y no cambió de actitud hacia el Santo Padre. Su tía Margarita lo había prevenido sobre los peligros que corría tomando contacto con la Corte pontificia.

Clemente VII no tenía motivos para estar descontento, pues después de tantas desgracias había recuperado íntegramente las posesiones de la Iglesia, reinstalado su familia

---

[2] Es sabido que Napoleón se coronó a sí mismo.

180

en Toscana. En cuanto al Emperador, podía con todo derecho creerse dueño de esa Italia en la que, desde hacía casi cuarenta años, los extranjeros se disputaban la hegemonía europea. Los franceses no volverían a aparecer en Roma y en Nápoles antes de dos siglos y medio.

Habiendo impuesto así el orden habsburgués en el sur, había llegado el momento de instaurarlo en Alemania. Fernando, que aún temía a los turcos, presionaba a su hermano para que fuera a Viena. Carlos pensaba de otra forma. Convocó una Dieta en Augsburgo «para pacificar toda discordia, para ofrecer los errores del pasado a Nuestro Señor Jesucristo, y además para escuchar todas las opiniones y reunirlas en una verdad verdaderamente cristiana, y finalmente para descargarnos de todo lo que, por ambas partes, ha podido ser mal comprendido».

Seguía persuadido de que conseguiría reformar la Iglesia respetando el dogma e incluso de que –tanto le escapaba aún la verdadera naturaleza de las cosas– las perturbaciones de Alemania, las aspiraciones tumultuosas de unos y otros, le ayudarían a recuperar su autoridad imperial.

Gattinara lo ponía en guardia. Los germanos no se acomodarían a combinaciones a la italiana.

—Los asuntos alemanes son asuntos alemanes, Sire, no os engañéis. Con esas gentes hay que cortar por lo sano. Primero gritarán, luego os adorarán.

El Emperador abandonó sin prisas Bolonia en la primavera, pasó el puerto del Brennero y se dirigió a Innsbruck, la ciudad preferida por su abuelo Maximiliano. Fue recibido con transportes de alegría. ¡Por fin Carlos de Austria se mostraba en Austria!

Aún no habían terminado las fiestas cuando Gattinara murió de repente por una apoplejía el 4 de junio de 1530. Aunque su poder había disminuido, era un acontecimiento considerable. «El Canciller –escribió el embajador veneciano Nicolás Tiépolo– se encargaba de las resoluciones (salvo cuando el tratado de Madrid) y decidía por sí mismo. A él se dirigían los embajadores, con él trataban y los asuntos se discutían antes de pasar a la Corte».

Ese gran ministro legaba a su señor las ideas nacidas de su concepción romana del Imperio y de la influencia humanista de Erasmo, de quien había sido admirador. Las ideas penetraban despacio en el espíritu de Carlos, pero cuando se habían incrustado en él, nada había que pudiera desalojarlas. El Emperador, convencido de ser el jefe supremo, el ordenador y, según una expresión de entonces, el «gerente» de la Cristiandad, no dudaba de su poder ilimitado, ni de su deber hacia sí mismo, ni de su responsabilidad ante Dios.

Los embajadores venecianos, igual que muchos de sus súbditos que se lamentaban de ello, lo consideraban un extraño en sus propios reinos. Y es que, precisamente, Gattinara le había inculcado el sentimiento muy claro de su universalidad. En 1530, Carlos se empeñaba en permanecer por encima de las psicologías, de las tendencias, de los conflictos internos de cada uno de sus dominios, incluso cuando se trataba de religión. César representaba la unidad del poder y de la fe, aunque un César humanista estuviese demasiado inclinado a resolver de manera idealista y teórica problemas terriblemente concretos.

Era él quien en adelante gobernaría personalmente. Nicolás Tiépolo escribió al año siguiente: «Ahora nada se resuelve, de la manera que sea, sin que Su Majestad tenga conocimiento de ello, lo comprenda y dicte su voluntad... Al principio, a causa del abandono de sus funciones, no se le consideraba poseedor de mucha cabeza, pero ahora tiene fama por su gran prudencia y en su Corte se dice que nadie tiene mejor juicio que él».

El canciller no fue sustituido. El Emperador disponía de un sólido equipo de administradores, de generales, de juristas, de diplomáticos, de teólogos, de conquistadores, sobre los cuales, sin prodigarles favores, siempre tuvo un notable ascendiente y, cosa rara en ese siglo, cuya lealtad no le faltó nunca. Las diferentes funciones fueron distribuidas entre ellos. Cobos recibió el encargo de todos los asuntos de España. En cuanto a los «asuntos generales», recayeron sobre Perrenot de Granvelle, lo cual hacía de él el principal consejero de Su Majestad.

Ese borgoñón del Franco Condado era un antiguo secretario de Margarita de Austria. Personaje inteligente, fuerte, astuto, infatigable, se decía que tenía un «genio de plomo» porque puso en marcha un aparato burocrático antecesor de las administraciones modernas. Escribía inagotablemente y el historiador, obligado a compilar sus interminables despachos, maldice esa facundia que ahogaba al soberano bajo un diluvio de argumentos en pro y en contra.

Pero la lentitud de ese sistema le convenía a Carlos, a quien le gustaban los informes, los expedientes y, antes de tomar una decisión, sopesaba, rumiaba, deliberaba hasta el infinito, consigo mismo que con su Consejo. En un momento en que se proponía imponer las normas a un país en plena erupción, los alemanes iban a descubrir, después de nueve años de separación, un nuevo gobierno y un príncipe liberado de sus tutores sucesivos, definitivamente forjado tanto por sus convicciones como por sus experiencias.

No cabe duda de que será interesante observar a Carlos V en esta etapa decisiva de su reinado y de su vida.

XVII. LA ETAPA DE LA TREINTENA
(1530)

A sus treinta años, el soberano más poderoso del mundo tiene el aspecto de un hombre de edad. Es esmirriado, encorvado, cargado de espaldas, su rostro barbudo de gruesos labios, inquietante por su mandíbula inferior saliente –defecto que se irá acentuando–, manifiesta su físico degradado. Sus dientes estropeados, su fuerte aliento, acaban haciéndolo poco atractivo. Solamente su mirada refleja majestad, inteligencia, astucia, la convicción inquebrantable que nos han transmitido los lienzos de Amberger y de Tiziano[1].

Vestido generalmente de lana oscura a la española, tocado con un gorro de terciopelo, el Toisón de Oro brillando solo colgado de un cordón de seda sobre su pecho, el Emperador tiene un aspecto singularmente endeble en medio de los señores a quienes plumas, brocados, joyas, adornos multicolor, parecen doblar de volumen. Sin embargo, la lógica exigiría que tuviese las dimensiones de un Gargantúa, pues el propio gigante de Rabelais no mostraba un mejor apetito que el suyo.

Apetito es decir demasiado poco. Con el tiempo, la voracidad de ese cazador, que ha perdido la afición por las grandes cacerías, de ese caballero que prefiere su despacho a su caballo, adquiere proporciones desconcertantes. Sin duda sólo la ciencia de un psiquiatra podría descubrir qué ambiciones irrealizables, qué aspiraciones desmesuradas, sustituye Carlos devorando tortillas de sardinas, adobos de *alalunga* (atún blanco pescado en Malta), sus tordos en escabeche, sus anchoas en aceite, sus cabritos, sus asa-

---

[1] Museo de Berlín, Pinacoteca de Munich.

dos de jabalí, a veces de zorro, sus pavos enviados desde México, sus sopas con tocino, sus guisos cargados de especias. Todo tiene que estar fuertemente condimentado, salpimentado. El barón Falconetto, maestresala del Hotel, se desespera al no poder descubrir nuevos condimentos que den satisfacción a su señor. Un día que éste se queja sin demasiado malhumor, el barón le dice riendo que tendrá que prepararle un potaje de relojes, pues la pasión del Habsburgo por los relojes sigue también en aumento.

Por milagro, los alimentos apenas masticados a causa de la maldita mandíbula no depositan grasa en ese cuerpo desmedrado, pero infligen al comilón otros castigos, sobre todo la gota. La gota se manifestó por primera vez en España. Una segunda crisis mucho más seria hace sufrir al Emperador en la época de su coronación y le recuerda la vanidad de las grandezas humanas. Desde entonces, ese mal no lo abandonará. Pronto a esto se añade el asma.

Los médicos suplican a Su Majestad que aligere sus comidas, que sean menos nocivas. Su Majestad les responde que el deber de su cargo consiste precisamente en permitirle comer lo que guste y se niega a cambiar nada en sus costumbres. O al menos, si las cambia, es a peor, pues los ejercicios que con tanto ardor realizaba el joven Carlos de Gante han dejado de entretenerle.

El Emperador se levanta tarde, oye tres Misas, luego se sumerge en el papeleo. Los cortesanos dicen que se pasa el tiempo «de la misa a la mesa», lo cual es injusto, pues trabaja enormemente. Lo quiere saber todo, desmenuza cada informe. Después lo envía a un ministro, pero, si se trata de una cuestión realmente grave, impone su voluntad y la mantiene incluso cuando es evidente que ha cometido un error.

Está siempre rodeado de una Corte numerosa. Aparte de los miembros del Consejo, quienes forman parte de ella no tienen peso en sus decisiones. Fiel a las costumbres de la Casa de Borgoña, exige que se respete la etiqueta, el ceremonial instituido por el duque Felipe el Bueno y que él hará más rígido hasta convertirlo en ese aparato espantoso bajo el que sucumbirán sus débiles descendientes.

No tiene amigos, sólo sirvientes o mercenarios, de los

cuales los más útiles reciben mucho dinero, como Doria. Granvelle y Cobos reciben cerca de setenta mil escudos al año. La masa de los demás no está bien tratada. El embajador de Venecia escribe: «Es voz unánime de esta Corte que Su Majestad no ha estado nunca dispuesto a pagar los servicios, lo cual hace que todo el mundo se queja de no ver recompensados los que han rendido. Entre numerosos ejemplos, hay uno que me ha contado el viejo coronel Aldana: un viejo soldado le llevó a Su majestad la espada y el guantelete del rey Francisco I cuando lo hizo prisionero, le mandó dar sólo cien escudos y el soldado se fue desesperado».

La espada y el guantelete... Esos símbolos no habrían tenido precio para un verdadero caballero. Carlos –y aquí está el contraste llamativo de su modo de ser– se considera el campeón de las grandes tradiciones medievales, hasta el punto de proponerle al rey de Francia solventar su pelea en un duelo, pero Flandes lo ha dotado de un espíritu burgués que se manifestará con frecuencia. En ese caso, el burgués se ha impuesto al príncipe nostálgico de las cruzadas. Se comentará que tiene un «alma doble».

Y le va bien tener esa vocación burguesa gracias a la cual está adelantado a su tiempo, sin dejar de defender firmemente valores ya caducados. De otro modo no podría escapar de sus enormes dificultades financieras, de las que se evade organizando inverosímiles combinaciones de empréstitos y de préstamos usurarios, recurriendo al crédito de las ciudades, de los comerciantes, de los banqueros que acaban teniendo un interés vital en evitarle la bancarrota. Otro embajador dirá, refiriéndose tanto al soberano indiferente a los simples mortales como al burgués taimado en negocios: «Si no ha prodigado sus sentimientos, tampoco lo ha hecho con el dinero».

En efecto, apenas si manifiesta sentimientos, salvo a la Emperatriz. Las demás mujeres son las simples compañeras de aventuras vergonzosas, que él oculta tanto como Francisco I pregona sus amores. Aparte quizá de dos bufones hábiles en divertir a ese melancólico, nadie de su entorno puede presumir de ningún afecto del señor. «En esa Corte –dicen–, el muerto está bien muerto.»

Una devoción exagerada, un rigor moral sin concesiones no impiden ni el egoísmo absoluto, ni la falta de generosidad, ni la ausencia de piedad, incluso la crueldad que es general entre los Grandes, ni sobre todo el rencor: «No apaga su cólera sino con alguna venganza –escribe también un veneciano que está siempre observándolo–, no se preocupa por los actos deshonrosos de sus ministros, pero... ha mantenido en la sombra a algunos de sus capitanes por envidia de su gloria».

¿Va a acabar siendo un gran hombre de Estado? Todo el mundo reconoce «lo excelente de su entendimiento» y su formidable dedicación. Su lentitud, la dignidad soberana que nunca abandona, parecen garantizar su paciencia y la profundidad de sus reflexiones. En efecto, reflexiona mucho, pues necesita tiempo para comprender.

Hemos visto que no abandona una idea en la que se ha fijado. Otra contradicción: ese César de sueños grandiosos se ve entorpecido por la importancia que concede a asuntos menores. Jean Giono lo ha visto bien cuando escribe: «Se pierde en los detalles: una vez perdido, su sentido burgués de la orientación le hace confiar pasito a paso en la menor huella del camino que acaba por llegar a alguna parte e incluso con frecuencia al lugar preciso a donde le habrían llevado la violencia y la audacia. Así se hace ilusiones sabiendo que se hace ilusiones: Ulises dentro de la armadura de Ayax con todas las bendiciones necesarias para reconfortar un alma indecisa[2].

¿Indeciso? ¿A pesar de tanta firmeza, de tanta obstinación?

Pues sí. La firmeza, la obstinación, no se consolidan –¡y de qué manera implacable!– sino después de largos debates interiores.

La fuerza del Emperador proviene de la experiencia que ha tenido de los caprichos de la fortuna. «Las dificultades que surgen en un momento no lo asustan. Las oportunidades que un momento ofrece no lo tientan; sabe bien lo frágiles que son. La idea se impondrá siempre al azar»[3].

---

[2] Jean Giono, *La Bataille de Pavie.*
[3] Walter Tritsch, *o. c.*

La fuerza de las realidades apenas le afecta, puesto que su visión del universo es una visión interior.

Su debilidad procede de la forma muy particular de su imaginación. Esa imaginación, compañera indefectible del sedentario (Carlos tiene el espíritu del sedentario incluso cuando recorre el mundo), lo arrastra hacia los gigantescos monumentos del pasado, pues la monarquía universal no es, en definitiva, más que la resurrección de un imperio romano apoyado en la unidad de la fe. Por contra, no le muestra el partido que podría sacar de las revoluciones de su tiempo para construir y dominar un mundo nuevo.

Servirse de la Reforma, que aún no ha comprendido de manera que pudiese ser un autócrata temporal y espiritual como lo será Enrique VIII, no le pasa por la cabeza a pesar de su desprecio hacia el Papa. Y tampoco se le ocurre emplear el oro y los soldados de España para formar las estructuras que le faltan a Alemania.

Carlos V no pretende levantar un edificio adaptado a las prodigiosas mutaciones de la época. Quiere preservar, restaurar, reformar a su modo, es decir, inspirándose en el pasado. No piensa en disminuir el enorme poder de la Inquisición. Pero no hay que engañarse. A pesar de esa contradicción –una más–, es un César humanista que, cabalgando hacia Augsburgo, espera restaurar el orden en Alemania, luego unificar Occidente, un César lleno de gusto y de sensibilidad artística, que ama la pintura y que, en vez de ordenar a Tiziano que lo exalte como semidiós, igual que habría hecho Luis XIV (de quien será tatarabuelo), él preferirá asir el pincel del maestro.

SEGUNDA PARTE

EL SUEÑO UNIVERSAL
(1530-1558)

XVIII. «LA PURA PALABRA DE DIOS»
(1530-1531)

En el mes de mayo de 1530, Carlos descubrió una Alemania profundamente distinta de la que había abandonado en 1521. Pero todavía no era consciente de los males irremediables que había causado su demasiado prolongada ausencia, que trataría de justificar en sus Memorias. Al encargar a su hermano que lo representara, creía que la regencia quedaría asegurada en el país germánico lo mismo que lo estaba en los Países Bajos por su tía Margarita. Pero la estructura imperial no se prestaba a esa forma de gobierno. La autoridad del César estaba limitada y mal definida, sólo su prestigio personal podía imponerla, poner fin a los conflictos jurídicos que renacían de continuo. Además, Fernando, que también apenas hablaba alemán, había sido educado por un español, Fernando de Aragón, y nada había tan diferente como un Grande de España ligado a la Corona y un príncipe germánico soberano en sus dominios. Por lo demás, el rey de Bohemia había sido privado demasiado joven de su aprendizaje político. Un español lo dirigía, el marqués de Salamanca, ministro hábil, pero doblemente impopular a causa de su origen y de su cargo de recaudador de impuestos.

Fernando iba a dar muestras a lo largo de su vida de grandes cualidades de hombre de Estado. Pero carecía de carácter y de experiencia. ¿Cómo iba a poder ese muchacho de apenas veinte años dominar la doble revolución política y religiosa que se había producido en ausencia de su hermano?

Aureolado con la corona de Carlomagno, el Emperador habría podido disponer de los medios. Habría podido atraerse o vencer a los grandes señores en discordia, coligar a los caballeros[1], apoyarse en los doctores cuya influencia era grande en medio de la furiosa tormenta ideológica, defender al clero católico, proteger a los campesinos, reorganizar un comercio anárquico. Sobre todo habría podido conseguir del Papa que abandonase una parte de sus desorbitadas recaudaciones financieras y el gobierno absoluto de los conventos y de las iglesias.

En Francia, el Concordato había regulado las relaciones entre la Iglesia y la realeza a satisfacción del monarca. Enrique VIII iba pronto a reforzar de manera brutal su independencia con respecto a Roma. Si bien es dudoso que exista un «sentido de la Historia», no se puede negar el movimiento centralizador que, incluso en España, llevaba a los Estados a tomar su aspecto moderno.

En Alemania, por el contrario, los señores, liberándose de sus lazos feudales, se hacían dueños en sus dominios y así creaban un complejo de principados de cuya defensa contra el enemigo ya no se encargaban, puesto que ahora ese cuidado incumbía a mercenarios, pero cuyos campesinos explotaban hasta el punto de haber provocado su rebelión.

Esta rebelión, condenada por Lutero, había surgido, como se ha dicho, de sus principios evangélicos. Y Lutero alentaba también las ambiciones de los reyezuelos que, tan detestados anteriormente, se hacían populares cuando adoptaban sus doctrinas.

La herejía, «corolario lógico de la rigidez del cristianismo»[2], había surgido muchas veces a lo largo de los tiempos sin salirse generalmente del terreno espiritual y de la conciencia de los individuos. En estos comienzos del siglo XVI «se engrana a los intereses de los príncipes, se infiltra en las creencias de las masas por influencia de una cultura excitante y gracias a las transformaciones económicas. Las discusiones del momento sobre los textos bíblicos provie-

---

[1] Los caballeros, hidalgüelos sin dinero y saqueadores, vivían sobre todo de las guerras privadas, prohibidas desde 1495. Aunque prácticamente se habían convertido en bandidos, Lutero los llamó «la espada del Evangelio». Tomaron las armas en 1522 y sucumbieron a manos de los príncipes.
[2] ORESTES FERRARA, *El siglo XVI visto por los embajadores venecianos.*

nen, históricamente hablando, de un estado social, cultural y político en ebullición»[3].

Los príncipes se aprovecharon de ello después de haber aplastado a los ingenuos campesinos, para consolidar su soberanía, se aprovecharán también para secularizar en favor suyo los vastos territorios y los múltiples beneficios de la Iglesia. Así toma forma alrededor de una ideología mal definida una Alemania nueva antimedieval, antirromana y antiimperial, precisamente cuando Carlos se propone resucitar el Imperio Romano Germánico.

Lutero ya ha triunfado sobre él y, sin embargo, no ha realizado su verdadero propósito. ¿Es, como se ha dicho, uno de los padres del mundo moderno? Podemos añadir: «con tal de señalar escrupulosamente lo involuntaria que fue esa paternidad, lo escasamente que el hijo indeseable hizo realidad los deseos de su progenitor»[4]. Había querido la reforma y la libertad y ciertamente había quebrantado la omnipotencia de la Santa Sede. «¿Se podría cantar el triunfo si, en lugar de un yugo pesado, había puesto el yugo todavía más pesado del príncipe, del Estado creado y traído al mundo por Dios para velar sobre los intereses, las costumbres, los dogmas mismos de la comunidad cristiana?»[5].

En 1529, mientras que la Inquisición española empezaba a perseguir a los herejes, que eran reos de pena de muerte, los católicos habían conseguido reunir una mayoría en una Dieta celebrada de nuevo en Spira. Se apresuraron a revocar las decisiones tomadas en 1526. Los Estados reformados fueron obligados a autorizar en su territorio organizaciones católicas, pero la obligación recíproca no existía para los príncipes de esta confesión. Los luteranos protestaron solemnemente y llevaron a cabo una alianza.

Esto no impedía que los teóricos de la Reforma se desgarraran entre ellos. El Emperador no medía la amplitud de la convulsión política ocurrida en Alemania ni la extensión de la herejía que había llegado al norte de Europa, así

---

[3] *Ibídem.*
[4] LUCIEN FEBVRE, *Un destin, Martin Luther.*
[5] *Ibídem.*

es que tampoco podría comprender nada de las violentas polémicas de Lutero con el extremista Zwinglio y el prudente Melanchton, la controversia a propósito de las imágenes, la multitud de comentarios contradictorios que, lejos de crear una doctrina de amor, sembraban fermentos de odio.

Por lo demás, ¿qué le importa? La idea se impondrá siempre no sólo al azar, sino también a los mismos hechos. Poco a poco, metódicamente, lentamente, yendo de síntesis en síntesis, como hacen los hombres de carácter cuya imaginación ignora las contingencias, se ha formado una opinión, se ha trazado el camino que nada le impedirá seguir. Sus victorias sobre los comuneros de España, Francia, Italia, la Santa Sede, lo persuaden de que acabará finalmente con la resistencia de una Alemania predestinada a ser el eje de su sistema.

No desea emplear la fuerza. No recurrirá a ella sino cuando los sordos y los ciegos voluntarios se obstinen en seguir siéndolo. Lo que él pretende es conseguir una reconciliación general, un feliz compromiso entre todos los antagonistas. El nieto de los Reyes Católicos, que dieron a la Inquisición poderes enormes, está inspirado por la prudencia y la moderación de Erasmo; de Erasmo, según el cual la reforma interior de la Iglesia ha de ser realizada con el consentimiento, la aprobación de unos y otros. Carlos ha exigido de la Inquisición que prohíba los ataques contra el filósofo de Rotterdam.

Se propone conseguir antes la concordia gracias a transacciones, concesiones recíprocas. Luego, como lo habló con Clemente VII en Bolonia, habrá que convocar un concilio que pondrá fin a las disputas teológicas y cuyas decisiones no tendrán apelación.

Los contestatarios eventuales sentirán el poder del Emperador. ¿Acaso los concilios de los primeros siglos no salvaguardaron la unidad de la fe gracias al apoyo de los Césares romanos?

Hay que subrayar que esta concepción no es totalmente utópica. La actitud de Carlos con respecto al Papa, el horrible *saco* de Roma, han hecho que sea popular en Alemania. Un revolucionario, Ulrich van Hutten, le escribe y le envía poemas llenos de alabanzas. Los reformados, a pesar de estar orgullosos de sus progresos, no están en absoluto seguros de triunfar. Van, pues, a aceptar las conversaciones.

Lutero, condenado en Worms, no pudiendo aparecer ante la Dieta, estará representado por Melanchton. Es un hombre mucho menos exaltado que el antiguo fraile agustino, de espíritu más sereno, dispuesto a tratar. Incluso escribirá discretamente al nuncio: «Ningún dogma nos separa de la Iglesia romana».

Carlos no duda de conseguir el objetivo. Nadie le ha prevenido de que los príncipes harán todo lo posible por impedirlo. La Reforma le proporciona demasiadas ventajas.

* * *

El Emperador hizo su entrada en Augsburgo rodeado de una pompa raramente igualada. A la cabeza del cortejo brillaba una cohorte interminable de alemanes con armaduras: primero los famosos lansquenetes, tristes héroes del *saco* de Roma, deslumbrantes de joyas que allí habían robado; seguían los miembros de las Casas de los Grandes Electores precediendo a sus príncipes, los demás príncipes del Imperio, los duques y los condes. Después de esos personajes vestidos de acero cabalgaban señores borgoñones, flamencos, españoles vestidos de terciopelo, de brocado y de seda. A continuación venían los miembros de la Casa del rey Fernando, bohemios, húngaros, austríacos, vestidos de púrpura y oro, luego la Casa imperial de amarillo y oro, luego el Gran Elector Juan de Sajonia, luterano, que portaba la espada de Carlomagno. Por último aparecía el baldaquino bajo el que estaba el Emperador sobriamente vestido a la española, lo cual hacía admirar más su elegancia y su majestad. Detrás de él avanzaban el rey de Bohemia y de Hungría, el nuncio, el Legado pontificio y la inmensa ola roja y violeta de cardenales, prelados o dignatarios eclesiásticos.

Toda esa gente se dirigió a la catedral y oyó la Misa a la que los luteranos también asistieron. Animado por las aclamaciones, consciente de haber producido una impresión profunda, Carlos creyó que ya tenía la partida ganada. Al acabar la ceremonia, rogó a los príncipes reformados que conversaran con él y les preguntó sin preámbulos si no querían hacer que cesaran en sus territorios esas predicaciones que agitaban los ánimos y alimentaban la discordia:

—Esas predicaciones –dijo el Landgrave Felipe de Hesse– reflejan la sola y pura palabra de Dios.

—No pretendo discutir aquí de teología –replicó el Emperador, irritado–. Esas predicaciones crean partidos y perturbaciones.

El anciano Margrave Jorge de Brandenburgo, que era un militarote violento, exclamó:

—Jamás, Sire, abandonaré la palabra de Dios. Prefiero arrodillarme inmediatamente aquí mismo y que me corten la cabeza.

Carlos no estaba habituado a encontrar semejante intransigencia. Perdió pie y respondió, a su pesar, en flamenco:

—No, querido príncipe, bajo mi reinado no habrá cabezas cortadas.

Al día siguiente, los luteranos se negaron a participar en la procesión del Corpus. ¡Qué cabezas más duras! Carlos llegó a echar de menos los juegos complicados de Clemente VII y las combinaciones italianas hacia las que sentía tanto desprecio.

La Dieta duró seis meses y el Emperador, de principio a fin, desplegó hasta sus últimos esfuerzos con el fin de reconciliar a los hermanos enemistados. Nada puede honrarle tanto. En un determinado momento estuvo tentado de convocar al propio Erasmo, como le presionaban que hiciera algunos de sus consejeros, sobre todo Granvelle, pero luego renunció a ello. La atmósfera estaba demasiado envenenada como para que el autor de *De Sancienda Ecclesiae Doctrina* no provocase nuevas tempestades.

En nombre de los reformados, que desde entonces fueron llamados protestantes, Melanchton presentó la famosa *Confession,* a la cual los católicos dirigidos por el doctor Eck opusieron una *Confutation.* Los protestantes redujeron sus peticiones a cinco, referentes a la comunión, el casamiento de los sacerdotes, la supresión del canon de la Misa, la conservación de los bienes eclesiásticos y la apertura de un concilio.

Sobre este último punto había una divergencia radical. Los luteranos querían un concilio nacional alemán. El Emperador, un concilio universal. No deseaba de ningún modo favorecer la formación de Iglesias nacionales.

No obstante, transmitió las proposiciones de Melanchton al Papa, el cual las rechazó de inmediato. Clemente VII no admitía que cuestiones religiosas fueran decididas por una autoridad temporal y sobre todo tenía miedo de un concilio del que podría ser víctima.

Carlos, sin desanimarse, reunió una comisión de sacerdotes, de juristas y de teólogos escogidos en ambos campos y no dudó en tomar parte él mismo en los debates. Consiguió moderar a los católicos mientras Melanchton hacía otro tanto con los suyos. Pero Lutero, desde su retiro, proclamaba la absoluta incompatibilidad entre el Papa y él, Zwinglio lanzaba proclamas incendiarias. Y los príncipes de una y otra confesión ponían obstáculos ante un acuerdo que haría al César tan poderoso en Alemania como el rey de Francia en su tierra. Felipe de Hesse abandonó ostensiblemente Augsburgo.

La comisión no conseguía nada y la política ocupó el primer puesto. Olvidaron la religión y se apasionaron por asuntos bien diferentes. Había llegado el momento de pagar las deudas que el Habsburgo había contraído cuando adquirió Wurtemberg. Nadie quiso proporcionar el dinero necesario al sucesor de Carlomagno, dueño del Nuevo Mundo. Hubo que restituir vergonzosamente Wurtemberg a los duques de Suabia.

Asustado ante un desorden semejante, Carlos pensó que debía asegurar inmediatamente su sucesión y de manera que dejara satisfechos a los alemanes. Su hijo, educado en España, tenía sólo tres años. Lo prudente sería elegir a su hermano Fernando rey de Romanos. Pero eso era no contar con la rapacidad de los Electores. Una elección imperial se pagaba muy cara. ¿Dónde encontrar fondos? En esta ocasión difícil, los Wittelsbach de Baviera, que hasta entonces habían sido fieles al Emperador, lo traicionaron y se opusieron a su propósito, creando así una grave escisión entre los católicos.

Al mismo tiempo, los protestantes se reafirmaban resueltamente hostiles a un concilio ecuménico, «contrario al Evangelio y a sus propias conciencias». Carlos, cruelmente probado, les preguntó si lo situaban entre los enemigos de los Evangelios.

Así, esa Dieta, objeto de tantas esperanzas, acababa lamentablemente. Votó, no sin dificultad, subsidios que permitirían al Emperador combatir a los turcos, condenó a los herejes, pero les concedió el plazo de un año para abjurar de sus errores. Con esta irrisoria conclusión se separó.

Inmediatamente los príncipes protestantes constituyeron alrededor del Elector de Sajonia y del Landgrave de Hesse la llamada Liga de Smalkalda, de la que iban a salir las guerras de religión alemanas. So capa de los intereses de la fe, mostraba una vez más la primacía de la política. Su verdadera finalidad, aunque no confesada, era proteger las adquisiciones territoriales realizadas a costa de la Iglesia.

Además, los príncipes proclamaban abiertamente sus soberanías respectivas, su colaboración con la comunidad imperial dependería de su buen capricho. Alemania se negaba a seguir «el sentido de la historia».

Este fracaso de Carlos V, que, aunque acostumbrado a los caprichos de la fortuna, no se esperaba un giro tan brusco, fue la segunda de sus grandes decepciones después de la que le había causado la pérdida definitiva de Borgoña. Endureció su carácter y precipitó la evolución al término de la cual el descendiente de los Habsburgos y de Carlos el Temerario se convertiría en un puro español.

* * *

¿Qué iba a hacer? ¿Recurrir a la fuerza? Desde Roma, su antiguo confesor Loaysa, ahora cardenal de Burgo de Osma, lo disuadía de ello con fuerza. El 18 de noviembre de 1530 y luego de nuevo el día 30, le escribió en ese sentido: «Si los herejes quieren ser unos perros, que lo sean y que Vuestra Majestad cierre los ojos, puesto que no poseéis la fuerza para castigarlos... Vuestra conciencia es buena: trabajad para que vuestro Estado no se pierda... Que a Vuestra Majestad no se le meta en la cabeza llevar las almas a Dios y que en adelante no se ocupe más que de retener los cuerpos en vuestra obediencia»[6]. Carlos escuchó tanto más al cardenal, aunque su realismo no estaba de acuerdo con su modo de ser, cuanto que temía un nuevo ataque de los turcos y no tenía ejército disponible.

En cuanto al dinero, empleó para otros fines los créditos votados por la Dieta. Los Electores, retribuidos con abundancia, eligieron rey de Romanos a Fernando el 1 de enero de 1531. La coronación tuvo lugar el día 11 en Aquisgrán.

Margarita de Austria no tuvo tiempo de enterarse de este gran cambio llevado a cabo con desprecio de la Bula de Oro, pues por primera vez su hermano y no su hijo estaba llamado a suceder al Emperador. Esta mujer admirable había muerto de agotamiento a los cincuenta y un años. Había llevado a cabo la proeza de obtener de los Países Bajos en provecho de su sobrino quince millones de escudos en diez años y, no obstante, dejar a las provincias flamencas y holandesas en plena prosperidad. Había negociado la paz de las Damas; a pesar del asunto del divorcio, había conseguido mantener los contactos políticos y económicos con Inglaterra. Gracias a ella, los Países Bajos eran en 1530 los Estados más ricos y mejor administrados del gigantesco imperio, aunque la represión de la herejía había sido en ellos rigurosa. El primer luterano llevado a la hoguera lo fue en el verano de 1525 en La Haya.

¿Quién podía sustituir a una regente como ella? Carlos tuvo una feliz inspiración y escogió a su hermana María, la viuda del infortunado Luis de Hungría, a quien habían dado muerte en Mohacs. Esta princesa de veinticinco años se le parecía de manera llamativa. Su retrato pintado por Tiziano Vecellio nos muestra de manera casi caricaturesca bajo la cofia austera, los grandes ojos, los gruesos labios, la muy famosa mandíbula.

Intelectualmente, a pesar de su juventud, María tenía

---

[6] *Documentos inéditos para la historia de España* (Archivos de Simancas).

las cualidades de su tía, la pasión y el sentido de la política, la amplitud de espíritu, la paciencia, la habilidad, una flexibilidad unida a una firmeza inquebrantable en cuanto se trataba de cuestiones esenciales. Muy piadosa, aunque con cierto interés por la doctrina de Lutero e incluso llegó a comulgar una vez a la manera protestante, deseaba permanecer fiel a la memoria del esposo junto al cual había pasado sólo cinco años. No estaba dispuesta a ser sacrificada como su hermana Leonor lo había sido dos veces. Por eso puso una condición: el Emperador no le impondría nunca un segundo matrimonio. El Emperador aceptó con tal de que, a cambio, su hermana se comprometiera a no proteger a los herejes. Convenidas así las cosas, María de Hungría, como era llamada, fue a gobernar a los flamencos, entre los cuales se hizo popular de inmediato.

Harto de los alemanes, Carlos decidió ir a verla en su primera patria, a la que no había vuelto a ver desde hacía diez años. Antes de partir encargó a uno de sus mejores consejeros, un discípulo de Erasmo, Cornelius Schepper o Schepperus, que examinara la situación tal como se presentaba después de la fracasada Dieta y que le hiciera sugerencias. Schepper se aconsejó del obispo de Stadion y envió un largo informe. Stadion llegaba a las mismas conclusiones que el cardenal de Osma. Era imposible resolver por la fuerza el problema religioso. Los luteranos ganaban terreno continuamente a causa de la corrupción del clero. Más valía hacerle tácitamente concesiones sobre el dogma: «El Emperador no tendría que aprobar a Lutero, sino simplemente tolerar lo inevitable».

Esta clase de política no se armonizaba con el carácter de Carlos, pero se veía forzado provisionalmente a adoptarla por falta de medios para llevar a cabo otra. Por lo demás, en su opinión lo esencial era la reunión de un concilio ecuménico. Con una incansable obstinación, se empeñó en imponer esa idea tanto al Papa como a los protestantes, que también se resistían a ello.

¿Y la Liga de Smalkalda? Si hubiera atacado inmediatamente, habría cogido al Emperador desprevenido. Pero, al contrario, se puso a la defensiva, persuadida de que el soberano querría vengarse de la obstrucción protestante durante la Dieta. Pero no fue así. Lejos de ello: no sólo no se buscó aplicar las penas pronunciadas contra los rebeldes, sino que no se persiguió realmente a los usurpadores de los bienes eclesiásticos. Carlos seguía la opinión de Osma y de Stadion. A fuerza de lentitud y de contemplaciones, privó, al menos momentáneamente, de su espíritu agresivo a la Liga, escapando así de un muy grave peligro.

Sus consejeros tuvieron tiempo de redactar un edicto que contenía importantes innovaciones económicas y sociales y la unificación del derecho penal en un código que debería ser publicado al año siguiente con el nombre de *Majestas Carolina*.

Los príncipes de la Smalkalda se reunieron, según ellos decían, «con vistas a defender los derechos y los privilegios del Imperio». Conservaron su organización sin tomar las armas y no vacilaron en buscar la alianza de Francia y de Inglaterra. Francisco I se apresuró a responder a su llamada y les envió embajadores, primero Gervais Wain, luego el habilidoso Guillermo du Bellay. Enrique VIII, encantado de hacerle una jugada a quien impedía su divorcio, dio dinero. La espada de Damocles seguía pendiendo.

Durante ese tiempo, Carlos se volvía a encontrar con alegría los paisajes de su juventud, se alojaba en Gante, Malinas, Bruselas y se permitía disfrutar de algunos placeres.

Pero no dejó de convocar los Estados Generales y celebró en Tournai un capítulo del Toisón de Oro. Nombró caballeros a su hijo Felipe, a los reyes de Portugal y Escocia, a cinco alemanes, cuatro españoles, tres italianos, entre ellos a Andrea Doria, y a numerosos flamencos. Se celebraron fiestas en la pura tradición de los duques de Borgoña.

Ésos eran los diferentes rostros de Carlos V, guardián de las tradiciones medievales, hombre de negocios a la búsqueda de dinero, desafortunado mediador entre las nuevas doctrinas religiosas y la Iglesia, a cuya reforma nunca renunciaría.

Sus Estados ya monstruosos iban a aumentarse desmesuradamente. En enero de 1531, Francisco Pizarro había desembarcado en Perú al frente de 183 hombres y 37 jinetes. Era lo suficiente para anexionarse el más prestigioso de los imperios precolombinos.

XIX. EL PESO DEL MUNDO
(1531-1534)

Unos meses antes se había apagado sin ruido en Portugal una mujer de sesenta y ocho años que, en su testamento, había repetido tres veces las palabras: «Yo, la Reina». Reina de Castilla y de León, soberana de las tierras descubiertas desde Colón, la princesa Juana, que sus enemigos llamaban La Beltraneja[1], había tenido todos los derechos para serlo, puesto que era hija legítima del rey Enrique IV y de su esposa, una infanta de Portugal. Pero su tía Isabel (más tarde la Católica) había confiscado su corona después de haber conseguido que la declararan bastarda y había ganado la guerra emprendida para ella por Alfonso V de Portugal. Luego se había llegado a un acuerdo que arrojaba a la desgraciada a las tinieblas exteriores.

La muerte de esa exiliada convertía por fin a la prisionera de Tordesillas, su prima Juana la Loca, en heredera indiscutible de Castilla. Hasta entonces, Carlos gobernaba como usurpador en nombre de su madre la mayor parte de España y las Indias Occidentales.

Por lo demás, esta situación no había impedido que los españoles se mostraran perfectamente leales con él desde que los borgoñones habían cesado de explotarlos. No protestaban demasiado bajo el duro puño del arzobispo de Toledo, Juan de Tavera, que los administraba durante la regencia de la Emperatriz. Aunque este resuelto prelado no temía oponerse a veces a sus decisiones, Carlos reconocía que sus reinos ibéricos le causaban menos molestias, lo proveían de excelentes tropas y de metal precioso. A pesar

---

[1] Porque la consideraban fruto de un amor adulterino de la reina su madre con un señor llamado Don Beltrán.

de los privilegios de algunos de ellos, sobre todo de Aragón, allí era donde se aplicaba mejor, si no completamente, el sistema absolutista y personal que él habría deseado imponer a su imperio. Y allí era donde las novedades religiosas despertaban solamente débiles ecos.

Todo esto inclinaba cada día más al Emperador hacia España y, paradójicamente, le hacía espaciar sus visitas a un país del que se creía seguro. Cosa notable, ya no iba a volver más allí como Emperador, sino como rey, y esta conducta contraria a su política general, contribuiría a reforzar el nacionalismo en esos reinos.

Entre los múltiples asuntos que estudiaba en Bruselas a comienzos de 1531, daba prioridad a los que se referían a la religión y al enmarañado asunto del divorcio de Enrique VIII. Inglaterra había dejado sin recursos a la Santa Sede, pues la reina Catalina exigía que su causa fuese decidida en Roma. El 27 de febrero, el Parlamento de Westminster hizo un amago de amonestación. Por primera vez una de sus actas designó al rey como jefe supremo de la Iglesia.

Esto puso al Emperador fuera de sí. Encargó a su embajador Mai que reprendiera duramente al Papa asustado por las consecuencias de sus evasivas forzadas. «Entre otras quejas y amenazas —escribió el embajador, dando cuenta de su misión—, le dije que me veía obligado a pedir justicia, justicia que debía respetar, por muchos disgustos que esto tuviera que causarle, pero que él creía que se debían evitar esos disgustos interrumpiendo el curso de la justicia.» Es decir, no excomulgando a Enrique VIII.

Con frecuencia se ha condenado a Clemente VII, «hombre de poca buena fe, ávido de dinero y avaro de beneficios»: no tenía más remedio que bandearse entre un César que lo amonestaba de esa manera y un tremendista como el Tudor, del que con toda razón temía un cisma.

Francisco I se aprovechó de esa situación, pues tanto el Papa como Enrique VIII se acercaron a él. Acababa de acceder al deseo imperativo de Carlos haciendo consagrar en Saint-Denis a Leonor de Austria, que por fin se había casado el año anterior. Por instigación de Luisa de Saboya, próxima ya a su fin, había puesto ahora a la cabeza de su Consejo al mariscal de Montmorency, personaje rudo y brutal muy aferrado a los valores tradicionales, aunque campeón de la autoridad real.

Montmorency, que odiaba el desorden, el no-conformismo, la desobediencia al Papa o al soberano, imponía una monarquía absoluta que arrancara en todas partes los gérmenes de las revoluciones. En realidad, Carlos V respondía a su ideal mucho mejor que un Francisco I protector de Rabelais, aliado del Sultán. Pensando que Europa era lo bastante vasta para dos príncipes, el mariscal soñaba con verla unida bajo los cetros fraternales del heredero de San Luis y del nieto de los Reyes Católicos.

Pero Francisco, más preocupado por su reino que por la Cristiandad, se rebelaba ante la idea de una alianza cuyo efecto sería el de reducir Francia al estado de vasallo. Además, no había perdido la tenaz esperanza de reconquistar su querido Milanesado. Otros miembros del Consejo, en especial Chabot de Brion, lo animaban a que se arriesgara a luchar, aunque tuviera que echar los perros contra el lobo, es decir, los turcos y los luteranos contra el Emperador.

Esta última política fue la que prevaleció. ¿Acaso no era propicia la ocasión? Los reyes de Francia y de Inglaterra prometieron ayudarse mutuamente. Se llegó a un acuerdo en Scheyern entre Francia y la Smalkalda, bien provista de subsidios. El valioso agente que era Rincón fue enviado a Constantinopla.

Estas gestiones, comprometidas desde el punto de vista de la religión, hacían tanto más deseable la amistad del Santo Padre. Clemente VII tenía una sobrina, en realidad una prima, de doce años, Catalina de Médicis, hija del duque de Urbino. Francisco pensó en que se casara con su segundo hijo, Enrique, duque de Orleans, a quien Montmorency hubiera deseado unir a la infanta de Portugal, hija del primer matrimonio de la reina Leonor. El cardenal de Gramont consiguió del Santo Padre «que no casaría a su sobrina sino a gusto del Rey» y, el 24 de abril de 1531, fue firmado el contrato.

Contrato digno de la magnificencia del Rey-Caballero: fue prevista una renta de treinta mil libras para el príncipe, una viudedad de diez mil y un castillo para su mujer. En cuanto a la dote, sería, «teniendo en cuenta la Casa en la que ella (Catalina) entra, lo que le plazca a Su Santidad». Artículos secretos añadidos en anexo estipulaban que el Papa ayudaría al duque de Orleans a recuperar los ducados de Milán y de Urbino (el padre de Catalina había muerto). La verdadera aportación de la esposa sería nada menos que estos ducados aumentados con Livornio, Módena y Reggio de Emilia. Esto permitiría al segundo hijo de Francia renunciar a sus derechos sobre Bretaña, herencia de su madre, que recaerían enteros sobre su hermano mayor, el delfín Francisco.

El cardenal de Gramont llevó esta propuesta a Clemente VII que, en el mes de junio, la aprobó. Después de lo cual el pontífice se vio afectado de una particular pereza para firmar. Disponiendo de esta arma, se sentía capaz de resistir al Emperador. No aceptó el desafío de Enrique VIII. El divorcio del rey de Inglaterra y el matrimonio del duque de Orleans quedaron en suspenso.

* * *

«El Emperador había convocado la Dieta imperial en Ratisbona para poner por obra lo que había sido decidido en la Dieta de Augsburgo, con el fin de poner remedio a lo que se ha dicho más arriba.» En estos términos notablemente átonos recordaría Carlos en sus Memorias un acontecimiento que tenía, en principio, una importancia mayor, puesto que se trataba de castigar a los herejes obstinados.

En realidad, el Emperador no pensaba emplear medios violentos. Obstinado en su gran destino, sólo buscaba imponer el concilio ecuménico. El 25 de enero de 1532, marchó a Aquisgrán, subió por el Rin y el 28 de febrero entró en Ratisbona. Padeció entonces un tercer ataque de gota más grave que los anteriores. La naturaleza parecía complacerse en humillarlo cuando se mostraba o parecía mostrarse en la cumbre de su poder.

Volvió a empezar la eterna disputa, duró casi dos meses. El Emperador propuso de nuevo el concilio ecuménico como si le correspondiera convocarlo, los protestantes reclamaron otra vez un concilio alemán. A todo esto, llegaron noticias tremendas.

Solimán el Magnífico había enviado una carta ultrajante al rey Fernando. Hungría, decía en ella, le correspondía por entero e igualmente «las tierras de más allá del océano del oeste destinadas a rendirle tributo». Él, el Sultán, era «el único verdadero Emperador de Occidente, el Califa, y no ese desgraciado e impotente rey de España». Así, la marea iba una vez más a invadir Viena. De repente, las disputas entre cristianos tomaron un aspecto insignificante. La Dieta suspendió sus trabajos y un tratado de paz fue firmado en Nuremberg. Obligado a acudir a lo más urgente, Carlos capitulaba: sin, desde luego, renunciar al concilio, concedía la libertad religiosa en Alemania. Por fin fue admitida una tolerancia recíproca, todos los procesos concernientes a asuntos eclesiásticos quedaron suspendidos, todas las sentencias dictadas en esa misma materia, anuladas. En cambio de ello, los príncipes católicos y protestantes prometían su colaboración militar.

Los bancos, las ciudades, abrieron créditos. Se reunió a los lansquenetes alemanes, a quienes se añadieron los veteranos españoles e italianos bajo las órdenes del marqués Del Vasto, contingentes flamencos y holandeses mandados por el conde de Nassau, soldados venidos de Bohemia y de Hungría. Por primera vez desde hacía diez años, el Emperador se puso a la cabeza de sus tropas. Había ordenado a Andrea Doria que atacara directamente los territorios turcos del Mediterráneo. Siempre amado por la victoria, el genovés tomó Coronea, Zante y Patras.

Solimán, que avanzaba hacia Viena, vio levantado contra él un ejército abigarrado, pero poderoso y animado por el ardor de los cruzados. A pesar de su inmenso orgullo, no era temerario y no quiso correr, tan lejos de sus bases, los riesgos de un enfrentamiento quizá decisivo. Se retiró.

César, de nuevo triunfante, entró en Viena el 23 de septiembre de 1532. Avisó al Papa que pensaba volverlo a ver con el fin de preparar el concilio y hacer entrar en razón a Enrique VIII. Clemente VII no se atrevió a negarse. Dio una prenda de buena voluntad mandando al rey de Inglaterra que se separara de Ana Bolena, que estaba encinta, y que volviera a la reina Catalina, pero se guardó de lanzar una excomunión. De todas formas, ya era demasiado tarde. Según el embajador veneciano Capello, Enrique, convencido por los astrólogos de que Ana tendría un varón, la había desposado en secreto. El único resultado del mandato pontificio fue una entrevista en Bolonia entre los reyes de Francia y de Inglaterra. Estrecharon lazos. Francisco prometió intervenir en favor del divorcio con ocasión del casamiento de su hijo y Catalina de Médicis.

Carlos no se preocupó mucho por este encuentro. Atravesó el Brennero y llegó el 14 de noviembre a Bolonia, donde el Papa le hizo esperar tres semanas. Estuvieron tramando y urdiendo desde comienzos de diciembre hasta el 24 de febrero de 1533.

A pesar de su repugnancia profunda, Clemente VII aceptó sin dificultad la convocación del concilio. Llegó en apariencia hasta hacer propuestas concretas en cuanto a la sede de la augusta asamblea, las reglas y los métodos según los cuales se deberían desarrollar las discusiones. Dijo que ese programa debería ser sometido al rey de Francia y a los príncipes luteranos. Era de evidente prudencia y el Emperador no encontró argumentos para negarlo. El Médicis respiró aliviado. Había ganado mucho tiempo, incluso quizá había enterrado el proyecto.

Fue firmado un convenio. Aparte de las disposiciones concernientes al concilio, se preveía una acción común de la Cristiandad contra los turcos y un nuevo pacto que comprometería a los italianos a respetar el orden establecido.

Si bien el Emperador no había conseguido todo lo que deseaba, estaba satisfecho. Consideró, como dice en sus Memorias, que el estado de sus asuntos le permitía regresar a España y volver a ver a su mujer. Su sucesión en el Imperio estaba asegurada en su familia: Fernando, que había madurado, mantenía con firmeza a Bohemia y su parte de Hungría, la regente María se mostraba en los Países Bajos digna de su tía Margarita, Italia estaba sometida, el Santo Padre aparentemente adicto, el Sultán había retrocedido, Francia no era causa de inquietudes inmediatas, las Indias Occidentales aportaban de nuevo tanto oro como en tiempos de los Reyes Católicos. César se volvía a encontrar en su sitio normal, en la cumbre de la pirámide.

Así es como afectaba contemplar las cosas y como las presentaba a los demás. Secretamente era presa de una perpetua angustia. La excesiva extensión de su imperio, su discontinuidad territorial, la longitud de los viajes, la eterna llaga del dinero, hacían que cada victoria fuera más precaria, y él lo sabía. Pero no estaba ahí su principal tormento. Veía a su alrededor que los hombres se desprendían de sus antiguas reglas sin haber podido crear nuevas disciplinas y que actuaban, según a él le parecía, como locos, totalmente desorientados, ebrios de una libertad adquirida demasiado deprisa.

El espíritu rectilíneo y conformista del Habsburgo no podía admitir ni comprender actuaciones que lo escandalizaban. ¿Era concebible que el Rey Cristianísimo se aliara con el Gran Turco y subvencionara a los herejes; que un rey de Inglaterra, Defensor de la Fe, amenazara con cambiar la religión de su pueblo para casarse con su amante; que el Papa fuese un modelo de trapacerías y su Corte, de corrupción; que príncipes alemanes hicieran de Lutero un apóstol con el solo fin de apropiarse de las tierras eclesiásticas?

No era solamente una época, sino una ética y una moral las que desaparecían. Y Carlos, fiel a su concepción, quizá estrecha pero no desprovista de grandeza, se sentía responsable del viejo edificio a punto de derrumbarse. No se resignaba, no imaginaba el llamado sentido de la historia. Estaba dispuesto a hacer frente a los demonios que, desde el Renacimiento, se habían apoderado de los humanos. Aunque tuviera que acudir solo a combatirlos.

No se confiaba a nadie y las personas de su entorno se extrañaban de un comportamiento cuya causa era la turbación de su alma. A períodos de actividad intensa, de trabajo encarnizado, sucedían fases en las que el señor no tomaba ninguna decisión, se negaba a responder a las preguntas de sus ministros. Hablaba entonces muy bajo con voz extraña, su mirada estaba ausente, su actitud traicionaba un completo abatimiento. Luego, sin transición, gastaba bromas pesadas, se reía estridentemente, redoblaba su voracidad.

A veces permanecía sobre sus informes hasta horas imposibles, a veces los rechazaba y galopaba como un condenado. Algunos señores preocupados susurraban entonces el nombre de Juana la Loca. Se engañaban: entre la madre y el hijo, la diferencia era profunda. La una quería huir hasta la aniquilación de un mundo que rechazaba. El otro pretendía asumir todo el peso de ese mundo.

* * *

Andrea Doria recibió a Su Majestad en Génova y festejó fastuosamente su presencia durante doce días. Durante un gran banquete en el barco almirante, dioses marinos y sirenas surgieron de las olas. Después de haber sido utilizada, la vajilla de plata fue arrojada al mar. Carlos se embarcó el 9 de abril. Después de un viaje agitado en el que los vientos maliciosos estuvieron a punto de arrojarlo hasta Marsella, llegó a Barcelona el día 22 y tuvo la alegría de abrazar a la Emperatriz.

¿Podría disfrutar un poco de ese reposo al que Europa entera aspiraba para curar sus heridas después de tantas guerras? No. El aire del tiempo no lo permitía. Había en todas partes demasiado odio, demasiadas pasiones, demasiados intereses, demasiadas ideologías agresivas, también demasiado miedo.

El Sultán, en guerra contra Persia, aceptó firmar con el rey Fernando un tratado de paz que había negociado Schepper. Se negó a incluir al Emperador, diciendo:

—No puedo abandonar al rey de Francia porque es mi hermano.

En Inglaterra se cumplió el destino. El 23 de mayo, el arzobispo de Canterbury anuló el matrimonio de Enrique VIII y Catalina de Aragón, legalizó el que, desde el mes de enero, unía en secreto al rey y a Ana Bolena. Carlos, furioso, pidió al Papa que reaccionara inmediatamente. Clemente VII respondió que en ese caso lo espiritual no podía nada sin lo temporal. El Emperador era el primero que tenía que reaccionar, si consideraba oportuno atacar al mismo tiempo a Inglaterra y a Francia, lo cual Su Santidad desaconsejaba.

Como se sabe, el Emperador no abandonaba fácilmente una idea. Bajo su presión, el Papa tuvo que fulminar una bula que anulaba el matrimonio de Bolena y declaraba ilegítima su descendencia. El descendiente en cuyo favor se llevaba a cabo una revolución nació el 7 de septiembre. ¡Oh desilusión! Era una niña a la que se puso el nombre de Isabel. Pero ya nada podía detener la máquina. La Iglesia anglicana se separó de la Iglesia universal.

¿Consideró Clemente VII que esta equivocación del Emperador le permitía mostrar mayor independencia de él? Algunos historiadores importantes, sobre todo Braudel, piensan que el eje del Imperio de Carlos V iba de los Países Bajos a Italia. En cuanto César se apartaba de él, le levantaban la cabeza.

La negociación del matrimonio de Enrique de Orleans y Catalina de Médicis llevaba arrastrando dos años. Concluyó en otoño. El 11 de octubre de 1533, Clemente VII y Francisco I se vieron en Marsella con la pompa en que el uno y el otro se complacían. Se albergaron en la misma casa, una sola puerta separaba sus respectivas habitaciones. Así tuvieron la satisfacción de «llorar juntos sus comunes desastres» y de sellar el acuerdo que, destinado a llevar a los Valois a Italia, iba a introducir a Italia en casa de los Valois. Habiendo sido todo concluido, es decir, el rey debidamente engañado, Catalina hizo su aparición. El mismo Papa celebró el matrimonio, que tuvo una extraordinaria brillantez. No pretendía mantener sus compromisos ni dejar que su sobrina sufriera las consecuencias de su mala fe. Así es que, deseando que la unión de esos niños de catorce años fuera indisoluble, exigió que fuese consumado inmediatamente.

*   *   *

Carlos despreció esa peripecia. Ahora tenía otras preocupaciones en el Mediterráneo, única vía que ligaba a España con el oeste de Italia, Sicilia con el Adriático.

El más famoso de los corsarios musulmanes era un príncipe pirata vasallo del Sultán, Jair-ed-Din, llamado Barbarroja. Barbarroja asolaba las costas, llevaba a cabo razias, secuestraba gente joven y sobre todo muchachas destinadas al harén del Magnífico. Surgió un día ante Nápoles al frente de cien velas, saqueó la ciudad sin encontrar seria resistencia, asoló Sicilia y Cerdeña. Era ya dueño de Argel. Desde allí se dirigió a Túnez, de la que se apoderó e hizo de ella una temible fortaleza. Al mismo tiempo, los turcos anegaban la costa dálmata hasta Friul y se lanzaban hacia Carintia.

Mientras Francisco I se aliaba con el Papa, un enviado de Jair-ed-Din llegaba a Francia. El embajador de Venecia, Giustiniani, que tenía buenas razones para estar vigilante, lo avisó de inmediato: «Mientras la Corte permanecía en Marsella, el portavoz de Barbarroja vino a Puy para verse con el Rey Cristianísimo y después de este encuentro hubo otro en Châtellerault en donde fue concluido el acuerdo con el Turco y Barbarroja». Giustiniani estaba incompletamente informado. Once navíos otomanos habían abordado Marsella desembarcando una numerosa delegación que, con gran escándalo de los habitantes, había pasado un mes en la ciudad bajo la protección de las autoridades antes de unirse al rey en Châtellerault y acompañarlo a París.

Por otra parte, Francisco I buscaba asegurarse el apoyo efectivo de los protestantes alemanes, mostrándose tolerante con sus correligionarios ya numerosos en Francia. Clemente VII, soberano temporal más que pontífice, le había perdonado fácilmente por anticipado esta especie de infidelidad a la Iglesia.

El obispo Jean du Bellay se reunió en Augsburgo con el prudente Melanchton. Ambos buscaron un terreno de conciliación, con gran irritación por parte de los extremistas de uno y otro partido. Dos siglos de guerras, de matanzas, de destierros, tuvieron entonces una posibilidad de ser evitados.

A pesar de un nuevo ataque de gota, el Emperador recorría España, en la que se levantaban grandes quejas. Se le reprochaba que dedicaba los hombres y los recursos del país a su política imperial, de dejar que el comercio periclitase, de no reprimir la agitación de los moriscos, de abandonar el Nuevo Mundo en manos de aventureros y sobre todo de no asegurar la protección de las costas.

Carlos, impasible, se alojó en Madrid, en Toledo, en Valladolid. Tordesillas estaba cerca. No pensó en visitar a su madre. Como si el Cielo hubiera querido castigarlo, la Emperatriz dio a luz antes de tiempo un hijo que no vivió. Luego la peste hizo estragos. Los soberanos se instalaron en Madrid.

En otoño, la situación del Emperador se había hecho crítica. Carlos, coalición viviente, representaba una perpetua amenaza de cerco para Francia, pero también se veía él mismo en peligro de ser cercado por Francisco I, Solimán, los príncipes alemanes, el Papa en persona. Y, súbitamente, como parecía quererlo siempre su destino, dos acontecimientos teatrales vinieron a dar un vuelco a la situación en favor suyo.

Clemente VII murió el 25 de septiembre. El Emperador hizo saber que se guardaría de influir en el cónclave, pero por medio de oraciones públicas expresó el deseo de que el nuevo jefe de la Iglesia se preocupara más de lo espiritual que de lo temporal. El 13 de octubre, el cardenal Farnesio fue elegido, se llamó Paulo III. Aunque debió su ascensión al hecho de haber sido hermano de una amante de Alejandro VI Borgia y aunque tuvo dos hijos, era un sacerdote austero. Anunció inmediatamente la convocación de un concilio.

Cinco días después, un pastor fanático llamado Marcourt arruinaba la obra de Melanchton y de Jean du Bellay. Carteles que injuriaban a los dogmas aparecieron puestos en París y hasta en la puerta de la cámara real. Personalmente ultrajado, Francisco I no pudo oponerse al formidable movimiento de opinión que se produjo contra los herejes. Siempre había deseado que la disidencia fuese de una manera o de otra sofocada con el fin de conservar homogéneo su reino ante la amenaza extranjera. Habiendo fracasado la conciliación, se veía a sí mismo constreñido a una represión que, dadas las costumbres de la época, iba a ser despiadada. Calificó públicamente de «podredumbre» a la nueva doctrina. Los príncipes luteranos le volvieron la espalda.

El Emperador tenía las manos libres en Europa, al menos mientras su rival no hubiera tejido nuevas tramas. Sin pedir consejo a nadie, decidió hacer frente al Sultán, que estaba en el colmo de su gloria, y arrebatarle Túnez.

XX. LOS CAPRICHOS DE LO INESPERADO
(1534-1537)

Gerente de la Cristiandad, su misión esencial es combatir, rechazar al infiel; Rey Católico, debe preservar a España de los peligros que representaría un África del Norte
sometida al Sultán. Va a hacerlo, va por fin, a los treinta y
cinco años, a dar la cara. Cosa curiosa, sus designios encuentran oposiciones en España, incluso en el insoportable arzobispo de Toledo. Así que va a proceder a los inmensos preparativos con el mayor secreto.

Viaja de nuevo por Castilla y Aragón antes de fijarse en
Barcelona, donde se juntan las escuadras. Acude Andrea
Doria al frente de sus galeras, el rey de Portugal envía veintitrés carabelas, setenta naves portando diez mil hombres
llegan de Flandes. Y no obstante los embajadores están tan
bien engañados que en sus despachos sólo hablan de las
cacerías, de los torneos y de las fiestas de Su Majestad.

Carlos tiene tanto empeño en su expedición que llega
hasta el punto de, para asegurar su éxito, realizar una gestión penosa, casi humillante. Encarga al conde palatino Federico que vaya a ver a Francisco I para afirmarle su voluntad de paz y –¡oh dolor!– su renuncia definitiva a Borgoña.
El rey de Francia no muestra ninguna alegría. Responde
con evasivas. Federico descubre que sigue enviando fondos
a los príncipes alemanes.

No lo descubre todo. Francisco ha enviado al Sultán un
verdadero embajador, Jean de La Forest. La Forest se detuvo en Túnez, vio a Barbarroja y convino con él un plan
de guerra. Al verano siguiente, los franceses invadirían Saboya, avanzarían hasta Génova. Mientras, la flota del berbe-
risco asolaría las costas de Córcega y de Liguria.

Los dos hombres van juntos a ver a Solimán. Le proponen atacar el reino de Nápoles, Sicilia, Cerdeña, mientras sus aliados entran en Italia del Norte. Solimán se compromete a ello gustosamente.

Es la primera vez que un monarca cristiano se une de esa suerte al infiel. La Cristiandad siempre se ha estado desgarrando, pero siempre ha formado un bloque ante el Islam. La traición de uno de sus miembros –numerosos historiadores contemporáneos lo juzgan así– señala el fin de la Edad Media de manera quizá más elocuente que la toma de Constantinopla. Francisco I inaugura el comportamiento del jefe de Estado moderno a quien sólo importan los intereses de su país. Codicia el Milanesado de manera casi enfermiza, pero para mantener a Francia en su rango, para salvaguardar su identidad, necesita defender el equilibrio del continente, impedir la marcha de su rival hacia la monarquía universal.

En esta ocasión, su plan fracasa. La flota imperial en la que va César se dirige a Cagliari en Cerdeña y allí recibe importantes refuerzos: galeras pontificias, caballeros de San Juan, veteranos de las anteriores guerras, españoles, italianos, alemanes. En total cuatrocientos doce barcos y sesenta y siete mil hombres, una fuerza colosal. Andrea Doria manda las escuadras, el marqués Del Vasto los ejércitos.

Se hacen a la vela el 14 de junio de 1535. El 15, todo el poder de César se despliega ante las ruinas de Cartago. Barbarroja, impresionado, no se opone al desembarco. Confía a unos miles de turcos y moros la defensa de la fortaleza de La Goleta que protege a Túnez e intenta sorprender al enemigo por la retaguardia con su flota. Sufre una humillante derrota, pierde sus ochenta navíos.

El sitio de La Goleta va a durar un mes. El Emperador ha ordenado no dejar nada al azar. Le obedecen tan bien que el tiempo pasa y el ejército sufre cruelmente. Carlos exige que las raciones de agua sean iguales, empezando por la suya. Sus soldados admiran su aguante impasible, pero tiene el corazón angustiado, dirige a Dios ardientes oraciones. Se prueba a sí mismo en cierto modo durante escaramuzas, ataca personalmente, con la lanza en ristre, a los moros que hacen alguna salida. En una ocasión, Alonso de Santa Cruz, historiógrafo de la expedición, cuenta que «corrió tal peligro que nunca se había visto ni al más pobre soldado arriesgar de tal modo su vida».

Los imperiales, sin víveres y obligados a la victoria, dan el asalto después de un furioso bombardeo el 14 de julio. A pesar del penacho rojo de su cimera, Carlos no se pone a la cabeza de su caballería, como lo haría Francisco I. No, el guardián del orden antiguo de las cosas permanece en medio de su artillería, esa arma moderna todavía un poco misteriosa, un poco mágica. Lo cual no le impide batirse valerosamente. Tiene el caballo muerto bajo él. La Goleta es tomada, el vencedor encuentra en ella numerosos cañones marcados con la flor de lis francesa.

La sed y el calor le habrían tal vez obligado a quedarse allí si el antiguo rey de Túnez, Muley Hassán, despedido por Barbarroja, no hubiera ido inesperadamente a unirse a él. Muley Hassán señala el emplazamiento de un pozo. Se precipitan hacia él, pero Barbarroja, previsor, había preparado una emboscada. Los imperiales sorprendidos son presa del pánico, la situación se restablece por milagro. Barbarroja se retira. Ha hecho ya retirar las riquezas y las principales familias de Túnez, pero está a punto de ser capturado, pues el 20 de julio los prisioneros y los esclavos cristianos se sublevan, abren las puertas de la ciudad. Casi milagrosamente consigue embarcarse y dirigirse a Argel.

El Emperador entra en Túnez: veinte mil esclavos cristianos, una multitud de prisioneros, cerca de setenta mil personas son puestas en libertad y lo bendicen. Ha prohibido el saqueo. Bien inútilmente. Su poder no llega a tanto. Es imposible contener a una soldadesca tan duramente probada. Por primera vez, Carlos asiste a los horrores de un saqueo. Los palacios musulmanes son asolados, la célebre biblioteca árabe de la Universidad del Olivo igualmente, las mujeres son violadas, muchos hombres degollados. El Emperador recibe un gran choque, recuerda el *saco* de Roma, tiene remordimientos.

—Soy yo –dice amargamente– la causa de estas desgracias.

Se siente dividido entre sentimientos contrarios. Por una parte está orgulloso de haber llevado victoriosamente una cruzada que la Casa de Borgoña había jurado lanzar desde la caída de Constantinopla, de haber por fin contra-atacado hasta en la misma África a esos turcos, terror de Occidente. Por otra parte, disgustado por las consecuencias de su éxito, siente la tentación de detener ahí su empresa sobrehumana. El pensamiento de los muchos combates que le quedan por librar lo desalienta. ¿Y si, habiendo alcanzado la gloria, se descargara de su peso y se fuera a rezar a Dios con la Emperatriz a un lugar apartado en el que no oyera los tumultos del mundo? ¡Pero ay! No puede hacerlo, es responsable de la Cristiandad, es administrador del poder de su madre a la que, con sorpresa, de repente envidia.

* * *

Entrega el reino de Túnez a Muley Hassán, no sin que éste firmara un tratado que lo hacía tributario de la Corona de España. La religión cristiana sería autorizada en sus tierras, los piratas perseguidos, las mercancías circularían libremente. España se anexionaba La Goleta y los demás puertos fortificados. Era el comienzo de la colonización europea en África del Norte después de la desposesión de los romanos.

El 17 de agosto, el Emperador desembarcó en Sicilia y pudo medir la amplitud de su triunfo. Ya la imaginación popular y una propaganda hábil habían adornado la expedición con leyendas heroicas y pintorescas. El primer cruzado que volvía vencedor desde hacía siglos fue acogido entre transportes delirantes en Palermo, en Mesina. Llegaron felices noticias. El Papa pedía que se volviera a emprender la cruzada, se comprometía a enrolar a todos los príncipes cristianos. Los turcos estaban debilitados, Persia había vuelto a emprender sus hostilidades contra ellos, se ofrecía la ocasión de arrojarlos fuera de Europa, fuera del Mediterráneo. Carlos, deslumbrado, se dejaba mecer por el gran sueño de sus abuelos, Constantinopla, Jerusalén...

¿Pero y Francisco I? Francisco I, decepcionado en sus esperanzas, se mostraba con un humor más acomodaticio sin, por lo demás, romper su alianza otomana. Dejaba entender que, si el duque de Orleans recibía el Milanesado, podría participar en la cruzada como le obligaba el tratado de Cambrai. Ciertamente el asunto era delicado. ¿Por qué no lo trataba la reina Leonor con su hermana la regente de los Países Bajos, lo mismo que Luisa de Saboya y Margarita de Austria habían negociado la paz de las Damas?

Carlos dio su consentimiento. Ambas princesas, que no se habían vuelto a ver desde hacía años, se esforzaron por encontrar un terreno de entendimiento. El Emperador vacilaba en despojar al viejo Francisco Sforza, duque de Milán. Ahora bien, providencialmente, éste murió dejando una viuda de catorce años. ¿Entonces? La dificultad estribaba en que ese Enrique de Orleans había desposado a la última Médicis legítima. ¿Y si, dueño de Milán, pretendía destronar al bastardo Alejandro que reinaba en Florencia, y luego hacía valer sus derechos sobre Nápoles? No deseando correr ese riesgo, el Emperador ofreció el Milanesado y la mano de la joven viuda al tercer hijo del rey, el duque de Angulema, que tenía trece años. Esto no le convenía a Francisco, pues, en ese caso, no podría impedir que Orleans heredara Bretaña según las cláusulas de su contrato de matrimonio cuando desposó en primeras nupcias a Claudia de Francia, hija de Ana de Bretaña, primera prometida de Carlos. Todos estaban intratables.

El 25 de noviembre, el Emperador fue a Nápoles, que le hizo el mismo recibimiento que Sicilia. Permaneció allí cuatro meses, padeciendo vivos ataques de gota, aunque entre uno y otro no dejaba de participar en el Carnaval. Durante ese tiempo, los acontecimientos se aceleraron. Catalina de Aragón murió el 7 de enero con profundo alivio de Enrique VIII, un agente francés, Maraviglia, fue asesinado en Lombardía, Francisco I concluyó con Solimán una alianza con todos los requisitos, que firmó La Forest, y reclamó la Saboya, invocando los derechos (discutibles) que tenía de su madre. Fue Clemente VII quien le dio en Marsella la idea de ese *casus belli*.

El Valois estaba ahora decidido a la guerra. Si hubiera razonado como el paladín cuyo personaje le gustaba representar en otro tiempo, habría combatido a la Media Luna bajo las banderas del Emperador, pero, a su modo de ver, el interés nacional se imponía a las consideraciones espirituales. Fue por política por lo que resolvió frenar en Francia el progreso de la Reforma. Y por política, sin considerar la contradicción que ello significaba, el heredero de San Luis hacía imposible la gran cruzada.

También a él le iban mal las finanzas, aunque al contrario que el Emperador, pudo gravar con impuestos a los franceses. Esto limitaba el empleo de mercenarios. En cuanto a la nobleza, había caído parcialmente bajo sospecha desde la traición del Condestable. Se formó pues, como insigne novedad, una infantería compuesta por hombres del pueblo distribuidos en «legiones».

El Emperador no ignoraba esos preparativos. Afectando que se divertía, consideraba despacio, según su costumbre, los datos de la situación, sopesaba los pros y los contras. En marzo de 1536 ya había tomado partido: atacaría, abatiría a Francia. Nada entonces se opondría a la cruzada. De Nápoles tomó el camino a Roma, pues deseaba obtener la aprobación de Paulo III. El día mismo en que llegaba a los Estados Pontificios, las «legiones» francesas, bajo el mando del almirante de Brion, franqueaban los Alpes. Conquistaron sin esfuerzo Saboya y Piamonte, ocuparon Turín.

Y sin embargo la situación de Francisco I no era buena. Los luteranos alemanes seguían teniendo rencor al perseguidor de sus hermanos; el Papa, los católicos, perdonaban aún menos al amigo de los turcos; Enrique VIII, libre de su primera mujer y a punto de mandar ejecutar a la segunda, no tenía necesidad de él.

Carlos entró en Roma con el inmenso prestigio que le valían la toma de Túnez y los movimientos de opinión a su favor. De pronto se esfumaban un poco los horribles recuerdos de 1527. Veintidós cardenales, seguidos de un inmenso cortejo, acudieron ante César, que cabalgaba bajo palio precedido de tres mil hombres de armas y rodeado por señores adornados con relucientes plumajes. El pueblo, menos olvidadizo que la nobleza, dejó oír su descontento. Incluso fue lanzada una piedra a uno de los gentileshombres de la escolta.

Era el primer encuentro del Emperador y el Papa Farnesio. Se pusieron de acuerdo en el asunto del concilio, que Paulo III se comprometió a convocar en Mantua para el mes de mayo del año siguiente. Un gran éxito.

Carlos quería conseguir otro y por sorpresa. El 17 de abril, los cardenales y diferentes miembros de la Curia estaban reunidos en el Vaticano con ocasión de una fiesta. Vieron entrar al Emperador acompañado por el embajador de Venecia y por los dos embajadores franceses acreditados, uno ante la Santa Sede y el otro ante él mismo. El Papa no había sido informado. Tardó algún tiempo en llegar.

De inmediato, Carlos sacó de su bolsillo unas notas redactadas en español y, de repente, «encendido de cólera, con el rostro severo y enfadado» se lanzó a una furiosa diatriba contra Francia y su rey. Recordó todas las ofensas desde la ruptura de sus esponsales con la hija de Luis XII cuando él tenía cuatro años. Denunció las felonías de Francisco I. La invasión de Saboya constituía un ataque directo, pues el duque era vasallo suyo y su cuñado (se había casado con la hermana de la Emperatriz). Esto duró una hora. En conclusión, el Emperador indicó tres soluciones: la paz gracias al arbitraje del Santo Padre; la guerra; un duelo entre el rey de Francia y él mismo, en el que el primero aportaría en prenda Borgoña y el segundo el Milanesado.

Se expresaba en español, de manera que los embajadores franceses comprendían mal y el Papa apenas mejor. En un momento en que tomaba aliento, Paulo III se apresuró a recordar la necesidad de paz que tenía el mundo cristiano. Carlos le cortó la palabra. La mediación pontificia tenía que ser «activa». Si uno de los dos antagonistas no se inclinaba ante el juicio del Santo Padre, éste tenía la obligación de entrar en guerra contra él. Paulo III evitó el lazo como mejor pudo. Volvió a hablar de la necesidad de la paz y se declaró opuesto al duelo. Abrazó al Emperador, que le besó la mano.

Al día siguiente, Carlos convocó a los franceses, a quienes entregó una traducción italiana –un poco suavizada– de su discurso. Exigía la evacuación de Saboya antes de veinte días, de lo contrario habría guerra o duelo. En este caso dejaba a su rival la elección de las armas y del lugar de encuentro. El 30 de abril, Francisco I fue informado. Ni pensó en recoger el guante. Las hostilidades estaban, pues, abiertas.

* * *

Brion, que había cometido el error de no apoderarse del Milanesado, cayó en desgracia. Montmorency, de buen o mal grado, se había quitado de en medio. El Rey, que con frecuencia actuaba «por impulsos», acudió a él. El Gran Maestre de Francia (ése era su nuevo título) no dudó, con tal de recobrar su poder, en emprender una guerra que detestaba. Fue nombrado lugarteniente general.

Se estaba bien lejos de las locuras caballerescas, de la temeridad de Pavía. A pesar de sus furores, de sus maldiciones, de sus crueldades, Montmorency pensaba con lentitud, con prudencia, como un Fabio Cunctator, decían sus admiradores. Francisco I, recuperado de sus errores de juventud, escuchó atento sus consejos. Dejó solamente algunas guarniciones en Piamonte y en Saboya, se preparó para acciones defensivas.

Por el contrario, Carlos hervía de ardor. La toma de Túnez le había despertado el gusto de la gloria militar, ardía por llevar a cabo nuevas hazañas. Ambos antagonistas habían en cierto modo intercambiado sus personajes. En vano el marqués del Vaso y Antonio de Leyva, recordando la deplorable campaña de 1524, suplicaron a su señor que se limitara a tomar Saboya. Carlos no deseaba una guerra periférica, quería destruir Francia, destrozar ese obstáculo que le impedía cumplir con su misión. Aparentemente tenía entonces los medios para ello.

Ordenó a María de Hungría que formara un ejército que, a las órdenes del conde de Nassau, invadiera Picardía, y a Fernando que lanzara otro ejército contra Champaña. Mientras, él mismo, apoyado por las galeras de Andrea Doria, invadiría Provenza, luego el Languedoc, donde recibiría refuerzos españoles antes de marchar hacia el norte. Teóricamente era el plan de un buen estratega.

La traición del marqués de Saluces, comandante de las

tropas francesas en Piamonte, facilitó las cosas. En julio, mientras la artillería, la impedimenta y los lansquenetes desembarcaban en Niza, el Emperador, a la cabeza del grueso de su ejército germano-ítalo-español, tomaba el camino por tierra, franqueaba el Var y acampaba en Saint-Laurent. Cincuenta mil hombres se reunieron en torno a él.

¿Qué medio había de oponer un dique a semejante marea? A Montmorency se le había ocurrido agrupar las fuerzas en un amplio campamento atrincherado y dejar que el Emperador jugase al conquistador hasta que el hambre acabase con él. Esto necesitaba la devastación radical de Provenza, pero el Gran Maestre no tenía un corazón que se enterneciera ante atrocidades. Como verdadero precursor, inventó la táctica de la tierra quemada.

Cien ciudades o pueblos fueron aniquilados, los molinos destruidos, los campos arrasados, los pozos envenenados, los toneles destrozados. De un admirable jardín se hizo un desierto, aunque dejando los viñedos y los frutos, que provocarían la disentería entre los hombres hambrientos. Sólo las ciudades fuertes siguieron abastecidas, Arles, Tarascón, Marsella.

Al mismo tiempo, a poca distancia de Aviñón, se elevaba un campamento digno de los romanos. Montmorency conocía los buenos autores de la Antigüedad. Se admiraron sus trincheras, sus fosos, sus empalizadas, su artillería, el orden perfecto impuesto a sus soldados.

El Emperador avanzaba. Tomó Frejus, Aix, donde se hizo coronar rey de Arles, luego tuvo que detenerse por falta de víveres. Se había alejado demasiado de Doria, que no podía seguir abasteciéndolo y la comarca era una soledad desolada. Vacilando, él también levantó un campamento. Viéndolo inmovilizado en el interior de ese semicerco como un toro en la arena, los franceses recobraban la esperanza cuando, el 10 de agosto, el delfín Francisco murió de repente después de haber bebido un vaso de agua que le dio su escudero Montecucculli.

Su desaparición a los diecinueve años convulsionaba las perspectivas del futuro. El rey, indignado de dolor, no dudó que Montecucculli fuera un envenenador a sueldo del enemigo. Torturado, el desgraciado escudero confesó lo que quisieron y padeció el suplicio de los regicidas.

El Emperador protestó muy enérgicamente por la ultrajante calumnia. Su entorno replicó incriminando a Catalina de Médicis, que se convertía así en delfina. Era absurdo. Su grandeza imprevista amenazaba con ser fatal para la joven princesa estéril a la que sus orígenes hacían aparentemente indigna de acceder al trono.

El 4 de septiembre, Enrique de Orleans, ya delfín, entró en el campamento de Aviñón, donde Montmorency se prodigó en agasajarle. Acontecimiento cuyo alcance iba a ser considerable, pues desde ese día una amistad profunda unió para siempre al adolescente melancólico y al cuadragenario más desagradable de la Corte.

Mientras, la enfermedad y el hambre diezmaban a los imperiales. No atreviéndose a llevarlos al asalto del campamento de Aviñón en esas condiciones, Carlos decidió asediar Marsella. La flota de Andrea Doria no pudo forzar la entrada del puerto y el ejército, agotado, fracasó también ante las murallas. Antonio de Leyva murió. Hasta entonces Carlos había aprovechado siempre lo inesperado. Ahora lo inesperado le era contrario y una vez más se desconcertaba. En el siglo XVI no se veía normal que el hombre de guerra sacrificase fríamente poblaciones pacíficas a su estrategia.

Viendo que la victoria se le escapaba, el Emperador intentó negociar. Advertido por el nuncio, el Gran Maestre se apresuró a enviar un trompeta a Granvelle, asegurando que llevaría al Rey a una paz «concluida con sinceridad, equidad y razón». Era un alarde. Francisco I no se proponía tratar nada antes de que sus Estados fuesen liberados. El 14 de septiembre, Carlos ordenó la desastrosa retirada, dejando veinte mil cadáveres en el camino. «Allí, escribió Martin du Bellay, hubierais visto hombres y caballos amontonados los unos con los otros... los moribundos mezclados con los muertos».

En el norte, los imperiales no habían sido más afortunados. El impulso germánico se había roto en Champaña y el duque Claudio de Guisa, defendiendo Perona, había salvado a París de los flamencos del conde de Nassau. Ese día

nació en la capital la popularidad de los Guisa, popularidad que un día los llevaría al pie del trono.

* * *

Cansado de los campos de batalla, el Emperador decidió regresar a España, pero antes de abandonar Italia encargó al vicecanciller imperial Matías Held una misión en
Alemania. En apariencia se trataba de mantener la paz de
Nuremberg, pero secretamente se trataba de seguir el gran
asunto del concilio. Su Majestad no había quedado satisfecho en sus contactos con Paulo III, en quien al presente no
ponía más confianza que en Clemente VII. ¿Y si el Papa,
presionado por Francisco I victorioso, renunciaba al concilio? ¿Sería posible reunir uno sin él? Aunque no se tratara
en él las cuestiones dogmáticas, podría reforzar la autoridad de César y del rey de Romanos.

Held debía sondear a unos y a otros a este respecto y
también disponer a los príncipes para una acción contra
los turcos. Era una mala elección. Held iba a embrollar
considerablemente los problemas, irritar a los católicos y a
los protestantes al mismo tiempo.

El 6 de diciembre, el Emperador desembarcaba en Barcelona y se dirigía a Valladolid, donde su mujer le esperaba. Sufrió terriblemente con la gota, lo que tal vez lo incitó a ciertas reflexiones. Lo cierto es que, llevando
consigo a Isabel, fue a visitar a su madre. Era la primera vez
que la mística Emperatriz veía a Juana la Loca. Desgraciadamente no sabemos cómo pasaron las cosas. Carlos no había ido a Tordesillas desde hacía casi veinte años.

Sin que aún él lo supiera, lo inesperado le había vuelto
a concederle sus favores durante ese invierno de 1536-
1537.

—¿Qué voy a ganar con la muerte del delfín Francisco?
–había exclamado con indignación.

Ganaba la enorme ventaja de tener un partido en la
Corte de Francisco I. «La desgracia, escribía Montluc, es
que en Francia las mujeres se meten en demasiadas cosas.»
El nuevo delfín Enrique estaba dominado por su amante

diecinueve años mayor que él, la bella Diana de Poitiers, y esto no lo podía soportar la duquesa d'Etampes, amante del rey. Muy católica, muy apegada a las tradiciones, amiga íntima de Montmorency, Diana sentía la misma simpatía que él con respecto al Emperador. Agrupó alrededor de su joven amante a la reina Leonor, al Gran Maestre, a los Guisa, a todos los campeones de la unidad cristiana. Madame d'Etampes le opuso un clan en el que se encontraban la hermana del rey Margarita de Navarra, su hijo menor, ahora duque de Orleans, Du Bellay, Brion, los defensores de las doctrinas nuevas.

Esta división en el seno del entorno de su enemigo le proporcionaría pronto al Emperador una compensación a su derrota.

XXI. EL DESENCANTO Y EL DUELO
(1537-1539)

Había quedado convenido que en 1537 los franceses entrarían en Italia y el Sultán en Europa central al frente de fuerzas considerables. El Sultán cumplió con su palabra y aplastó a los imperiales en la batalla de Eszec, pero, olvidando la suya, Francisco atacó Artois y los Países Bajos. Mucho se ha investigado sobre esta extraña actitud, cuya consecuencia era que el Emperador escapaba de un gran peligro. Parece que la reina Leonor y Montmorency persuadieron al rey de que Carlos se lo agradecería y estaría dispuesto a devolverle el Milanesado. Tal vez también el Cristianísimo tuvo miedo de que la opinión pública se desatara si su connivencia con el infiel se hacía evidente. Ya había conseguido del Gran Señor las famosas *capitulaciones* que, hasta el siglo XX, iban a asegurar a Francia una posición preponderante entre los otomanos.

Sea lo que fuere, Solimán le guardó rencor por su mala fe y la oportunidad de acabar la guerra fue perdida. En Artois los ejércitos franceses consiguieron éxitos que asustaron a la regente de los Países Bajos. Actuando como soberana –y esto prueba lo precario de la unidad del Imperio–, María de Hungría ofreció una negociación a Montmorency, el cual, que seguía siendo pacifista a pesar de sus victorias, se sintió muy feliz aceptándola. Francisco I estaba enfermo. Cedió y la tregua de Bomy, firmada el 30 de julio, detuvo las hostilidades en las fronteras del norte.

Solamente del norte. El rey abría de nuevo su corazón a la llamada de Italia, en donde Del Vasto había reconquistado Piamonte, excepto Turín y Pignerol. Montmorency lo frenó todo lo que pudo, le impidió apoyar a Barbarroja en un ataque contra Nápoles al que nada habría podido resistir. Cuando la ocasión fue perdida y el Emperador estuvo de nuevo a salvo gracias a él, se inclinó.

Acompañado por el delfín, llevó un ejército al otro lado de los Alpes, despejó Turín y Pignerol. Entonces fue Carlos quien pidió suspender las hostilidades. Todo iba mal. Un informe de Held anunciaba el completo fracaso de su misión en Alemania. El Sultán, que estaba detenido, podía volver a emprender la ofensiva, había perturbaciones en Flandes, los protestantes se negaban a asistir al concilio porque iba a celebrarse en Italia, y sobre todo, las arcas estaban, una vez más, vacías, aunque Pizarro había encontrado montones de oro en los incas. Se había tenido que proceder a una devaluación, el ducado español fue sustituido por la corona, que contenía el 11% menos de oro y el Tesoro no permitía contratar ni un solo mercenario. En cuanto a los bancos, que seguían prestando por miedo a que una bancarrota les hiciera perder sus créditos anteriores, estaban esta vez reticentes.

Francisco I, a pesar de sus propias dificultades financieras, habría podido forzar el destino aprovechando las circunstancias. Pero estaba en declive y nadie le prestaba la energía necesaria. Su hermana y Brion estaban en desgracia. Madame d'Etampes no tenía mentalidad política. En cambio, el otro clan no cesaba de fortalecerse, una juventud turbulenta se reunía alrededor del heredero del trono.

El rey pudo creer que su moderación le obtendría el Milanesado, pero el movimiento decisivo tuvo lugar por propia naturaleza. La impopularidad, la reprobación, de la nueva generación le parecieron insoportables. Fue firmada una tregua de tres meses en Monçon el 17 de noviembre.

Montmorency y el cardenal de Lorena, un Guisa, se encontraron en Leucate con los representantes del Emperador. No consiguieron el Milanesado, pues Carlos se había enterado del resentimiento del Gran Señor. La tregua fue prolongada hasta el 12 de junio de 1538. Montmorency, en la cima de su favor, recibió solemnemente la espada de condestable y «el encargo de todos los asuntos». Era un éxito para la política imperial.

Todo esto no pareció suficiente al Papa, que deseaba la paz, sin la que una cruzada no era posible. Formó una liga contra los turcos con el Emperador, el rey Fernando y Venecia, exigió a Francisco I que renunciara a sus amistades sacrílegas y, apoyado en el prestigio que la Santa Sede había recuperado, ofreció, impuso, su mediación. El Emperador y el rey, aunque éste preocupado por una liga que exigía su adhesión, aceptaron encontrarse en Niza.

El duque de Saboya se negó a abrir a nadie su castillo, último resto de sus Estados, y Paulo III tuvo que instalarse en un convento, Carlos en Villefranche, Francisco en Villeneuve, cada soberano bajo la protección de altos muros y de miles de hombres. La confianza era tan grande que los dos principales interesados no llegaron a verse. Cada uno de ellos oyó por separado las admoniciones del Papa. La reina Leonor, que estaba presente, servía de comunicación entre su marido y su hermano. En las monarquías absolutas había el inconveniente de la pasión, pero también había el antídoto para ese veneno, el factor humano.

Naturalmente, el Milanesado estuvo en el centro del debate. Si lo conseguía, Francisco I estaba dispuesto a no importa qué concesión. Carlos, conociendo lo poco que valía su palabra, sólo consentía en dar el ducado tres años más tarde al joven duque de Orleans, que se casaría con una de sus sobrinas. Francisco pidió entonces cosas imposibles, la cesión del Franco Condado. El Papa comprendió que corría el peligro de un fracaso completo y propuso una tregua de diez años, durante los cuales se llevaría a cabo la reforma y la unificación de la Iglesia. Había convocado de nuevo el concilio, esta vez en Vicenza.

Mientras tanto, el *statu quo* sería mantenido, Francia conservaría Saboya, era el castigo al duque inhospitalario. El rey cedió, no sin remordimientos, en lo del Sultán y los protestantes alemanes de nuevo abandonados. Abandonó Niza precipitadamente. Carlos quería regresar a España, pero los vientos contrarios lo bloquearon en Génova.

Francisco I, melancólico, ensoñaba en Salon. Tuvo la sorpresa de ver llegar a un enviado de su rival que le proponía una entrevista en Aigues-Mortes. Desde su partida de Niza era objeto de una presión incesante por parte de la camarilla de los bienpensantes y nunca había sabido resistir a esa clase de asaltos. El 14 de julio, en el clima asfixiante y malsano de Aigues-Mortes, se encontró con el Emperador, a quien no había visto desde hacía doce años.

Es el momento en que el embajador Francesco Giustiniani escribía al Senado de Venecia: «Entre estos dos señores se encuentran tantas y tan grandes diferencias que, para ponerlos de acuerdo, haría falta... que Dios hiciera de nuevo a uno de los dos según el modelo del otro. Mientras que el Rey Cristianísimo no muestra gusto alguno por el trabajo absorbente de los asuntos públicos y va con frecuencia de cacería o a otras diversiones, el Emperador sólo se preocupa de sus obligaciones y de su engrandecimiento. Así como el Rey Cristianísimo es sencillo, abierto y muy liberal y acepta fácilmente las sugerencias y las opiniones de sus consejeros, el Emperador es muy reservado y tenaz en lo que defiende y duro en sus opiniones. Gobierna por sí solo sin dejarse influenciar por los demás».

Bajo la protección de sus barcos erizados de cañones, ambos enemigos fingieron encontrarse como cuñados. Al abrazarlos, Leonor exclamó:

—Éste es el tesoro y la cosa de este mundo que más amo.

Se prodigaron muchas efusiones y vanas palabras.

Carlos abrazó afectuosamente al delfín, al que tan mal había tratado en Madrid y que ahora defendía su causa. Renovó la promesa de dar en dote el Milanesado al duque de Orleans. Francisco se comprometió a defender los Estados del Emperador mientras éste estuviera combatiendo al infiel. Ni el uno ni el otro se proponía mantener la palabra, pero el Habsburgo tenía una ventaja, puesto que halagaba al Valois con una ilusión y lo obligaba a tomar públicamente partido contra su aliado.

El Condestable, entusiasmado, proclamó que el Emperador y el rey «podían en adelante considerar como una sola cosa los asuntos del uno y del otro». El clan de los buenos católicos se glorió de haber «convertido» al Cristianísimo. Era también una equivocación. Al negarse a firmar un verdadero tratado de paz, que habría dejado las manos libres al Emperador en Europa, Francisco I seguía haciendo imposible la cruzada.

* * *

Carlos regresa a España con el corazón lleno de amargura. Los grandes festejos que lo reciben no lo reconfortan. Es cierto que ha escapado a las consecuencias de su derrota en Francia y parece más poderoso que nunca, posee un nuevo reino en Perú, donde por otra parte los conquistadores se pelean entre ellos; se está preparando un ejército contra los turcos. La Liga ha previsto reunir trescientos navíos y cincuenta mil hombres, pero lo menos que se puede decir es que no está animada por el espíritu de las cruzadas.

El Emperador no cree, aunque no lo confiesa, que mantendrá el juramento hecho sobre el Faisán por su antecesor el Gran Duque de Occidente, el borgoñón Felipe el Bueno: el juramento de tomar Constantinopla. Se siente espantosamente solo en el centro de ese mundo al que pretende reunir. El Papa ya está emprendiendo el camino de sus predecesores, los príncipes, los pueblos, han perdido el ideal de sus padres. El egoísmo nacional se ha convertido en la ley de unos, el materialismo en la de otros, cuando no es un fanatismo criminal. Francia es un bloque compacto, indestructible, Inglaterra cismática se aísla, la excomunión por fin lanzada contra Enrique VIII no ha producido ningún efecto; los protestantes ganan terreno constantemente en Alemania aunque Fernando haya formado una liga católica; el Turco, que se habría retirado si hubiera encontrado ante él adversarios unidos, domina un tercio de Europa.

¿No representan esos enemigos las fuerzas del futuro?

César tiene el deber de preservar los valores sagrados del pasado. ¿Quién lo comprende? ¿Quién le ayuda con corazón sincero? ¿Quién otro desea la grandeza y la unificación de la Cristiandad? ¿Cómo oponer en ese universo en descomposición un dique al caos?

Estos pensamientos sombríos dejan lugar a la alegría cuando el Emperador se encuentra con su esposa. ¡Qué felicidad verla inmarcesiblemente bella, tan graciosa en su majestad, tan firme en su fragilidad! Van de Barcelona a Valladolid, después a Toledo. La Emperatriz está encinta.

Carlos acoge esta noticia como un mensaje, un estímulo del Cielo. ¡Tiene tanta necesidad de un segundo hijo, pues el primogénito, su único heredero, don Felipe, es tan lamentablemente endeble y enfermizo!

De pronto, su melancolía desaparece, experimenta un aumento de afecto hacia esa España a la que quiere asegurarle un gran destino. ¿Por qué, si recibe los tributos del Nuevo Mundo, no tiene la misma prosperidad que Venecia y los Países Bajos? Con su amigo el duque de Gandía establece planes con ese objetivo, sin hacerse cargo de que el temperamento de los españoles no los predispone a seguir las trazas de los flamencos.

Pero conoce, gracias a numerosos informes, la gravedad de la situación en las Indias Occidentales, donde el trabajo forzado y las enfermedades siguen provocando un trágico desmoronamiento de la población. Coloca al frente del Consejo de Indias encargado de administrar esos territorios a hombres generosos de los que algunos han pertenecido a la escuela de Erasmo. América envía anualmente a la metrópoli unas sesenta y siete toneladas de oro y mil doscientas toneladas de plata, más de doscientos cincuenta mil ducados. América es un factor de la política imperial[1].

Carlos desearía también que España fuera un lugar destacado del arte y de la cultura como en otro tiempo el ducado de Borgoña −¡su eterna obsesión!−. La verdad es que puede enorgullecerse del prestigio adquirido por un país todavía subdesarrollado en tiempos de los Reyes Católicos. Las costumbres, las modas españolas ganan terreno en el extranjero. El código del honor español seduce a los partidarios de una caballería que desafía a los tiempos modernos. En la Corte de Francia, el delfín y Diana de Poitiers, para molestar al rey y a su favorita, celebran todo lo que viene del otro lado de los Pirineos. La novela de Montalvo *Amadís de Gaula*, traducida al francés, obtiene un éxito prodigioso. El Emperador, España, se benefician de ello. Es el tiempo en que Carlos establece nuevas reglas rígidas, casi tremendas, a esa etiqueta que será una institución progresivamente imitada en la mayor parte de las Cortes.

---

[1] Pierre Chaunu, *o. c.*

La primavera de 1539 llega y el horizonte se ensombrece. La convocatoria pontificia ha encontrado tan mala voluntad que Paulo III decide suspender el concilio hasta nueva orden. Carlos se sentiría más afectado por ello si sus preocupaciones no estuvieran enteramente centradas en su mujer. La Emperatriz está enferma. Sus partos han sido siempre difíciles y éste es el quinto[2]. Da a luz prematuramente a un hijo que, por desgracia, apenas si vive unas horas.

Pesar que se prolonga en angustia. Isabel no se repone. Durante varias semanas la fiebre sube, baja, vuelve a subir. El Emperador se olvida de los asuntos oficiales. Va incansable de la habitación a la capilla, de la capilla a la habitación.

El 1 de mayo, cuando se está esforzando en estudiar unos informes, un monje, pues nadie ha querido encargarse de ello, va a anunciarle que se ha perdido toda esperanza. Carlos corre a la cabecera de la moribunda. Ella no se esperaba una salida fatal, pero al enterarse de la verdad no da muestras de sobresalto. Con una tranquilidad que impresiona a su marido, le habla de Dios, del paraíso, de la resurrección. Luego, encuentra fuerzas para levantarse, vestirse sola, rechazando la ayuda de nadie. Ya está. Se halla preparada. Exige que ya y sobre todo después de su muerte nadie la toque. Los sacerdotes acuden cuando ya la conciencia la ha abandonado. La más bella soberana del mundo muere a los treinta y seis años, apretando entre sus manos un pequeño crucifijo de marfil y los ojos puestos en su esposo.

Para obedecerla, no será embalsamada. Por desgracia, el camino es largo de Toledo a Granada, donde se encuentra el panteón de los Reyes Católicos, y el calor reina en el sur. El viaje dura diez días, el cadáver desprende un olor que pone enfermos a los miembros del cortejo encabezado por el pequeño archiduque infante don Felipe, que tiene doce años. Por fin llegan. La implacable etiqueta exige que el féretro sea abierto y que el joven príncipe identifique a

---

[2] Una hija, Juana, nació en 1535. Se casará con el rey Juan Manuel de Portugal.

la Emperatriz. Apartan el sudario, dejando aparecer un rostro descompuesto, irreconocible. El niño cae desvanecido. Se resentirá siempre de esa tremenda impresión.

Durante ese tiempo, Carlos se ha retirado al monasterio de San Jerónimo en Lisla, cerca de Toledo. Permanecerá allí hasta el 27 de junio, apartado de los ruidos del mundo, entregado a la oración y a la meditación. La tentación de desprenderse de su carga lo acosa con fuerza. ¿Merecen los hombres que se entable un combate del que, cediendo a viles pasiones, ni siquiera comprenden el sentido? Carlos siente un agridulce placer en llevar una vida casi monacal. Los ministros tienen miedo de que no salga de ese convento. ¿Puede abandonar su imperio a un heredero de doce años? Sería el fin de la Cristiandad.

César cede ante su deber. Vuelve a emprender los asuntos que llevaba entre manos, pero ha cambiado mucho. El dolor y la gota han hecho de él un anciano con menos de cuarenta años. Sus miembros están deformes, la mandíbula, que se ha desarrollado más, le obliga a tener con frecuencia la boca abierta, los cabellos han encanecido, su expresión ya no será nunca alegre, aunque su mirada conserve su luminosidad penetrante.

En adelante, Carlos V se vestirá siempre de negro y ese luto, al que la nobleza se ha adaptado de inmediato, va a ser una especie de símbolo de una España altiva, intransigente, desdeñosa para los demás, aficionada a espectáculos sangrientos o macabros. El Habsburgo se ha convertido de verdad en un español cuando precisamente se va a ver obligado a dedicarse a Alemania y a los Países Bajos.

Poco después de abandonar San Jerónimo vuelve a ver a su madre en Tordesillas. Nunca, sin duda, se ha sentido tan cercano a ella.

El Elector Joaquín de Brandenburgo tenía un plan para reconciliar a católicos y protestantes. Puesto que el concilio se había convertido en una manzana de la discordia, el Emperador aceptó en prestarse a su ejecución. Envió al habilidoso arzobispo de Lunden y al peligroso Matías Held a Francfort, donde se enfrentaron según costumbre los representantes de las dos religiones. Aunque ninguna de las dos partes se mostró conciliadora, el arzobispo consiguió concluir una tregua bastante favorable a los luteranos, ya que todas las persecuciones contra ellos se suspenderían durante quince meses. Era el aspecto político del problema, pues estas persecuciones concernían a la secularización de los bienes eclesiásticos. En cuanto a las cuestiones teológicas, serían discutidas durante una conferencia ulterior en Worms.

Este acuerdo desencadenó la indignación del Papa, que trató al Emperador de anticristo, al arzobispo de traidor. ¡Católicos y protestantes habían sido puestos en pie de igualdad y los expolios de la Iglesia tácitamente legalizados! Paulo III envió su bendición a Francisco I.

El Emperador se disponía a pasar a Italia con el fin de arreglar este asunto cuando le llegaron los gritos de alarma de María de Hungría. Aunque prudentemente había mantenido en los Países Bajos el federalismo borgoñón constituyendo las Diecisiete Provincias y creado un Gran Consejo asistido por Consejos colaterales, Gante, su ciudad natal, se había sublevado, la revuelta invadía a Flandes.

Gante, que padecía la competencia de Amberes, se negaba a pagar cuatrocientos mil florines destinados a sufragar (en parte) las últimas guerras, guerras contra los turcos de los que no se preocupaban los flamencos, contra Francia, uno de sus asociados comerciales. Los privilegios de la ciudad la dispensaban de pagar tasas que ella no había votado y ése no era el caso. Ese movimiento degeneró pronto, el pueblo la emprendió con los patricios, unos extremistas hicieron que reinara el terror.

Había que restablecer el orden con urgencia en los Estados más ricos del Imperio. Gante ya estaba apelando a la soberanía del rey de Francia. A pesar de su mala salud, el Emperador resolvió meter en cintura a los rebeldes personalmente, ¡pero qué viaje en perspectiva! Dirigirse a los Países Bajos por mar lo exponía a las tormentas, a la flota de Enrique VIII, que no le perdonaba. El incendio tendría tiempo de extenderse. Recorrer Italia, las Alemanias, sería más largo y más peligroso todavía, no se podía uno fiar de los príncipes protestantes.

De creer sus Memorias, Carlos recibió entonces un mensaje apremiante de Francisco I. El rey lo invitaba a atravesar Francia ofreciéndole todas las garantías del mundo. La verdad es que fue el Emperador quien se lo había pedido a su cuñado. Montmorency, ansioso de orden y de paz, le rindió entonces un servicio inapreciable arrancando el consentimiento de su señor. Es verdad que el Emperador prometía formalmente dar el Milanesado al duque de Orleans. Esto bastó para deslumbrar al rey, encantado además de hacer valer su espíritu caballeresco.

Antes de abandonar España, Carlos, seguro a medias, redactó un nuevo testamento. Recordaba en él los objetivos sagrados que deberían alcanzar sus sucesores: unir la Cristiandad, extirpar la herejía, rechazar a los turcos, establecer una paz perpetua. Para este fin preconizaba una amplia unión dinástica entre los Habsburgos, los Valois y las ramas jóvenes de esas Casas. Si el duque de Orleans se casaba con su hija María o con su sobrina, podría recibir, con el Milanesado, Borgoña e incluso los Países Bajos, lo cual extinguiría las antorchas de la discordia. Por su parte, el segundo hijo del rey Fernando tendría un reino y se uniría a Margarita de Francia, hija menor de Francisco I. Así la monarquía universal tomaría la forma de un condominio familiar al que se asociarían Inglaterra y Portugal. El principio de naciones definidas y separadas, fatalmente enemigas, ese principio quedaría eliminado.

Podemos suponer, pues, que el Emperador era sincero cuando en la frontera francesa confirmó la promesa referente al Milanesado.

La Corte de su rival no le regateó la admiración, el entusiasmo que los franceses prodigan con gusto a sus adversarios. Era sorprendente el contraste entre el César desmedrado, tullido, aquejado de un resfriado, y Francisco I que, a pesar de que acababa de salir de una grave enfermedad, no dejaba de aparecer, según dice el embajador veneciano Mates Dandolo, «bello, franco y con tanta soltura como cualquier caballero del mundo, con el rostro siempre jovial».

Desde el 10 de diciembre, fecha en la que se encontró con el rey en Loches, hasta el 20 de febrero de 1540, Carlos, agotado de fatiga y nada tranquilo, tuvo que ir de fiesta en fiesta, de castillo en castillo, a través de arcos de triunfo. Creyendo seducirlo, fascinarlo, Francisco I volvió a cometer el error del Campo del Paño de Oro y lo único que hacía era irritar a su huésped. Una broma acabó de ponerlo de mal humor. El joven duque de Orleans, saltando a la grupa detrás de él, exclamó:

—¡Vuestra Majestad es mi prisionero!

Carlos creyó que era delicado halagar a la reina de Navarra, hermana del rey, la Margarita de las Margaritas, hablando de un matrimonio entre don Felipe y su hija Juana de Albret. De esta manera repararía el daño causado a los Albret por Fernando de Aragón cuando les arrebató la Navarra española.

Fue a Chantilly a ver a su amigo el Condestable, pero se guardó de las favoritas y de sus intrigas.

Las insinuaciones hechas a Madame d'Etampes, el grueso diamante de los duques de Borgoña caído a los pies de la bella, son leyendas nacidas en 1627 de la pluma de Scipión Dupleix[1], recogidas una y otra vez posteriormente y embellecidas a placer. Una carta del embajador Bonvalot, escrita seis meses después del acontecimiento, revela, por

---

[1] *Histoire générale de France.*

el contrario, que la duquesa alimentaba contra el Emperador «un rencor invencible» a causa de su actitud «glacial».

¿Cambió Carlos de opinión en razón de sus desagradables impresiones? Manifestó que sería poco cortés que la investidura del Milanesado pudiera parecer el precio de su paso. Desde ese momento no se atrevieron a hablarle de ello. Durante el día, los ilustres rivales se libraban a asaltos de gracia y de alegría, Por la noche apenas dormían, el uno presa de la tentación, el otro de la inquietud.

El suplicio acabó en Valenciennes. Los embajadores del rey que habían escoltado a Su Majestad «consideraron que allí tenía que confirmar lo que había prometido al salir de España, pero el buen príncipe... les dio largas hasta que hubiera consultado con su Consejo de los Países Bajos». Francisco se había escudado de la misma manera detrás de los Estados Generales para violar el tratado de Madrid.

El Consejo y, sobre todo, María de Hungría elevaron vivas protestas. No obstante, la esperanza se mantuvo tenaz en el Louvre, donde el delfín y sus leales llevaban ahora vestidos negros.

* * *

Carlos era vengativo por naturaleza. Sus decepciones y sus sufrimientos físicos habían acabado por hacerlo cruel. Cuando venció a Gante mandó ejecutar a veintiséis de sus notables, confiscó sus bienes, revocó sus privilegios, expulsó a los sospechosos, ordenó levantar una fortaleza cuya guarnición sería costeada por el pueblo y que en cierto modo estaba destinada a tenerlo cautivo. En fin, exigió una ceremonia expiatoria: con los pies descalzos, una cuerda al cuello, los principales de la ciudad, arrodillados, hubieron de implorar su perdón.

Apenas eliminado este peligro, surgieron otros. El más grave vino de un protagonista novel en la escena europea, el duque de Clèves y Juliers, que había heredado numerosos señoríos, en especial el de Güeldres. Era pariente de Enrique VIII y del Elector de Sajonia. Sus dominios, exten didos desde el Rin hasta el Elba, eran una amenaza para las posesiones imperiales.

En ese momento, Venecia hacía saber a Francisco I que el Emperador «no estaba en absoluto dispuesto a darle el ducado de Milán... alegando la razón de que, soltándolo de sus manos, él se debilitaba y su enemigo se fortalecía». El rey, furioso, replicó ofreciendo al duque de Clèves la mano de Juana de Albret. No le gustaba nada el proyecto de unión entre su sobrina y el archiduque infante. Carlos tuvo miedo. Había convocado una Dieta para intentar acabar con los protestantes y estaba pensando en una segunda expedición a África. Todo esto se vendría abajo si tenía que hacer frente a Francisco I y al duque de Clèves. Volviendo de pronto a la idea expuesta en su testamento, le hizo al rey una propuesta de generosidad imprevista: el duque de Orleans se casaría con su hija María y recibiría como viudedad el Milanesado, los Países Bajos, el Franco Condado, casi todas las antiguas provincias de Carlos el Temerario. No quedaría por añadir más que Borgoña.

La mentalidad de un jefe del Sacro Imperio no era la de un soberano de una nación que estaba completando su unidad. El rey rechazó de plano comprometer esa unidad creando un nuevo feudatario. Rechazó también evacuar Saboya y Piamonte. Se iba hacia la guerra.

Rincón explicó al Sultán que, al negar el Milanesado, el Emperador se había enajenado para siempre a Francisco I y reconcilió a los dos aliados. Solimán preparó una nueva incursión en Hungría, Barbarroja y la flota francesa actuarían de concierto en el Mediterráneo llegado el momento. Orgulloso con su éxito, Rincón fue a rendir cuentas a su señor y a recibir sus instrucciones.

Era la ruina de la política de Montmorency, que en vano había suplicado al Emperador que se mostrara más tratable. Por otra parte, Madame d'Etampes no cesaba de atacarle. El Condestable presentó su dimisión. El rey lo retuvo, pero era sólo un respiro. En la primavera de 1541, a pesar de la oposición de la reina Margarita, del partido bienpensante y de la propia nieta, el rey obligó a Juana de Albret a casarse con el duque de Clèves. Durante la ceremonia, la desposada, agobiada por el peso de sus aderezos, fingió no poder dirigirse al altar.

—¡Llévala a cuestas! –le ordenó el rey a Montmorency.

Y el terrible señor tuvo que hacer el oficio de lacayo.

A guisa de respuesta, el Emperador nombró a su hijo duque de Milán. El Condestable fue echado de la Corte. Amigos de la favorita, el mariscal de Annebaut, el cardenal de Tournón y Brión, rehabilitado, lo sustituyeron en el Consejo.

* * *

En semejante coyuntura, el Emperador se veía obligado a neutralizar a los protestantes alemanes aterrorizados por la persecución que en aquel mismo momento Francisco I desencadenaba contra sus correligionarios. Durante el año 1540, los teólogos de ambos bandos no habían cesado de discutir y, gracias a la diplomacia de Granvelle, que observaba sin intervenir abiertamente, habían llegado a una apariencia de acuerdo, a pesar de la obstrucción del nuncio Morone, al que Granvelle reprochó que buscaba la división de los alemanes.

El Emperador creyó que podía abrir la Dieta en Ratisbona. Habiendo rechazado la pompa habitual, llegó en febrero de 1541 y tuvo que esperar dos meses a que los príncipes, los prelados, los embajadores, respondieran a su llamada en número suficiente. A petición suya, el Papa delegó, en el lugar de Morone, al cardenal Contarini, un veneciano jefe de un movimiento reformador aunque estrictamente católico. Calvino y Melanchton, recién hechos amigos, acudieron a Ratisbona, pero no Lutero, lo cual algunos consideraron lamentable.

Carlos no dudó en intervenir una vez más en los debates doctrinales, tanto deseaba encontrar una solución al problema. Seguía estando animado por el espíritu de Erasmo, lo cual le llevaba a cometer el error de prestar a la Dieta, asamblea política, el carácter de una asamblea religiosa. Jefe de la Cristiandad, no dudaba en oponerse al Papa haciendo a los luteranos concesiones inaceptables para la Santa Sede. Deseaba conciliar Roma y la Reforma, pero Paulo III desconfiaba del amo de Italia y los príncipes alemanes no temían menos que César estableciese un poder monárquico en Germania. Sólo el Landgrave Felipe de Hesse lo apoyaba, porque era bígamo y temía a sus pares. Así pues, la política intervenía en la religión y la religión en la política.

A pesar de estos obstáculos, se realizó un gran esfuerzo. Granvelle consiguió la aprobación de Calvino a un texto que fue llamado la *Justificación*. Redactó veintitrés artículos reunidos bajo el título de *Libro de Ratisbona*, al que los teólogos dieron su acuerdo. Por desgracia, en cuanto la Dieta tuvo conocimiento de ello, católicos y protestantes formularon expresas reservas. Cada artículo parecía excesivo a los unos, insuficiente a los otros.

Enterado Lutero, condenó la *Justificación*, llamó al *Libro* «hiena y Talmud». Él era quien estaba en posesión de la verdad y no admitía la existencia de un papa. Paulo III, obligado a su vez a mostrarse intransigente, declaró que sólo el concilio tenía cualidad para tratar esas cuestiones. Así abortó la última tentativa humanista de salvar la unidad cristiana.

La discusión duraba desde hacía más de tres meses y Carlos no sabía cómo poner término a esa Dieta tan decepcionante como las otras. Mientras más lo traicionaba su cuerpo, más ágil estaba su espíritu y, entre el ardor de las disputas teológicas, seguía atento a los preparativos de la expedición que se proponía llevar a cabo contra Argel en otoño, cuando cesara el calor que había sido tan cruel ante Túnez.

Así es que estaba dispuesto a impedir que los protestantes estorbaran su objetivo. El 28 de julio convocó una delegación católica y una delegación protestante. Les hizo reunirse en habitaciones diferentes entre las cuales estuvo yendo y viniendo innumerables veces. Como era imposible llegar a un compromiso, tomó la peligrosa decisión de prometer a cada una lo que deseaba. Concedió a los protestantes mucho más que en el tratado de Nuremberg: la garantía de su seguridad entre los príncipes católicos, su admisión en la sección judicial de la Cámara imperial, el reconocimiento implícito de sus ministros puestos a salvo de toda confiscación igual que los eclesiásticos, el derecho de tomar determinadas medidas concernientes a los monasterios. El Elector de Brandenburgo, que había erigido la Reforma en religión de Estado, no sería molestado por ello hasta el concilio. El Landgrave de Hesse era amnistiado. A cambio, éste juraba mantener a la Smalkalda fuera de la influencia francesa.

En cuanto a los católicos, el Emperador renovaba su alianza con ellos, se comprometía a que el Papa pagase la cuarta parte de sus gastos hechos por la buena causa. También se comprometía tácitamente a mostrarse de mala fe con los herejes. ¡Qué prodigios de flexibilidad y de maquiavelismo exigía esa política de funámbulo! Carlos no se resignaba a ello gustosamente. Nada repugnaba más a su carácter, pero no veía otra salida.

El 29 de julio, después de haber oído una Declaración imperial que publicaba solamente un determinado número de las disposiciones tomadas, la Dieta votó el reclutamiento de doce mil hombres destinados a luchar contra los turcos. Después, la Dieta fue disuelta.

Unas semanas antes, en medio de sus piadosas preocupaciones, Carlos había satisfecho su venganza sobre un hombre al que detestaba particularmente, el embajador francés cerca del Gran Señor, Antonio Rincón. Éste, habiendo abandonado al rey, iba a llevar sus mensajes a Solimán. Se detuvo en Rívoli, donde lo pusieron en guardia. Dejó allí sus papeles y continuó su camino. Descendía por el Po cuando su embarcación fue abordada por dos navíos que llevaban soldados imperiales que le dieron muerte a él y a su acompañante, el capitán Fregoso. El marqués Del Vasto había montado esa emboscada.

Un clamor de protesta llegó hasta el Emperador, que manifestó ser inocente, prometió castigar a los asesinos y, naturalmente, no hizo nada. Volvió a Italia, mientras los turcos estaban invadiendo de nuevo Hungría y destruían el débil ejército de Fernando. Ahora ocupaban toda la llanura, levantaban mezquitas. Carlos no se había opuesto a su avance. Le convenía que estuviesen ocupados en Europa central. Esto le daba la seguridad de salir victorioso en Argel como en Túnez.

* * *

Carlos V se había convertido en el Emperador Errante. A pesar de sus males ya no iba a cesar de correr de un país a otro. Por desgracia no poseía las líneas de comunicación que había dispuesto Carlomagno y que, en su tiempo, supo establecer Napoleón. Sin esa deficiencia y sin su penuria de dinero habría tenido mejor oportunidad de «hacer Europa».

Se vio con el Papa en Lucca, reclamó un concilio ecuménico y pidió que se celebrara en una ciudad alemana, según el deseo de los protestantes. Paulo III protestó. Bajo la influencia de una familia ávida, volvía a la tradición de los pontífices esencialmente preocupados por asuntos temporales y por los territorios italianos. De momento reprochaba a Carlos su complacencia hacia los herejes, sus tendencias a la monarquía universal. Por su parte, Carlos sentía una gran desconfianza. Ambos hombres no se entendieron en nada.

El viajero fue a Córcega, donde se estaba reuniendo su flota bajo las órdenes de Andrea Doria, su ejército mandado por Fernando de Gonzaga. Había centenares de barcos y veinticuatro mil soldados, alemanes, italianos, españoles. Fernando Cortés en persona era uno de los capitanes.

Argel, guarnecido por tropas muy inferiores en número, que contaban sólo con mil quinientos turcos, parecía no poder resistir. Barbarroja estaba ausente. Quien lo sustituía era un italiano convertido en musulmán y pirata, que se llamaba Hassan Aga. Carlos trató de comprarlo. Habiendo recibido una respuesta insolente, ordenó levar anclas.

Al día siguiente hubo mal tiempo. Estaban a mediados de octubre y Doria, considerando la estación demasiado avanzada, aconsejó retrasar la expedición hasta la primavera. El Emperador se limitó a responder:

—Ya que nos hemos preparado, hay que llegar hasta el fin.

El 20 de octubre, la armada llegó a la altura de Argel y tuvo que soportar fuertes tempestades durante los dos días siguientes. No obstante, el desembarco tuvo lugar el día 23, pero una gran parte de los caballos y del material quedó en las galeras, que se vieron obligadas a alejarse de la costa. El Emperador bajó a tierra, seguro de conseguir la victoria.

Pero eso era no contar con los elementos. Un furioso huracán se desencadenó durante la noche del 24 al 25. Ciento cincuenta buques naufragaron, otros tuvieron que arrojar la artillería al mar, otros tuvieron que arrancar los mástiles. Al alba, la caballería musulmana atacó y sorprendió a los imperiales. Los italianos huyeron. El Emperador, que se había puesto a la cabeza de los alemanes, rechazó a los asaltantes. Si éstos hubieran sido más numerosos y hubieran estado mejor mandados, habrían podido arrojar los invasores al mar, cambiar la suerte de Europa.

Pasado el peligro, Cortés, como auténtico conquistador, aconsejó dar el asalto. El Emperador no quiso correr un riesgo tan grande, ordenó retirada. Fue necesaria toda la habilidad de Andrea Doria para volver a embarcar el ejército, que no perdió menos de un tercio de sus efectivos. Encontró refugio en Bougie (Bejaia).

De allí Carlos tomó la dirección de Mallorca y luego la de Cartagena. Por excepción sus nervios lo traicionaron y se le vio derramar lágrimas amargas. ¿Le estaría castigando Dios por el trato bárbaro infligido a los indios, a pesar de sus órdenes y de las del Consejo de Indias? En el inmenso correo lleno de malas noticias que le esperaba, el obispo Las Casas denunciaba con razón esos abusos y defendía como de costumbre la causa de los indígenas. Sugería que, con el fin de darles alivio, se transportasen a las posesiones españolas cuatro mil negros cogidos en África. El Emperador aprobó ese horrible sistema. Así el campeón del cristianismo fue el primer responsable de la trata de esclavos.

Las buenas intenciones pueden llevar a cometer crímenes.

XXIII. ALIANZA IMPÍA, GUERRA INÚTIL
(1542-1544)

«El rey de Francia, visto el fracaso del Emperador en el asunto de Argel e imaginando que los gastos que había hecho lo habían dejado sin dinero, con el pretexto de una pequeña ofensa que había recibido (la muerte de Rincón)... atacó al Emperador en los Países Bajos.»

Así presenta las cosas Carlos en sus Memorias. Desde luego, el asesinato de sus embajadores, pregonado por todo lo alto, y la derrota imperial ante Argel no fueron ajenos a la ruptura de la tregua de Niza por parte de Francisco I. Pero existían otras causas, entre las cuales el funesto espejismo del Milanesado y sobre todo la necesidad de impedir esa monarquía universal que podría cambiar el destino de Francia.

Francisco I había amasado mucho dinero y llevado a cabo un buen trabajo diplomático, gracias al cual el Sultán, Dinamarca, Suecia, Escocia y el duque de Clèves estaban alineados en su campo. Reunió no menos de cinco ejércitos. Habían adquirido tanta importancia las dos camarillas de su Corte que, al conceder los mandos, tuvo que proceder a una sabia dosificación con el fin de neutralizar las enemistades entre ellas.

El delfín fue puesto a la cabeza de las tropas encargadas de apoderarse del Rosellón –campo de batalla no habitual– y el duque de Orleans, campeón del partido de Madame d'Etampes, recibió el mando de las que debían conquistar Luxemburgo. El mariscal de Annebaut sería el mentor del uno, el duque de Guisa del otro. Por primera vez desde hacía tiempo un Borbón era jefe de guerra. El joven conde de Enghien, otro amigo de la favorita, obtuvo el encargo halagador de llevar las flores de lis a Italia.

A partir de julio de 1542, los turcos asaltaron el sur de la península y derrotaron en Hungría a un ejército de Fernando. Enghien bajó a Lombardía, los daneses bloquearon los puertos del norte, los soldados del duque de Clèves, a las órdenes de un soldadote brutal, el mariscal de Rososheim, devastaron Brabante y Flandes, el delfín puso sitio a Perpiñán, el duque de Orleans tomó Ivoy, Montmédy, Luxemburgo, pero descuidó conectarse con Rossheim, lo cual habría cortado en dos a Flandes. Los augures juzgaron que la situación del Emperador era prácticamente desesperada.

En esos meses trágicos, Carlos no se movió de España, buscando desesperadamente dinero. Las Cortes no dieron bastante. El tributo de las Indias había bajado mucho a causa de las perturbaciones en Perú. Las fuentes auxiliares estaban exhaustas, pues las cosechas habían sido dadas en prenda con anterioridad. Se vendían cargos, títulos de nobleza, condecoraciones y hasta la legitimación de hijos de sacerdotes. Y todo esto no era bastante. Quedaba el recurso supremo: encontrar una dote.

La hermana pequeña del Emperador, Catalina de Austria, se había casado con el riquísimo rey de Portugal Juan III. Su hermano pidió la mano de su hija María para don Felipe. Ambos jóvenes tenían quince años, eran dos veces primos hermanos. A Juan III no le gustaban los españoles y no deseaba abrir sus cajas: puso mala cara. Su mujer puso el grito en el cielo, Carlos profirió amenazas. Atrapado entre los miedos que le inspiraban la una y el otro, el desgraciado capituló. Por la fuerza de la inercia tuvo que prometer también su hijo a la segunda hija del Emperador, Juana de Austria, y pagar las dos dotes, ochocientos mil escudos de oro.

¡Qué alivio! La guarnición de Perpiñán proporcionó otro alivio. Los franceses creían la plaza casi desarmada, pero misteriosamente advertido de los planes de su enemigo (¿por Madame d'Etampes por odio al delfín?), el Emperador la había mandado reforzar en el último momento con una poderosa artillería que ponía en jaque a los asaltantes.

Corrió el rumor de que Su Majestad en persona iba a

llevar auxilio a la ciudad, a librar una gran batalla. Cuando este rumor llegó a oídos del duque de Orleans, el joven príncipe perdió la cabeza. Enloquecido con la idea de que su hermano tendría el honor de una jornada como aquélla, dejó parte de su ejército a Guisa y con el resto se lanzó hacia el sur.

En Montpellier se enteró de que el delfín había tenido que batirse en retirada, no habría batalla. Por lo menos en Rosellón. Pues en los Países Bajos era otra cosa. Aprovechando la situación, la indomable María de Hungría, que había realizado prodigios, tomaba Luxemburgo, rechazaba al duque de Clèves. La campaña, que había comenzado con la amenaza de una catástrofe, acababa en beneficio del Emperador. Verdad es que gracias a la frivolidad de los franceses.

Su rey no tardó en cometer otro error. El rey de Escocia acababa de morir, dejando como heredera a una niña de poca edad, María Estuardo. Enrique VIII quería casarla con el hijo que había tenido con su tercera mujer, unir ambos reinos. Eso era contrario a los intereses de Francia. Francisco I, en vez de actuar con prudencia, incitó a la regente María de Lorena a que se negara de plano y envió tropas.

Ahora bien, Enrique VIII había vuelto en ese momento al catolicismo y al recuerdo de Catalina de Aragón, a quien quizá había hecho envenenar. Había devuelto a su hija María los derechos de sucesión. El asunto escocés lo llevó a dar un vuelco completo, resucitó su antigua amistad con Carlos, su vieja envidia contra el Valois demasiado soberbio. El tratado de Moore, ese acierto maestro de Luisa de Saboya, fue roto, una alianza sellada entre el Imperio e Inglaterra.

Se convino en que ese pacto permanecería secreto hasta junio de 1543, de manera que el Tudor tuviera tiempo para prepararse. En esa fecha, Francisco I sería conminado a que abandonara al Sultán y que indemnizara a los príncipes cristianos por los perjuicios que había contribuido a causarles. Si no hacía caso, el Emperador iría a conquistar «su» Borgoña, Enrique «su» reino de Francia.

Francisco I no sospechaba esta temible coalición

cuando en primavera sus ejércitos y el del duque de Clèves atacaron de nuevo los Países Bajos. Landrecies y otras plazas cayeron. En Alemania, los príncipes luchaban unos contra otros.

Pero el Emperador preparó despacio su salida de España. Nombró a su hijo príncipe de Viana e hizo que fuera reconocido como regente. Incierto sobre el futuro, redactó tres documentos de interés considerable. El primero no ha llegado a nosotros, pero sabemos que era una justificación de sus actos destinada a ser leída ante las Cortes si llegaba a morir. Prueba de la singular importancia que había adquirido la opinión pública.

El segundo exponía los deberes a que estaba obligado el joven príncipe. Tenía que amar y temer a Dios, amar la justicia y administrarla con misericordia, mantener una actitud impasible, jamás ceder a la ira, escuchar las opiniones de los diferentes Consejos, del duque de Alba, del arzobispo de Toledo, de Cobos y de su antiguo preceptor, don Juan de Zúñiga. «No os mezcléis en asuntos privados y jamás prometáis nada ni de palabra ni por escrito... Recordad que, si os habéis hecho hombre tan pronto, no es para seguir vuestros caprichos y vuestros apetitos, sino para adquirir juicio y conocimiento.»

El tercer documento, estrictamente confidencial, manifestaba el pesimismo y la melancolía del soberano, que exponía las dificultades en que se debatían sus reinos y emitía juicios sin indulgencia sobre los mismos consejeros que le dejaba a su hijo. Invitaba a Felipe a ser continente «pues el abuso de la carne destruye la salud y daña a la descendencia. Recordad lo que le sucedió a vuestro tío Juan (el hijo de los Reyes Católicos) cuya muerte me valió la posesión de estos reinos». Finalmente lo apremiaba a que estudiara.

Era demasiado tarde. Lejos de sus padres, el príncipe había sido educado apartado del mundo exterior, en un vacío moral absoluto. Don Juan de Zúñiga, que lo trataba como si fuera una divinidad viva, lo había rodeado según la moda borgoñona de una Corte de aduladores, fastuosa y protocolaria en exceso, pero apenas si se había preocupado de instruirlo. Persuadido de ser un personaje superior al común de los mortales, Felipe padecía, sin embargo, un complejo de ignorancia, que lo hacía tan desconfiado hacia los demás como hacia sí mismo.

Así recibió a los dieciséis años la carga de las Españas y del Nuevo Mundo. El Emperador se despidió de él en Barcelona y se embarcó casi furtivamente en Palamós. Andrea Doria supo evitar los navíos turcos y lo depositó en Savona. Era su séptimo viaje a Italia.

*   *   *

El Papa y César se vieron en Bussetto. Las cosas fueron peor aún que en Lucca. Paulo III había aceptado Trento y decía que se sentía urgido a reunir allí el concilio, pero la guerra se lo impedía. Pidió a Carlos a que la terminara bajo pena de excomunión. Carlos le reprochó su complacencia hacia Francisco I:

—El Santo Padre trata al agresor, aliado de los turcos, como en el Evangelio es tratado el hijo pródigo. Sin embargo, había casado a su hija natural Margarita con el nieto del Papa, pero la codicia de los Farnesio superaba a la habitual avidez de los sobrinos pontificios. Estos rapaces pidieron Milán a cambio de una ayuda militar de la Santa Sede y esperaban bastantes otros favores. El Emperador replicó que en adelante ningún beneficio, ninguna pensión procedente de España sería otorgada a un extranjero. Decididamente, no había nada que esperar de ese papa convertido en juguete de su entorno.

—Veo —le dijo Carlos en su última entrevista— que acabaremos todos por ser turcos, pero yo quiero serlo el último.

Esta casi ruptura produjo una grata impresión en los protestantes alemanes. Fiel a su compromiso, el bígamo Landgrave de Hesse se opuso a la admisión del duque de Clèves en Smalkalda. Carlos se sintió menos feliz al enterarse de que monasterios imperiales y el arzobispo de Colonia se pasaban a la Reforma.

En la fecha convenida, Enrique VIII declaró la guerra a Francia. Gracias al dinero portugués, el Emperador había enrolado un gran ejército. Francisco I ocupó de nuevo Luxemburgo, persuadido de que su rival desearía reconquistar esta provincia cuyo nombre había llevado. Mejor habría hecho en enviar refuerzos al duque de Clèves. Carlos había decidido desembarazarse de este peligroso vasallo en primer lugar. Al Elector Juan Federico de Sajonia, que intervenía en su favor, le respondió:

—Aunque yo viera que los turcos venían por el otro lado, me volvería primero contra Clèves.

Derribó como castillos de naipes cuatro de las principales fortalezas del duque, que se había atrincherado en Düsseldorf. No hubo necesidad de atacar esta plaza. Viéndose perdido, Clèves salió al encuentro de César, a quien esperó de rodillas en el camino. Se le impuso el tratado de Venloo, por el cual abandonaba la alianza francesa y renunciaba al ducado de Güeldres. Enrique VIII acababa de repudiar a su hermana, Ana de Clèves, la cuarta esposa del Barba Azul. Su madre murió del disgusto.

En otoño, un ejército inglés, desembarcado en Calais, se apoderó de Guines. Carlos, al frente de cuarenta mil hombres, marchó hacia Landrecies. En el acto, Francisco I abandonó Luxemburgo y acudió a hacerle frente con unas fuerzas casi iguales. Ambos ardían por llegar a las manos, al menos eso decían, pero habían perdido la fogosidad de la juventud. Tanto el uno como el otro consideraron demasiado fuerte la posición del contrario y se retiraron.

Mientras, Francisco I no había dudado en dejar que treinta mil turcos ocuparan Toulon y que hicieran de esta ciudad un campamento musulmán. Desde esta base, su flota sembraba la desolación a lo largo de las costas mediterráneas. Barbarroja saqueó Niza mientras que en Hungría Solimán se apoderaba de Gran, fortaleza considerada inexpugnable, el reino entero estaba ahora en sus manos.

Carlos no regresó a España a pesar de que el matrimonio de su hijo se celebró el 13 de noviembre de 1543. Convocó la Dieta, que abrió en Spira el 31 de enero de 1544. Como de costumbre pidió fondos para luchar contra el infiel y su aliado. El Landgrave de Hesse y el Elector de Brandenburgo denunciaron al que, según ellos, no merecía ya el nombre de Cristianísimo, el vicecanciller Naves causó a los protestantes una emoción profunda al leer una carta en la que Francisco I ofrecía abandonarlos a cambio del Milanesado. El cardenal Farnesio, legado pontificio, tomó partido por Francia de manera tan torpe, tan parcial, que se produjo un fenómeno asombroso. Habiendo los propios Lutero y Calvino estigmatizado la alianza entre el Papa, los turcos y Francisco I, los protestantes se encontraron agrupados en torno al Emperador y frente a los católicos reticentes.

Por supuesto, esperaban su recompensa. El Emperador se la concedió en forma de una Declaración que, cosa inaudita, hablaba de «dos religiones», y recomendaba la tolerancia mutua en espera de la próxima Dieta, que procedería a una «reforma cristiana». De esto se encargaría la Dieta, no del concilio, a causa de la mala voluntad del Papa. Hasta entonces, todas las concesiones precedentes eran confirmadas.

Paulo III, indignado, condenó la Declaración. Recordó que, desde Nerón, todos los que se habían opuesto al Vicario de Cristo habían tenido una suerte trágica. La Dieta no se preocupó en absoluto. Votó créditos que permitirían reclutar veinticuatro mil hombres y cuatro mil caballeros.

Una mala noticia vino a ensombrecer la euforia que sucedió a estos acontecimientos. El 14 de abril, en Italia, el conde de Enghien había aplastado en Cerisolas al ejército del marqués Del Vasto. Verdad era que no había tomado Milán, pues había sido llamado para defender a Francia contra la invasión inminente, pero Del Vasto no podría atacar en el sureste y marchar sobre Lyon, como debía hacerlo.

No importaba. El Emperador y el rey de Inglaterra iban a penetrar de concierto en Francia. Entre ambos disponían de cerca de cien mil hombres. El Valois estaba a su merced.

* * *

Enrique VIII, olvidando la cita fijada en París, se entretuvo en sitiar Montreuil y Boulogne. Sin esperarlo, el Emperador invadió Champaña. No pudo tomar por asalto la plaza fuerte de Saint-Dizier a causa de la rivalidad entre alemanes y españoles y tuvo que emprender un sitio en regla, gracias a lo cual París se salvó. El delfín recibió el mando del ejército que el rey había tenido tiempo de formar, con órdenes de evitar la batalla pero impidiendo que el enemigo cruzara el Marne. Al cabo de mes y medio, Carlos, desanimado, iba a renunciar a Saint-Dizier cuando una casualidad permitió a Granvelle descubrir la clave que utilizaban los generales franceses. Fue escrita de inmediato una carta falsa en la que el duque de Guisa invitaba al conde de Sancerre, gobernador de la plaza, a capitular. Y Sancerre capituló el 17 de agosto con gran júbilo de Carlos, que se creyó dueño de París.

Si Enrique VIII hubiera mantenido sus compromisos, la capital habría corrido un grave peligro, pero Boulogne resistía y la vanidad del Barba Azul no le permitía levantar el sitio. Carlos no dejó de seguir su avance. El rey había esperado vencerle por hambre una vez más y ordenó crueles devastaciones. Así es que los imperiales estaban «reducidos a la última penuria» cuando se apoderaron de Epernay y de Château-Thierry. El delfín había abastecido a Epernay de reservas de víveres. Según Martín du Bellay, quiso retirarlos a tiempo y hacer volar el puente que daba acceso a la plaza. El enemigo le ganó en rapidez, se adueñó del puente todavía intacto y de las provisiones.

Diana de Poitiers y sus amigos se indignaron mucho. Fue Madame d'Etampes la que entregó el código secreto de los generales, ella había impedido la voladura del puente. En realidad, Epernay y sus almacenes habían sido incendiados, pero las calumnias contra la favorita despertaron en el pueblo ecos duraderos.

Aunque sus tropas se entregaron a los peores desórdenes saqueando los opulentos campos, el Emperador seguía su progreso hacia París, que no había visto a los alemanes tan de cerca desde Bouvines.

—No puedo preservar del miedo a mi capital –dijo Francisco I–, pero todavía puedo hacer frente a la mala fortuna.

El delfín disponía de buenas tropas, más de cuarenta mil hombres, y ardía en deseos de lograr por fin una victoria. En cambio, su padre estaba cansado, enfermo, desengañado. Por su parte, Carlos se sentía atormentado por escrúpulos que ningún príncipe de su tiempo había experimentado. ¿A qué debía su éxito y quizá un triunfo decisivo? Al apoyo de los protestantes alemanes, a las concesiones impías que les había hecho. ¿No acababa Lutero de escribir un panfleto a su favor? El jefe de la Cristiandad era vencedor cuando traicionaba su misión. Queriendo servir a Dios, encontraba obstáculos insuperables. ¡Misteriosos designios de la Providencia!

A todo esto, llegó al campamento imperial un humilde monje, mensajero de la reina Leonor. Llevaba propuestas de paz. Carlos sólo pensaba entonces en restablecer el orden en la Iglesia y en el Imperio, en hacer entrar en razón a esos herejes cuya complacencia en su favor le parecía insoportable. Como Enrique VIII había sido el primero en romper su pacto, la conciencia no le reprochaba pagarle con la misma moneda[1].

Carlos deseaba restablecer la paz entre Habsburgo y Valois, Francisco I también. El hombre de Marignano, el aliado de la Sublime Puerta, renunciaba a las aventuras, a la querida Italia, quería devolver la tranquilidad a sus pueblos. Tenía también otro móvil de orden familiar. Las amantes del padre y del hijo se las habían arreglado tan bien que entre los dos hombres existía un auténtico antagonismo y el rey buscaba favorecer al duque de Orleans a costa del delfín. Por eso aceptó casi con entusiasmo lo que en otro tiempo había rechazado.

Las negociaciones extraordinariamente rápidas acabaron en un acuerdo el 18 de septiembre de 1544 con el tratado de Crespy. Orleans se casaría con la hija o con la sobrina del Emperador; una recibiría como dote los Países Bajos y el Franco Condado, la otra el Milanesado, pero esos dominios seguirían en el marco del Imperio. A su hijo, que se convertía así en vasallo de César, el rey le constituiría una enorme herencia, los ducados de Orleans, de Borbón, de Angulema y de Chatellerault, lo cual era atentar peligrosamente contra la unidad del reino. Denunciaba

---

[1] Pero en sus Memorias se justificó.

la alianza turca y abandonaba una vez más su soberanía sobre los antiguos dominios de Carlos el Temerario, Flandes, Artois, Charolais. En cambio obtenía la liberación del territorio, la renuncia definitiva del Emperador a Borgoña y, si prometía evacuar Saboya y Piamonte, conservaba al menos estas provincias hasta el matrimonio de Orleans.

Francisco I ha sido con frecuencia alabado por haber puesto fin tan pronto a una guerra perdida, incluso antes de que el Emperador se enterara de la entrada de los ingleses en Boulogne. En realidad, si el tratado hubiera sido aplicado, habría costado caro a Francia. También presentaba graves inconvenientes para la monarquía de los Habsburgos y Carlos no estaba satisfecho. En cuanto al delfín, se vio sacrificado en favor de su hermano. Su entorno se agitó y, con un repentino vuelco, se hizo defensor de la política nacional. En cambio, la camarilla Orleans-Etampes se entregó por entero a la del Emperador.

La reina Leonor, el duque de Orleans, una gran parte de la Corte con ochenta damas, acompañaron a Su Majestad hasta Bruselas. Madame d'Etampes viajaba en la misma litera de la reina. Francisco I había dejado a sus hijos estas asombrosas recomendaciones:

—He resuelto daros como hijo y servidor al Emperador. Honradle como padre y obedecedle como a un dueño.

Durante los festejos que celebraron en los Países Bajos estas amistades imprevistas, un misterioso consejo de guerra se reunió en Fontainebleau, en casa de Diana de Poitiers. Al lado del delfín y de su amante estaban el duque de Guisa, su hijo el conde de Aumale, el conde de Enghien y su hermano el duque de Vendôme. Los conjurados buscaron febrilmente los medios de oponerse a la aplicación del tratado, consultaron a legistas. De ello resultó una protesta solemne contra el abandono de derechos inalienables de la Corona y de provincias de las que el rey no podía disponer. Esta acta, firmada por el delfín el 12 de diciembre, fue entregada a la custodia de dos notarios.

El Emperador, muy bien informado, se enteró de esto. El 27 de enero de 1545 escribió a su embajador Saint Mauris una carta destinada, en principio, a calmar al príncipe, pero en realidad a echar leña al fuego: «No querríamos tratar nada –concluía– que no fuese del agrado del delfín y señaladamente en cuanto a lo que concierne a su hermano, el señor de Orleans».

Una violenta disputa estalló entre Francisco I y su heredero, que siguieron peleados hasta los últimos momentos de la vida del rey. El delfín se negó a asistir desde entonces al Consejo. Olvidando su inclinación hacia España, recuperó el antiguo odio alimentado durante su cautividad en Madrid. En vez de un admirador, Carlos podía esperar que encontraría un decidido enemigo en el futuro rey de Francia.

XXIV. «¡Y DIOS TRIUNFÓ!»
(1544-1547)

¡Qué milagro! Por primera vez Carlos se ve libre al mismo tiempo de Francia y del Sultán, muy ocupado en sus fronteras orientales. Hasta tal punto que uno de sus mejores agentes imperiales, Veltwick, recibe el encargo de una misión en Constantinopla. El mismo Francisco I la apoya. Se firma una tregua de un año entre la Sublime Puerta y el rey Fernando, las negociaciones continúan. Carlos va a poder entregarse por completo a los asuntos de la religión en Alemania.

Se ha escrito que en esos momentos se consideraba en condiciones de obligar a la Iglesia a aceptar la Reforma y a los reformados a hacerse católicos. Eso es una caricatura del pensamiento del alumno de Adriano Floriszoon, del admirador de Erasmo. Por supuesto, sea lo que fuera que dijo en Spira, César no puede concebir la existencia simultánea de dos confesiones. No sólo porque es César, sino también porque esa idea representa una monstruosidad a los ojos de sus contemporáneos.

La libertad de cultos es una idea muy antigua, familiar al mundo pagano. La decadencia y la caída del Imperio romano tuvieron, entre otras consecuencias, la de dar a la religión el poder otrora reservado al Estado. Desde entonces, la unidad de creencia adquirió valor de dogma. La Edad Media la defendió con una intolerancia que en el siglo XVI no se había suavizado. Como única herencia democrática de la Iglesia primitiva solamente queda el concilio, al que corresponde definir la ortodoxia cuando las circunstancias lo exigen.

Si Carlos reclamó tanto la reunión de esa asamblea no fue por espíritu retrógrado. Se propone, pues así concibe su misión, reprimir los abusos de la Iglesia y preservar la fe al mismo tiempo que incorpora a la doctrina secular la doctrina nueva. La desgracia es que la política envenene las cosas, que el Papa no sea digno de la tiara, que príncipes alemanes adopten la enseñanza de Lutero para satisfacer su rapacidad y hacerse independientes. Esto no lo puede admitir el Emperador. En sus Memorias escribirá que desde 1539 tomó la decisión de atacar a los herejes rebeldes. Sin duda ha pensado en ello, pero todavía lo está meditando en ese invierno de 1544-1545 que pasa en Bruselas, padeciendo atrozmente con su undécimo ataque de gota.

Su hermana María de Hungría está junto a él. Lo disuade con fuerza de atacar a los protestantes, le recuerda las desgracias que se atrajo el Emperador Segismundo después de la condena de Juan Huss. También le conmina a que no entregue su hija al duque de Orleans. Los Países Bajos no aceptarían pasar bajo el cetro de un Valois. Carlos sigue este consejo. El príncipe se casará con su sobrina Ana de Austria, hija de Fernando, que conforme al tratado tendrá como dote el Milanesado. Francisco I verá realizada su más ansiada esperanza.

Hay que cumplir con otro compromiso, convocar una Dieta que procederá a la «reforma cristiana», tal como les ha sido asegurado a los protestantes en Spira. Se ha escogido Worms para esa Dieta; por desgracia, el Emperador, paralizado por la gota, no puede asistir. Desea encontrar un terreno de entendimiento, pues le pide a su hermana que lo represente, proyecto que hiere la susceptibilidad de Fernando. En definitiva, Granvelle presidirá los debates hasta la llegada del señor.

Paulo III tiene miedo y no sin razón. Esta asamblea laica discutiendo de la fe va a poner en evidencia la autoridad de la Iglesia universal. Además podría confirmar el acuerdo entre el Emperador y los protestantes tan temido por Roma. De inmediato el Papa convoca el concilio en Trento para el cuarto domingo de Cuaresma (15 de mayo de 1545).

Situación embarazosa. ¿Cómo iba a tratar la Dieta las mismas cuestiones que tratará el concilio? Muchas cosas dependen entonces de la actitud de los protestantes. Pero esas disposiciones han cambiado con respecto a un Emperador al que consideran demasiado poderoso desde el tratado de Crespy. No muestran ninguna buena voluntad, se niegan a tomar parte en el concilio a menos que Carlos garantice el triunfo de sus tesis, es decir, a no ser que a su vez haga el papel de Enrique VIII.

De creer sus Memorias, en eso los esperaba el Emperador. ¡Una buena ocasión de ruptura! En realidad, cuando por fin pudo ir a Worms, promete a su hermana que buscará un arreglo. Por otra parte, ya ha conseguido que el concilio sea aplazado.

En la Dieta encuentra a los protestantes huraños, tercos. En cambio el cardenal Farnesio, legado pontificio, le reserva una buena sorpresa. Ha depositado en Augsburgo cien mil ducados que Su Santidad ofrece como aportación a la cruzada. Esta cantidad podrá ser aumentada. Es un buen preludio para una reconciliación. ¿Acaso Habsburgo y Farnesio no deben ir a un acercamiento cuando Margarita de Austria, la hija natural del Emperador, está encinta de su marido Octavio, nieto del Papa?

Se suceden conversaciones secretas y el cardenal regresa rápidamente a Roma. Una semana después de su regreso, Paulo III concede al Emperador doce mil hombres, otros cien mil ducados y autorización para apropiarse de un millón de ducados sobre los bienes eclesiásticos en España para la guerra contra los herejes.

Al agradecer esto al Santo Padre, Carlos le reprocha la publicidad dada a este asunto. Tranquiliza lo mejor que puede a los protestantes y disuelve la Dieta después de haber prometido que la «reforma cristiana» se emprendería más tarde en Ratisbona. Encarga a sus embajadores que retrasen aún más el concilio.

En julio le nace un nieto. Será el trágico don Carlos. La joven madre sólo vive unos días después del parto.

El Papa abusa de la situación. Da a su hijo Pedro Luis Farnesio las provincias de Parma y de Piacenza, feudos dependientes del ducado de Milán y que él considera bienes de la Santa Sede. Así se aprovechará de una buena posición estratégica, los Estados pontificios tendrán un escudo protector.

El Emperador se pregunta de qué manera reaccionar cuando la situación general da un vuelco. El 9 de septiembre de 1545, el duque de Orleans muere de la peste a los veinticuatro años. Estaba visitando las regiones castigadas por la peste para reconfortarlas y, haciéndose el valiente, quiso dormir en la cama de un hombre muerto por la plaga. Este acontecimiento destruyó de plano el edificio levantado en Crespy. Carlos se siente muy aliviado, declara caducado el tratado.

Francisco I, desesperado por haber perdido a su hijo querido, ve además que el Milanesado se escapa una vez más a su dinastía. Se apresura a firmar la paz con Enrique VIII, que le devolverá Boulogne mediante pago, y a preparar otra guerra contra el Emperador. Envía suntuosos regalos a Solimán pidiéndole que vuelva a su antigua política. Entrega cien mil escudos a la Smalkalda.

El Sultán, siempre con preocupaciones en el este de su imperio, le prodiga buenas palabras, aunque sin romper con Veltwick. Los príncipes protestantes endurecen su intransigencia alentados por el Elector Juan Federico de Sajonia y del Landgrave Felipe de Hesse, que considera que ya no tiene que tener miramientos con el Emperador. Éste pierde la esperanza de un compromiso, pero antes de pasar a la acción procura dividir a sus adversarios. Ya no se opone a un concilio, que se reúne por fin en Trento el 13 de diciembre de 1545. Casi como un símbolo, Lutero muere unos meses después.

* * *

¡El concilio! Desde el tiempo en que recibía las enseñanzas del futuro Adriano VI, Carlos soñaba con el «Gran Sínodo» que purificaría a la Iglesia y reconciliaría a los cristianos. La realidad es amargamente decepcionante. Desde la primera sesión se ve que este concilio reunido en vísperas de una guerra de religión, este concilio ecuménico del que los protestantes están ausentes va a dar lugar a un enfrentamiento entre el Papa y el Emperador.

César desea que se dé prioridad a la reforma interna de la Iglesia. Sólo entonces el concilio tendrá la autoridad necesaria para definir su doctrina e imponerla a todos. Si los protestantes siguen en contra, darán pruebas de que sus móviles no son religiosos. El Papa, por el contrario, se empeña en que la teología pase a primer plano según la costumbre milenaria. Ya habrá tiempo de ocuparse de lo demás cuando los Padres se hayan pronunciado sobre ello. Ambos daban pruebas de igual obstinación, había que llegar a una transacción: se tratará alternativamente de las dos cuestiones.

Pero Paulo III tiene ventaja. Solamente los prelados españoles y napolitanos, encabezados por el cardenal Pacheco, defienden la tesis imperial. No tienen peso ante la Curia y los importantes dialécticos de la Iglesia, a la que no le faltan teólogos eminentes como le faltaban en tiempos de Lutero. Los tres legados son hombres de gran valía. No están dispuestos a perder la ocasión de dar al catolicismo un arma nueva, ya que no tienen enfrente ningún disidente. A su modo de ver, sería un crimen no aprovechar y crear perturbaciones graves queriendo limitar los beneficios eclesiásticos, cambiar las costumbres del clero, recordarle sus deberes olvidados, en una palabra, someterlo a una disciplina que parece insoportable. Los Padres se atendrán a los intereses de la fe, no a los de la política, y no tendrán en cuenta las recriminaciones profanas.

A lo largo de las sesiones se hablará de la interpretación de las Escrituras, el pecado original, la madre de Cristo. Todas las veces las decisiones tomadas chocarán de frente con las creencias de los protestantes. Quienes no las acepten serán excomulgados. Se va a abordar «la justificación por la fe», que creará un foso infranqueable. Sobre la reforma de la Iglesia, nada, sólo vanas promesas.

Carlos está exasperado. ¿Va a enfrentarse de nuevo con la Santa Sede, va a consentir un nuevo saqueo de Roma? No. Para dirigir el concilio piensa que el mejor medio es dominar antes Alemania. Ha convocado la Dieta en Ratisbona, donde los protestantes van a presionarle para que mantenga sus compromisos. Al abandonar Flandes, después de haber celebrado un capítulo del Toisón de Oro, promete una vez más a su hermana que no desencadenará una guerra civil.

En Spira se entrevista con el Landgrave de Hesse y el conde palatino, unido desde hace poco a la Reforma. Pide que los protestantes expongan su punto de vista en el concilio. Felipe de Hesse, que al parecer ya no siente preocupación a propósito de su bigamia, se muestra tan intransigente como los Padres conciliares. Se niega de plano, las posturas están demasiado alejadas una de otra. Los príncipes protestantes se consideran tan independientes del Papa como del Emperador. Quieren la confirmación pura y simple de las libertades acordadas dos años antes a título provisional. Carlos objeta que eso sería renunciar a toda posibilidad de entendimiento. ¿Un entendimiento? El Landgrave aconseja con insolencia a Su Majestad que lea y estudie los Evangelios. Ve con claridad que en la misma Dieta las antiguas promesas no serán mantenidas. Así es que no aparecerá por allí.

—Todos quieren reformas –exclama el Emperador–, pero nadie quiere ayudarme a hacerlas.

Sin embargo no está desalentado, pues ha llevado a cabo sutiles maniobras. El duque Guillermo de Baviera era desde hacía tiempo un adversario peligroso entre los católicos alemanes. El Emperador le da a su hijo en matrimonio Ana de Austria, que antes había estado prometida al duque de Orleans. Le deja concebir esperanzas para el electorado que le quitará al Palatino, si éste persiste en la herejía. Ya tenemos a los Habsburgos y a los Wittelsbach reconciliados para un siglo, pero esto debe permanecer en secreto.

El Elector Juan Federico de Sajonia (rama Ernestina de la dinastía) tiene un primo, Mauricio (rama Albertina), joven belicoso, devorado por la ambición, con el que se disputa los cuatro grandes monasterios que acaban de pasarse a la Reforma. Son los más ricos beneficios de Alemania. Mauricio, yerno del Landgrave de Hesse, es una de las figuras notables de Smalkalda. Se precia de ganar el país entero para la causa de los Evangelios, según la terminología de los luteranos.

Ganvelle le hace saber las buenas disposiciones del Emperador con respecto a él. Si acudiera a la Dieta, Su Majestad estaría dispuesto a darle el protectorado de los monasterios e incluso el electorado de Sajonia, del que Juan Federico se muestra indigno. En el acto el príncipe cambia de campo, arrastrando a dos terribles viejos lobos de Smalkalda, Juan de Brandenburgo Kustrin y Alberto Alcibíades de Brandenburgo Kulmbach.

Felipe de Hesse y Juan Federico de Sajonia han cometido el gran error de declarar la guerra privada al duque de Brunswick y de echarlo de sus Estados. Su soberano, el Emperador, tiene, pues, un excelente motivo para atacarles como violadores del derecho, sin invocar razones religiosas. Ha reclutado tropas merced al dinero del Papa y, por su parte, la Smalkalda se prepara, pero el Emperador intenta todavía evitar un choque sangriento.

Llega el 10 de abril de 1546 a Ratisbona. Los príncipes protestantes no están. Algunos no acudirán nunca. Otros, salvo Mauricio de Sajonia, sólo enviarán representantes y harán esperar a Su Majestad cerca de dos meses. Su Majestad no muestra su enfado. Al contrario. Es que un nuevo tratamiento médico ha dado por fin razón de la gota. Carlos, provisionalmente sanado, se siente de nuevo, si no como un muchacho, al menos como un hombre todavía joven.

Los cortesanos y los oficiales ven al viudo enfermizo y lúgubre compartir sus diversiones. Se divierten mucho en Ratisbona, especialmente en los baños públicos. Tal vez Carlos no se ha acercado a una mujer desde la muerte de la Emperatriz. Le llevan una criatura tan bonita como poco arisca, Bárbara Blomberg, hija de un artesano de la ciudad. Más tarde se la transformará en Bárbara de Blomberg, se le atribuirá un padre burgomaestre y una ascendencia noble.

La aventura será breve y sin poesía. Es posible que, si el Emperador sigue en esa época un tratamiento «con madera de guayaco», fuera a causa de un accidente venéreo debido a la bella que, bien pagada, continuará su comercio con muchos gentileshombres de la Corte.

No obstante, Carlos no dudará en considerar suyo al hijo al que dará a luz el 24 de febrero de 1547, el futuro don Juan de Austria, vencedor de Lepanto. Siempre se ha ocupado mucho de sus bastardos. Sin reconocer a éste, se lo quitará a la madre indigna y lo hará educar discretamente por un noble español, don Luis de Quijada[1].

* * *

Por fin la Dieta es abierta el 5 de junio de 1546. El Emperador querría que llevara a cabo esa síntesis que el concilio se niega a hacer, pero tiene que renunciar de inmediato a sus ilusiones. Los católicos se remiten a la asamblea de Trento. En cuanto a los protestantes, profundamente divididos, confirman su negativa a asistir y exigen de nuevo que las concesiones provisionales conseguidas en Spira sean elevadas a definitivas. Incluso quieren que los futuros conversos puedan beneficiarse de ellas. El Emperador les responde con una gran carcajada, manifestación insólita que deja petrificados a los asistentes.

Desengañado, Carlos escribe a su hermana que ahora la guerra es el único medio de restablecer la situación. A pesar de sus agravios contra el Papa, firma con él el tratado que había quedado en suspenso desde las propuestas del cardenal Farnesio y ordena activar los preparativos militares. Paulo III se apresura a comprometerlo difundiendo un manifiesto que lo presenta como el brazo secular de la Santa Sede.

Desde Nápoles a los Países Bajos se escucha ruido de armas. Los príncipes protestantes envían embajadores a Ratisbona. ¿Qué sentido tiene ese zafarrancho? Carlos responde:

—Todavía no me he cansado de buscar un terreno de unión para todos los Estados. Quienes me ayuden en esa tarea comprobarán mi buena voluntad y mi amistad. Pero

---

[1] Don Juan de Austria verá a su madre una sola vez mucho tiempo después, en 1576, y le echará en cara sus desenfrenos. Ella le replicará que no es hijo del Emperador, sino de un simple soldado forrajeador con el que estaba relacionada en su época. Esto es al menos dudoso.

a quienes me nieguen obediencia les haré sentir mi autoridad.

¡Desobediencia! Esta palabra suena mal en los oídos de potentados que se proclaman independientes. Carlos envía a cada miembro de Smalkalda un correo especial encargado de explicar: que desobedecen «todos los que so pretexto de religión se entregan con toda conciencia a prácticas interesadas contra él y ponen obstáculos a toda jurisdicción de Imperio y quieren abusar de los bienes de la Iglesia».

Es lo suficiente para aglutinar la Liga. Las tropas que ha reunido son puestas bajo las órdenes de un célebre veterano, Schärtlin von Burtenbach. Schärtlin secuestrará al Emperador en Ratisbona si los jefes de la Smalkalda se pusieran de acuerdo entre ellos. Pero sus disputas le impiden detener el ejército que va a atravesar los Alpes.

Así empieza la primera de esas guerras de religión, especialmente feroces puesto que se consideran santas, que van a desolar Europa durante generaciones y le van a costar millones de muertos.

¿Recae sobre Carlos esa responsabilidad? Se ha afanado sinceramente por reconciliar a los hermanos enemigos. Incluso ahora siente repugnancia por las acciones violentas. Se propone llevar una guerra a la italiana en la que la habilidad de maniobra sustituya al encarnizamiento asesino, de manera que el adversario se vea vencido casi sin efusión de sangre.

* * *

El 20 de julio, un contingente de flamencos y españoles procedentes de Bohemia llega a Ratisbona. Inmediatamente Carlos destierra del Imperio al Elector de Sajonia y al Landgrave de Hesse. La Dieta fue disuelta. El 12 de agosto, el ejército imperial se une con el ejército pontificio mandado por Octavio Farnesio, marido de Margarita de Austria. El Emperador otorga el Toisón de Oro a su yerno.

Por su parte, los príncipes de Smalkalda se habían reforzado. Proclamaron la deposición de «Carlos de Gante», que había faltado a su juramento violando la constitución imperial y le enviaron un heraldo para manifestarle que estaban desligados de toda obligación hacia un tirano poseído por el demonio. Según la tradición, el portador de un mensaje como ése merecía la muerte. El Emperador lo indulta.

La campaña, comenzada el 31 de agosto, fue larga y fértil en vicisitudes. Carlos era otra vez víctima de la gota, que lo atormentaba sin piedad. Pero seguía cabalgando medio acostado en su montura, con la pierna envuelta en una especie de saco y con la voz apagada por el sufrimiento. Se le veía en ese estado, indiferente ante las granadas, retando a la muerte, dando órdenes a los generales, interesándose por los soldados, ante quienes su popularidad se hizo inmensa. Ese hombre paradójico había evitado los campos de batalla cuando era joven y se complacía en brillar en los torneos, en las corridas de toros. Se comportaba como un héroe cuando los achaques abrumaban su edad madura.

Tenía tanto más mérito cuanto que no le gustaban los gestos espectaculares. Aguantó un tremendo bombardeo prohibiendo a sus tropas que se moviesen. Fiel a su táctica, quería evitar los enfrentamientos. Un nuevo ejército llegado de Flandes bajo el mando de Van Buren, un impetuoso capitán descendiente de un hijo natural de Felipe el Bueno, le dio una ventaja numérica que le permitió maniobrar a lo largo del Danubio con la maestría de un campeón de ajedrez. Repetidas veces sus generales, considerando que la ocasión era propicia, lo presionaron, le suplicaron que librara una batalla. Pero siempre se negó.

Mauricio de Sajonia, traicionando a su primo, había reunido en torno a sí a los protestantes de Sajonia, mientras el rey Fernando hacía lo mismo con sus correligionarios de Bohemia. Ambos reunieron sus ejércitos y Juan Federico tuvo que acudir volando a defender sus dominios. Felipe de Hesse quiso entonces negociar. El Emperador se negó y se hizo fácilmente dueño de la Alemania del Sur. Según había deseado, sus bajas fueron mínimas.

Numerosas delegaciones acudieron a él, se echaron a sus pies, le juraron fidelidad.

—Estáis perdonados –les dijo Granvelle–, por la clemencia natural de Su Majestad, que no desea la pérdida de los Estados del Imperio.

Pero Su Majestad necesitaba de dinero y los rebeldes arrepentidos tuvieron que pagar fuertes multas.

Carlos pudo retirarse a descansar en Ulm. No mucho tiempo. En ese mes de enero de 1547 en que murió Enrique VIII, cambió el viento. El Papa, ya descontento por ciertas promesas hechas a Mauricio de Sajonia en favor de los protestantes, ambicionaba para su insaciable hijo el gobierno de Milán. Fernando de Gonzaga lo obtuvo y retiró su contingente ante el gran enfado del Emperador. Francisco I, que ya estaba cerca de su fin, entregó importantes cantidades al Landgrave y a Juan Federico, que reconquistó sus Estados después de haber capturado diez regimientos imperiales. Cambiando de pronto de actitud, los protestantes de Bohemia le enviaron un ejército.

Una vez más todo el edificio amenazaba derrumbarse. Carlos, que pagaba sus esfuerzos físicos y morales, estaba en cama. Dominando su cuerpo, marchó a Nuremberg, reunió sus tropas y avanzó hasta Eger, en Bohemia. Era una especie de fantasma medio paralítico, los cabellos blancos, los párpados medio cerrados, la mandíbula colgando, la palabra inaudible. Y esa aparición bastó para dejar petrificados a los bohemios rebeldes. ¿Acaso no habían prestado juramento a un César al que su estado hacía que pareciera casi sobrenatural? El ejército bohemio volvió sobre sus pasos.

Infatigable, el fantasma se dirigió en unos días al Elba, decidido esta vez a atacar a Juan Federico en su campamento de Meissen. Juan Federico ya había partido en dirección a Mühlberg. Fue perseguido. El descubrimiento de un vado –más tarde, una piadosa leyenda dijo que había sido un milagro– le permitió atravesar el río sin que se enterara el sajón que, atacado al fin por su primo, creyó que no se trataba más que de una vanguardia. Le hizo frente y se halló cercado. «No fue una batalla, fue una llegada por una parte y un derrumbamiento por la otra.»

Ese 24 de abril de 1547, la victoria era completa. El Emperador no había perdido más que diez hombres. Dominó lo mejor que pudo el furor de los húsares húngaros de Fernando que, gritando «¡España!» (pues no les gustaba el Imperio), empezaban a matar alemanes, sus enemigos jurados.

Ese día, Carlos V no vestía de negro. Sobre su armadura brillaban el rojo y el oro, sus colores de Borgoña. Dijo:

—Vine, vi y Dios triunfó.

XXV. HABRÁ GUERRAS DE RELIGIÓN
(1547-1549)

Hecho prisionero por los húsares, Juan Federico fue llevado ante su vencedor:

—Muy poderoso y muy gracioso Emperador, soy vuestro prisionero.

—¡Ah! ¿Me llamáis Emperador ahora? Hace poco tiempo os dirigíais a mí en otros términos.

Juan Federico perdió su fortaleza de Wittenberg y su electorado fue transferido a Mauricio de Sajonia, mientras que el duque de Brunswick recuperaba sus Estados. Episodio significativo de esas luchas más familiares que religiosas: ambos príncipes jugaban juntos al ajedrez cuando el sajón se enteró de su condena a muerte. No por eso dejó de jugar tranquilamente la partida. Carlos lo indultó, pero, como se negó a abjurar, lo mantuvo en cautividad.

No aceptó la mediación de Mauricio de Sajonia en favor de su suegro Felipe de Hesse, que acudió a retractarse públicamente, no recibió el perdón y también quedó prisionero.

—¿Hasta cuándo? –preguntó su yerno, irritado.

—Hasta que yo esté seguro de su comportamiento futuro.

En ese mismo tiempo, los Estados de Bohemia se entregaban a la clemencia de su rey. Fernando les impuso condiciones rigurosas. Deseando que los pueblos se entremezclasen, obligó a la nobleza checa a ceder una parte de sus bienes a señores austríacos. De entonces data un rencor que duraba aún en 1918.

Salvo la ciudad de Bremen, que era obstinada, Alemania entera estaba por primera vez sometida a César, aunque el descontento de Mauricio de Sajonia y su fidelidad al luteranismo fuesen obstáculos insuperables para la creación de una Liga imperial (Reichsbund) unificadora. En Baviera también se oponían a ello los ultracatólicos.

Por suerte, el Sultán permanecía en calma. Francisco I había muerto el 31 de marzo, suspirando:

—Señor, ¡cuánto pesa esta corona que yo creía que me habíais entregado como un don!

Se piense lo que se piense de la importancia del factor humano en la historia, su desaparición después de la de Enrique VIII iba a tener repercusiones profundas, modificar muchas cosas.

Desde el año anterior, la «crisis» que había disminuido considerablemente el tributo de las Indias acabó y de nuevo las minas fabulosas sacaban a la luz grandes riquezas.

Tenemos a Carlos V en la cima de su gloria y más poderoso que nunca, incluso después de Pavía. En esa época sólo pensaba en volver a poseer Borgoña. Era el sueño de un muchacho. Enfermo y precozmente envejecido, alimenta una ambición de mayor alcance. Ha visto, ve, que la Europa cristiana se disloca lo mismo que se había dislocado el Imperio romano, ve que el individualismo de las naciones y el de los pensadores socavan un orden que él ha recibido el encargo de preservar, ve una decadencia de los valores espirituales, que anuncia grandes males para la humanidad. No se siente deslumbrado ni por los descubrimientos, ni por el prestigio de la Antigüedad, ni por los progresos de la razón y de la ciencia, ni por las magnificencias tan del gusto de los príncipes. No anhela el placer.

Sin creer a ciegas en el mito de la tradición, desea llevar a sus fuentes a un mundo desnortado, devolverle la unidad perdida. No piensa en la monarquía universal como en un medio de opresión, sino como en un instrumento en manos de un regulador supremo. Se propone que sirva para esto la victoria con la que el Cielo le ha agraciado.

La enseñanza de la historia comete a veces el error de proclamar ineluctables los acontecimientos tal como se han producido. En 1547 no es en absoluto seguro que católicos y protestantes formen dos bloques que, en el nombre del mismo Dios, se entreguen a una lucha sin piedad.

Al menos Carlos rechaza esa fatalidad. No omitirá nada para colmar la brecha abierta en la Cristiandad.

No ha contado con el Papa. Paulo III, lleno de espanto por las consecuencias de la batalla de Mühlberg, se levanta de inmediato contra él. Envía a Francia, a Venecia, a los príncipes italianos, emisarios encargados de negociar la formación de una Liga antiimperial.

El 11 de mayo, uno de sus legados, el cardenal Del Monte, pretextando una epidemia imaginaria y la ausencia de los protestantes, anuncia que el concilio se traslada a Bolonia. El cardenal Pacheco y los prelados hispanoportugueses se oponen en vano. El Papa dispone de la mayoría que lo aprueba.

El Emperador se entrega a una terrible cólera, prohíbe a sus partidarios que vayan a Italia. Escribe a su hermano que, si el Papa no cambia de actitud, convocará él mismo otro concilio que reformará severamente la Iglesia sin consultarlo.

Envía a Roma una protesta solemne.

Pero la acción de la Santa Sede ya ha reanimado la hostilidad de Francia. El nuevo rey Enrique II ha confiado el gobierno al Condestable, que sigue siendo partidario de la paz, pero también está bajo la influencia de los Guisa, el duque Francisco, hijo de Claudio, y su hermano Carlos, esos loreneses devoradores a quienes protege Diana de Poitiers. Frente al inmovilismo de Montmorency, los jóvenes encizañadores representan el movimiento, el amor a la gloria y a las conquistas. Enrique II, espíritu fantasioso y limitado a la vez, prendado por las hazañas de los paladines y ahora enemigo de Carlos, los escucha gustoso a pesar de las advertencias de su mentor.

El Papa se ha apresurado a conceder el capelo de cardenal a Carlos de Guisa, la Rosa de Oro a Catalina de Médicis y perlas admirables a Diana de Poitiers. Primer resultado: Enrique II exige al Emperador que vaya a rendirle homenaje en su consagración, en calidad de conde de Flandes. El Emperador responde que irá al frente de cincuenta mil hombres.

No se preocupa demasiado, pues los ingleses todavía no han evacuado Boulogne y, sobre todo, Veltwick ha conseguido sus objetivos. Una tregua de cinco años ha sido firmada entre César y el Gran Señor. La Dieta puede reunirse en Augsburgo el 1 de septiembre. Su Majestad se compromete a convencer a los protestantes para que vayan a Trento, donde ha quedado un cierto número de Padres conciliares. Desea que, mientras tanto, los cristianos vivan en paz. Los príncipes acceden, pero no el Papa.

De inmediato sufre las consecuencias. Su hijo Pedro Luis Farnesio, que se ha hecho notar por sus exageradas recaudaciones, muere asesinado en el castillo de Piacenza. Al día siguiente, Fernando de Gonzaga ocupa la ciudad y compra a los rebeldes que han cometido el crimen por instigación suya. El Emperador ratifica su tratado, confisca la plaza. Es la ruptura completa con Roma.

Loco de rabia y de dolor, Paulo III llama a los franceses en su ayuda. En el Louvre no faltan gentes ávidas de ver que se reanudan las guerras de Italia: Catalina de Médicis, que reivindica Toscana, herencia de sus padres; Diana de Poitiers, deseosa de vender a la Santa Sede el marquesado de Crotona, que había sido propiedad de sus antepasados; los Guisa, impacientes por procurarse un principado al otro lado de los Alpes. Se encuentran además en la Corte numerosos *fuorusciti*, es decir, refugiados jefes en otro tiempo del partido francés en Milán, Génova, Nápoles, Florencia.

El cardenal de Guisa, enviado a Roma en calidad de embajador extraordinario, tiene la firme intención de prender fuego a la pólvora. Por suerte, el rey no siente como su padre la fascinación de Italia y el Condestable está dispuesto a salvaguardar la paz. El dogo, cuyo odio a los loreneses le agudiza la astucia, se comporta como un zorro y maniobra tan bien que la política de sus rivales no puede prosperar. El cardenal De Bellay parte, a su vez, con el fin de ejercer una mediación.

El descendiente de los Reyes Católicos ya no tiene miramientos con la Santa Sede. Ordena a sus representantes que se dirijan al Papa en términos insolentes, trata a los nuncios de manera ultrajante. Para salvar la unidad, César va a sustituir al pontífice, atribuirse directamente un poder eclesiástico como el de los emperadores romanos en los primeros tiempos del Cristianismo.

* * *

Esto era llegar más lejos que Enrique VIII, cuya excomunión él mismo había reclamado, pero en sentido contrario. Bien lejos de preparar un cisma, lo que quería Carlos era servir, a pesar de ella, a una Iglesia a la que se sentía estrechamente ligado. No prestó oídos a los príncipes alemanes que le aconsejaban que presidiera el concilio, que en éste se aceptaran los principios esenciales de la Reforma, luego que entrara en Italia frente a su ejército y obligara al Papa a someterse. ¡Y Paulo III había llegado a solicitar la alianza del Sultán!

En el año que pasó en Augsburgo, el Emperador estuvo con frecuencia enfermo de gota y con fiebres. Redactó un testamento suplementario con miras a su hijo, al que recomendaba que nunca renunciara a Borgoña, «nuestra patria». Aunque estas palabras estaban escritas en español, ni España, con la que ahora sentía afinidades tan profundas, ni esa Alemania a la que trataba apasionadamente de unificar, habían podido borrar de su espíritu la imagen de los Grandes Duques de Occidente.

Carlos pensaba también en su herencia imperial, que habría querido transmitir a Felipe después de la muerte de Fernando, su sucesor designado. La corona pasaría después al hijo de éste, el archiduque Maximiliano. Así, las dos ramas de los Habsburgos se apoyarían siempre. María de Hungría fue encargada de sondear al rey de Romanos acerca de este delicado problema.

Todo esto no impedía a César meterse en teología. Asistido por eminentes doctores, sobre todo por el humanista Julio Pflug y el obispo Helding, buscaba la fórmula adecuada para salvar la integridad de la fe haciendo a los protestantes concesiones tan amplias como fuera posible.

Seguía en pie el principio de un concilio que se pronunciaría en última instancia y ante el cual todos tendrían que inclinarse. Como no se habían dado las condiciones para este arbitraje, el Emperador fijaba por su propia autoridad un *modus vivendi* provisional. En sus Memorias emplea ese término, que pronto sustituyó por el de *Ínterim*. Es notable que, al publicar el 30 de junio de 1548 la ordenanza de ese famoso *Ínterim de Augsburgo*, el campeón de la universalidad se vio obligado, a pesar suyo, a aplicar el funesto principio de sus adversarios *Cujus regio, ejus religio*, que forzaba a los súbditos a seguir los preceptos de su soberano. Así era de irresistible el empuje del nacionalismo.

El *Ínterim* imponía al Imperio el respeto de los dogmas católicos y de sus ritos, sobre lo cual velaría la autoridad temporal. En compensación, admitía la comunión bajo las dos especies, el matrimonio de los sacerdotes y modificaciones a la doctrina de la «justificación por la fe», lo cual iba en contra de las decisiones ya tomadas en Trento. El Papa protestó inmediatamente: una autoridad laica no podía enmendar los decretos de un concilio.

No obstante, Carlos creía haber ganado, haber traído a los protestantes al seno de la Iglesia a la cual le obligaría a que se reformara. Y en efecto, en Augsburgo ambos partidos aceptaron milagrosamente el *Ínterim*. ¿Era la solución del gran debate abierto desde hacía treinta años? Un católico intransigente de Baviera, el doctor Leonhard von Eck, fue el primero que se rebeló en nombre de la fe. Al mezclarse en esto la política, de pronto los príncipes católicos sintieron miedo de la centralización imperial. Rechazando ceder en nada, declararon que el *Ínterim* debía ser aplicado a los protestantes y no a ellos.

Naturalmente, los reformados se irritaron a pesar de los esfuerzos de Melanchton. La intervención de tropas españolas en Constanza, donde habían estallado disturbios, envenenó las cosas. Un *Ínterim de Leipzig* fue opuesto al de Augsburgo. Carlos veía que sus esfuerzos fracasaban. Habría guerras de religión.

Los historiadores han criticado con frecuencia la política de este período crucial para la paz ideológica de Europa. Se le ha acusado de tiranía y de compromiso, de obstinación y de versatilidad, de intolerancia y de sutileza, de inercia y de precipitación. Se ha opuesto abusivamente la actitud del joven novato enfrentado a Lutero en 1520 a la del soberano resabiado por la experiencia en 1548.

Hay que admitir que, ante las ambiciones y la codicia de los príncipes, del fanatismo de los doctrinarios, de las veleidades pontificias, el Emperador fue el único que mantuvo sin desviación su voluntad de conciliar y de unir. Pero el viento de la historia no soplaba en la dirección que había escogido.

Muy al contrario, dos acontecimientos marcaron la victoria de la agresividad y del racismo. Primero, la fundación de la Compañía de Jesús, cuyas Constituciones en su forma definitiva había aprobado Paulo III. «Equipo volante al servicio de la Cristiandad», es decir, instrumentos de lucha del catolicismo, los jesuitas, bajo el mando de Ignacio de Loyola, iban a intensificar la lucha contra la Reforma. Hay que señalar que Carlos no les autorizó a instalarse en los Países Bajos.

En España, el frente «cristianoviejo» (ahora diríamos «integrista»), aprovechando que el soberano estaba absorbido en Alemania, rompía la barrera que levantaba ante sus excesos. Su antiprotestantismo tomaba aires de cruzada y su odio a los judeocristianos, los «conversos», se manifestaba abiertamente.

Esos judeocristianos, descendientes de los judíos que habían preferido la conversión al exilio, ocupaban puestos importantes incluso en la Iglesia. Francisco de los Cobos, encargado de los asuntos españoles en el Consejo imperial, era uno de ellos. Cuando la sede del arzobispo de Toledo, primado de España, quedó vacante, se opuso en vano al nombramiento del preceptor del infante, Silíceo, hombre de origen muy modesto, tan notable por su ascensión social como por su espíritu intolerante y rencoroso. Como un precursor de los tiempos modernos, era enemigo mortal de los judíos más por motivos raciales que religiosos. El deseo de vengarse de Los Cobos hizo el resto. El 23 de julio de 1547, habiendo Roma cometido la imprudencia de conceder una canonjía a un converso, él propuso a su capítulo un estatuto llamado más tarde *de la Pureza de Sangre*. El estatuto fue adoptado.

Conviene subrayar, como lo han hecho Sicroff y Pierre

Chaunu, que esta noción de pureza de la sangre procedía del pueblo. «Mirad, Sancho, que es la nobleza de quienes no poseen nada, pero que, merced a la pureza de sangre, pueden situarse en un rango aceptable... Iba a adquirir carácter de revolución social en la que, con el pretexto de la pureza de la sangre, se impugnarían las posiciones y los privilegios de que gozaban los nobles en virtud de su nobleza.»

En el capítulo de Toledo, los judeocristianos trataron de oponerse. El deán Del Castillo fue su portavoz. Estalló una violenta polémica y finalmente este asunto fue llevado ante el Emperador. Ni él ni el Papa, excepcionalmente de acuerdo, avalaron a Silíceo, pero tenían otras preocupaciones y ese movimiento fue extendiéndose. Proliferaron los estatutos en todas las Españas, «fraccionaron la sociedad en una infinidad de cuerpos replegados en forma de perniciosa desconfianza». Poco a poco la bloquearon dándole como estandarte «la dignidad exclusiva de la raza». Cuando Felipe sucedió a su padre consagró esa deplorable ética, que iba a ser una de las causas mayores de la decadencia española.

Si bien Carlos no pudo combatirla, al menos no la aprobó nunca. Unos años antes había intentado limitar el poder de la Inquisición, quitándole su competencia cuando se trataba de monjes o de sus propios familiares. Quería someter el Santo Oficio al clero. Por desgracia, lejos de apoyarlo, el clero lo atacaba, sobre todo cuando tenía necesidad de dinero. Entonces Carlos lo abandonó a la Inquisición a la que la teoría de la Pureza de Sangre abría un nuevo campo de acción.

¡Qué cansado y desengañado se encontraba cuando una vez más descendía el Rin para dirigirse a los Países Bajos! Y esa gota que lo atormentaba ferozmente y el asma y las indigestiones, pues no renunciaba a sus excesos en la mesa. Ya iba siendo tiempo de preparar su sucesión.

¿Y el *Ínterim*? El Papa había considerado las consecuencias de la mala fe de los príncipes católicos. Incapaz de desprenderse de su familia, propuso un regateo. Si Octavio Farnesio, sucesor de Pedro Luis como duque de Parma, recobraba Piacenza, Su Santidad se emplearía en convencer a los recalcitrantes.

Carlos, exasperado, rechazó esa oferta. Puesto que su buena voluntad chocaba con obstáculos continuamente, no la manifestaría ya a nadie. Los protestantes habían aceptado el *Ínterim*, tenían que respetarlo, incluso si habían sido engañados por los católicos. Con éstos ya se arreglarían cuentas más adelante. ¡En Alemania y en otras partes! Paulo III estaba muy viejo, también él agotado. Suspendió de nuevo el concilio y finalmente reconoció el *Ínterim*.

Carlos pudo ponerse a pensar en el futuro de su dinastía y de sus Estados.

* * *

Ambos hermanos, Carlos y Fernando, el borgoñón convertido en español y el español convertido en austríaco, siempre se habían llevado bien salvo cuando se trataba de saber si los recursos del Imperio tenían que ser dedicados a las guerras de Francia e Italia o a la lucha contra los turcos. La cuestión sucesoria vino a alterar sus relaciones, pues el rey de Romanos no era en absoluto partidario del complicado proyecto de su hermano.

Ana Jagellón y él formaban un matrimonio feliz. Sus quince hijos, aunque sujetos a la rigidez de la etiqueta, habían recibido una excelente educación. Se temblaba ante la posibilidad de verlos contaminados por la herejía. Y no sin razón. La nueva religión se infiltraba por todas partes. Un día descubrieron que el archiduque Maximiliano contaba entre sus preceptores un amigo y discípulo de Lutero y se tomaron medidas dacronianas. Fue demasiado tarde. El espíritu rápido, despierto, del joven príncipe había recibido el germen revolucionario.

Maximiliano era un muchacho inteligente, jovial, amable, ávido de vivir y conocer. A sus dieciséis años lo mandaron al lado del Emperador, a quien no le gustó mucho su fantasía y su independencia sin conseguir sujetarlas. Acostumbrado a la libertad relativa de la Corte austríaca, Maximiliano no se tomó la molestia de ocultar su aversión hacia el entorno negro y rígido de su tío.

¡Qué contraste entre este impetuoso adolescente y los infantes españoles! Carlos había querido ser español y sus hijos lo eran al extremo a pesar de sus cabellos rubios y sus ojos azules. Se admiraba la fe, la gravedad, el monolitismo intelectual de Felipe. Su hermana mayor María nos es conocida por el retrato debido al pincel de Antonio Moro. Tenía la finura de su madre y es una lástima que la terrible mandíbula habsburguesa haya destruido la armonía de sus rasgos. Su mirada refuerza el formidable orgullo de su estirpe, su conciencia de pertenecer a una especie casi sobrenatural. Ningún encanto se desprende de esta joven altiva y severa. Lo mismo que su hermano, ella tenía una piedad huraña. El catolicismo en su forma más exaltada fue su único ideal, el único horizonte de su vida.

Así pues, todo la distanciaba de su brillante primo. Empeñado en su intención de entremezclar las dos ramas de su Casa, el Emperador decidió no obstante casarlos. Fernando, no del todo satisfecho, no pudo hurtarse a este honor. Con el fin de dar a la infanta un título digno de ella, aceptó otorgar inmediatamente a su hijo el de rey de Bohemia, aunque conservando el gobierno del país. Pero no reconoció los derechos de Felipe a la corona imperial.

Maximiliano estaba furioso. No le convenían ni una esposa española ni una realeza ilusoria. Quiso olvidar sus contrariedades entre las diversiones de Augsburgo, pues la Dieta encargada de salvar el cristianismo era la más alegre del siglo. El archiduque se divirtió con rabia. Cuando el Emperador se marchó de la ciudad, casi hubo que forzarlo a reunirse con su novia en España, a la que se había informado cuando ya estaba todo decidido.

Después de un viaje muy incómodo, el matrimonio fue celebrado en Valladolid el 14 de septiembre de 1548. No fue consumado hasta comienzos del año siguiente, cuando el archiduque superó por fin sus pocas simpatías. Pero no las superó nunca con su cuñado, cuyas relaciones fueron desde el principio desastrosas. El plan del Emperador, la fusión de las dos ramas, parecía quimérico. Pero su realización siguió adelante. El joven matrimonio recibió la regencia de España, mientras que Felipe se embarcaba para los Países Bajos. El Emperador deseaba presentar su hijo a las provincias sobre las que un día iba a reinar.

Había desatado los lazos que unían a algunas de ellas con el Imperio, de manera que constituyeran un verdadero Estado «indivisible y no fraccionable», que *de facto* estaría incorporado a España cuando los Estados Generales aceptaran a Felipe como su futuro soberano. Prudente medida de unificación, que a fin de cuentas iba en el sentido del nacionalismo. La corriente era irresistible.

A pesar de las ejecuciones de Gante, a pesar de las enormes sangrías de dinero, los Países Bajos conservaban todo su afecto al bisnieto de Carlos el Temerario. La popularidad de la regente era igualmente grande. Y por ello la decepción ante la aparición del infante fue más viva.

Imagen ya perfecta de la altivez, del hieratismo y de la mentalidad de los españoles, Felipe poseía un temperamento que se situaba a una distancia sideral del temperamento flamenco. Nada había en él de «atractivo ni de juvenil». Su padre no hablaba español cuando puso el pie en el país de los Reyes Católicos y lo había padecido. Él no hablaba francés y menos aún el *thiois*. No quiso recibir más que a los señores que sabían expresarse en español. A esta causa de incomprensión se añadió su horror al vino y a las canciones que se entonaban en las fiestas borgoñonas. Este descendiente del Temerario no se cansaba de ir tras las procesiones, pero en cambio se desmayó en el primer torneo al que asistió. ¡Qué príncipe era ése!

El Emperador quiso forzar al destino. Sobreponiéndose una vez más a la gota inexorable, emprendió un largo viaje por las provincias en compañía de su hijo, de María de Hungría y de la reina Leonor, que había abandonado Francia sin pesar. Fue un sufrimiento para el príncipe y una penosa experiencia para la nobleza y para el pueblo. Pero el prestigio de César se impuso. Los Estados Generales reunidos en Bruselas reconocieron a Felipe como heredero de los duques de Borgoña. Si hubiera estado menos apegado a ese hijo decepcionante o más bien a la ley de la sangre, Carlos se habría dado cuenta de que estaba juntando el agua con el fuego. Si hubiera sustituido a Felipe por Maximiliano, habría evitado grandes desgracias, ahorrado miles de vidas.

No es verdad que la historia sea indiferente ante los caracteres de algunos hombres. A menos que un poder misterioso no modele precisamente esos caracteres de manera que facilite la marcha de la historia.

XXVI. LA CERCANÍA DE LA MONARQUÍA UNIVERSAL
(1549-1551)

Aunque capituló sometiéndose al *Ínterim*, Paulo III no dejó de actuar hasta el fin contra el Emperador. El 10 de noviembre de 1549 murió de pena por culpa de Octavio Farnesio, que alimentaba ambiciones desmesuradas traicionando a todo el mundo y luchaba contra su hermano Horacio, duque de Castro.

El nuevo pontífice, ¿sería amigo de César o del Cristianísimo? De ello dependía el equilibrio de fuerzas y muchos otros asuntos, desde los más considerables hasta los más mezquinos. Francia podía contar con dos candidatos, el viejo cardenal Juan de Lorena y el cardenal de Ferrara, ambos tíos del duque Francisco de Guisa. Enrique II envió no menos de cuatrocientos mil ducados a su embajador Claudio de Urfé, para corromper al Sacro Colegio.

Carlos, sin dinero como siempre, habría estado claramente en condiciones de inferioridad si Montmorency no hubiera temido en grado sumo la elección de un Papa que engrandecería aún más a sus rivales. La religión parecía totalmente ausente del cónclave y, sin embargo, los cardenales estuvieron a punto de demostrar lo contrario: al cardenal inglés Reginald Pole, independiente de ambos partidos, le faltó un solo voto para el trono de San Pedro.

Después de esto, las intrigas se multiplicaron. Montmorency ordenó a los franceses que otorgaran sus votos a un adversario del cardenal de Ferrara, que parecía que iba a ganar, es decir, a un partidario de la Casa de Austria. Una torpeza de Ferrara acabó de perderlo.

En definitiva la tiara recayó sobre el cardenal Del Monte, que se había opuesto al Emperador ordenando el traslado del concilio, pero que le era favorable. Tomó el nombre de Julio III. Era un hombre inestable, irascible y sin embargo flexible, a veces indolente y a veces agitado, gran aficionado a la buena mesa. Se le achacaban malas costumbres. Pero, aun así, Carlos se mostró satisfecho. La desaparición de Paulo III le proporcionaba un gran alivio.

Quedaba su familia. Harto de las artimañas de Octavio, el Emperador incitó al Papa a que le quitara el ducado de Parma. Octavio llamó en su ayuda a Francia y Enrique II, alentado por los Guisa, se declaró de inmediato su protector. Julio III se encolerizó tanto que la Iglesia de Francia estuvo a punto de separarse también de la Iglesia universal. Estalló una pequeña guerra que perjudicó a las poblaciones y a las finanzas del Emperador, cuyas tropas ocuparon el ducado.

Montmorency pudo evitar que el conflicto se extendiera. Persistiendo en su antiguo propósito, buscaba acercar su señor a aquel que, cuando era delfín, tanto había admirado. Carlos puso fin a las habladurías exigiendo la evacuación previa de Piamonte.

Su atención no estaba entonces puesta en eso. Todas sus esperanzas acababan de renacer, pues había conseguido de Julio III la reanudación del concilio de Trento, la participación de los luteranos y sobre todo la «reforma cristiana» de la Iglesia. Si por una extraña contradicción no se hubiera mostrado tan intolerante en los Países Bajos como comprensivo en Alemania, si no hubiera obligado a la regente a entregar los protestantes a la hoguera, el Habsburgo habría podido ser el árbitro, si no un moderador, frente al Valois ferozmente encarnizado contra los reformados. Enrique II consideraba a la herejía como un mal endémico, individual, análogo a los crímenes de derecho común, mientras que Carlos seguía fijo en la idea de que sus adeptos volvieran a una Iglesia purificada.

En París ardían espantosos autos de fe. Cinco protestantes fueron quemados y tres estrangulados en uno de ellos, que tuvo lugar en presencia de la Corte. Carlos podría esperar que los príncipes luteranos de Alemania no osarían ya buscar la alianza con quien martirizaba tan cruelmente a los suyos.

A comienzos del año 1550 estaba en la cima de la grandeza humana. Por primera vez, desde la lucha secular de los pontífices y de los Césares germánicos, triunfaba tanto en el plano espiritual como en el temporal, reunía en su mano las dos espadas. El mismo Carlomagno no lo había conseguido. El rey de Polonia se casaba con una hija de Fernando. El zar Iván el Terrible esperaba del Papa una corona. Inglaterra, presa de luchas intestinas bajo un rey de diez años, perdía su importancia. Si no fuera por Francia, difícil de asimilar, la monarquía universal habría estado al alcance de la mano. Pero este poder aplastante seguía siendo singularmente frágil.

Su principal debilidad provenía, evidentemente, de la de sus recursos. El Consejo español de las finanzas elaboraba con todo secreto informes en los que comparaba los ingresos con los gastos. Por desgracia, no conocía bien los primeros, con frecuencia gravados por antiguas deudas, ni los segundos, imposibles de prever por su multiplicidad. De todas maneras, el déficit era enorme, el Emperador pedía empréstitos todos los años: dos millones doscientos setenta mil ducados en Francia antes de la campaña de 1544, un millón ochocientos mil ducados antes de la de Alemania en 1547. Vivía de sus deudas, los banqueros seguían prestando con el fin de salvaguardar sus antiguos créditos que el mismo pago de los intereses impedía que fueran devueltos. El sistema apenas si había cambiado desde el comienzo del reinado. El Emperador se irritó mucho cuando su hija María se atrevió a reclamarle los trescientos mil escudos de la dote prometida.

Los Países Bajos, que eran la principal fuente de riqueza, ya no podían más y María de Hungría se negaba a presionarlos. Apenas si les quedaba con qué tener asegurada su propia defensa. La regente disuadía a su hermano de que apareciera por Bruselas, a menos que pagase, lo cual costaría trescientas mil coronas. No era cuestión de eso y Su Majestad se quedó en Alemania.

El otro *El Dorado* era el Nuevo Mundo. ¡Pero a qué precio! En México, la población había pasado de veinticinco millones de almas en 1518 a seis millones en 1548. En Perú se asistía a un fenómeno semejante. En el conjunto de la Nueva España, unos cuarenta mil colonos hacían trabajar a

285

ocho o nueve millones de indios cuyas enfermedades y los malos tratos iban a impedir que aumentara la producción.

Carlos no era culpable de ese estado de cosas. En 1542, por instigación de Las Casas, había promulgado las «Nuevas Leyes» destinadas principalmente a liberar a los indios de la autoridad directa de los conquistadores propietarios. Otro religioso, Francisco de Vitoria, lo incitó a definir el estatuto jurídico de los indígenas, a quienes les fueron reconocidos un derecho sobre su país e incluso privilegios. El rey de España, o mejor, de Castilla se convirtió en rey de los indios, a quienes gobernaba según sus leyes limitándose a pedirles el pago de un tributo. Era, al menos en principio, hacerlos independientes de los colonos y someterlos a una única administración.

Había sido creado efectivamente un Estado, establecidos dos virreinatos, el de la Nueva España (México) y el de Perú. Lo esencial del poder pertenecía a la Audiencia, especie de Parlamento del que dependían los funcionarios. Sus miembros procedían de las universidades españolas. Carlos formó siete para controlar los dos millones de kilómetros cuadrados de su imperio de ultramar. La de Santo Domingo existía desde 1511.

Las Nuevas Leyes señalaban el fin de la Conquista. Pero no pudieron evitar una lucha tremenda entre los beneficiarios de esa conquista y los miembros liberales del Consejo de Indias, de manera que los indígenas tardaron mucho tiempo en disfrutar de sus beneficios. Mientras que misioneros franciscanos soñaban secretamente con construir, gracias a ellos, otra Cristiandad «conforme al reino del Espíritu», un Estado indio y cristiano no hispanizado[1].

Se produjeron choques violentos cuando el Emperador tuvo la idea de romper el monopolio español enviando a México colonos flamencos. Éstos fueron asesinados u obligados a marcharse y Las Casas, ofendido, se comportó en adelante casi como un rebelde. Para restablecer la situación, Carlos envió un teólogo de Salamanca, Pedro de la Gasca, que obtuvo tal éxito que a su regreso pudo llevar dos millones en oro, una ganga inesperada.

---

[1] Cf. Georges Baudot, *Utopie et Histoire au Mexique*.

César victorioso se veía así reducido a debatirse con sus cuentas. En el umbral de la monarquía universal padecía las angustias de un burgués amenazado por la quiebra. Sin duda no tenía aún conciencia de un drama económico peor que el drama financiero. Bajo los Reyes Católicos, Castilla, sin ser próspera, poseía una industria principalmente textil. Las exportaciones de lana a Flandes habrían podido tomar incremento, tanto mayor cuanto que ambos países tenían el mismo soberano. El descubrimiento de América destruyó todo eso. Mientras *El Dorado* atraía a los hombres emprendedores en busca de aventuras y de tesoros, se creaba una necesidad de productos manufacturados que provocaba una inflación galopante.

En el momento de su matrimonio, Carlos había entregado el comercio de las especias a Portugal. El oro y la plata eran, pues, el único tributo de las Indias. Fueron considerados como una riqueza absoluta que no debía ir a los extranjeros y las Cortes exigieron la prohibición de exportarlos. Carlos prometió hacer respetar esta medida, pero se guardó de respetarla él mismo. Sus banqueros alemanes, italianos, flamencos recibieron como pago licencias que les permitían el tráfico de metales preciosos.

La fijación autoritaria de los precios, de los gastos suntuarios, la importación sistemática de productos de consumo corriente, la condena de la usura cuando los bancos de Sevilla estaban obligados a prestar a la Corona y por lo tanto a quebrar, un contrabando organizado que en una ocasión malversó hasta el 90% de un cargamento americano, la persecución de los moriscos y de los conversos, acabaron de descomponer la maquinaria. Los países extranjeros descubrieron pronto los medios de explotar esta situación paradójica del reino, virtualmente el más rico del mundo, que estaba preparando metódicamente su propia ruina. La excusa de sus dirigentes era que tenían que resolver sin la menor preparación problemas absolutamente nuevos. Las ciencias económicas no existían aún.

Si por un lado España se deterioraba, por otro Alemania rugía. Católicos o protestantes, los príncipes no soportaban el absolutismo de César. Se le reprochaba que había dispuesto de los Países Bajos y del Milanesado con desprecio de la soberanía imperial. Se indignaban porque no veían a su alrededor más que consejeros borgoñones, flamencos, españoles. Los prisioneros Juan Federico de Sajonia y Felipe de Hesse cobraban imagen de mártires. Los Electores de Maguncia y de Colonia protestaron contra la presencia de tropas españolas en Alemania y contra la altivez de sus jefes.

A causa del aguijón de la gota, Carlos perdía cada vez más esa frialdad marmórea que había sido una de sus armas. Respondió con violencia que había dedicado seis millones de ducados a los asuntos de Alemania y que el Imperio no había aportado ni la décima parte. ¡Y había venido a quejarse de los españoles y de los flamencos cuyas riquezas habían permitido restablecer el orden!

Estas palabras fueron de poco agrado para los príncipes. Bremen seguía estando en estado de rebelión, los protestantes entraron en Magdeburgo. Carlos no se preocupó demasiado. ¿Acaso no tenía ahora un campeón valiente y fiel, ese Mauricio de Sajonia que tanto le debía? El joven elector montaría la guardia mientras él solventaba la cuestión pendiente de la sucesión. Fernando y María de Hungría intercambiaban sobre este asunto una abundante correspondencia, pero sin resultado.

* * *

Habiendo puesto a Magdeburgo al margen del Imperio y encargado a Mauricio de ejecutar su edicto, Carlos fue a Augsburgo, donde había convocado la Dieta. Llegó el 8 de julio en compañía de su hijo y de su hermana. Subiendo el Rin fue cuando empezó a dictar sus Memorias a su secretario Van Male.

Granvelle murió el día 21.

—He perdido mi alma –exclamó el Emperador, desesperado.

Era, en efecto, una gran pérdida cuando los asuntos de familia iban a complicar gravemente los asuntos públicos. El obispo de Arras, hijo del fallecido, lo sucedió.

La Dieta se celebró pacíficamente. En cambio, la disputa

de los Habsburgo tomó proporciones inusitadas. El rey de Romanos había llegado a Augsburgo. Carlos se esforzó por hacerle aprobar el memorándum destinado a demostrar que Felipe sería, después de él, el mejor Emperador posible. ¿Cómo se defendería Alemania contra Francia sin los Países Bajos, cómo podría ser defendida Italia sin los soldados alemanes?

A pesar de los buenos oficios de María de Hungría, Fernando no quiso saber nada. La discusión llegó a ser tan viva entre los dos hermanos, que Carlos decidió interrumpirla durante un mes. Cuando se reanudó, el rey de Romanos, a quien apoyaba María, se negó a tomar ninguna decisión en ausencia de su hijo. Así pues, Maximiliano fue llamado de España.

Mientras se le esperaba, se conoció el éxito de Mauricio de Sajonia ante Magdeburgo. El Elector había atacado, vencido, desarmado a las tropas rebeldes cerca del monasterio de Verden, tropas probablemente reclutadas con dinero francés. Curiosamente, Mauricio las enroló inmediatamente por cuenta propia. Esto no perjudicó en nada a la confianza del Emperador. Él, que era tan suspicaz, estaba convencido de la lealtad del príncipe cuyo entusiasmo y temeridad lo habían conquistado. Lo llamaba su amigo, título que no prodigaba. ¡Ojalá Felipe se le pareciera! Ahora Mauricio había puesto sitio a Magdeburgo: tenía la intención de apropiarse la ciudad como se había apropiado los soldados.

A todo esto, Maximiliano se apresuraba a abandonar España, su ceremonial, sus monjes, sus autos de fe y sus corridas. Estaba enfurecido contra Felipe, a quien no se proponía en absoluto cederle la corona y, al llegar a Augsburgo, se negó a verlo. Era cosa muy grave. ¿Se iría a romper la unión de la Casa de Austria? El Emperador, alarmado, llamó a su hermana, que se había ido a los Países Bajos. La regente hizo el viaje de Binche a Augsburgo en un tiempo récord: apenas doce días.

La disputa volvió a empezar. Carlos se obstinaba tanto más cuanto que Maximiliano apenas si disimulaba su simpatía hacia los luteranos. Creía que iba a «reventar de rabia» ante las reticencias de su hermano, que capituló finalmente pensando que los Electores se encargarían de cerrarle el camino a Felipe. ¿Cómo iban a preferir ese infante, que les desagradaba en grado sumo, a un archiduque profundamente germánico? Felipe no tuvo más éxito en Alemania que en los Países Bajos.

La negociación llegó aparentemente a un acuerdo el 9 de marzo de 1551. Fue firmado un Pacto de Familia. En cuanto fuera Emperador, Fernando nombraría a su sobrino Vicario Imperial en Italia, pediría que fuera elegido rey de Romanos y le daría en matrimonio una de sus hijas. Maximiliano sería rey de Romanos cuando Felipe fuera a su vez Emperador. El archiduque no quiso firmar. Hubieron de contentarse con su palabra. En cuanto a los Electores, manifestaron de inmediato su descontento.

Carlos acababa de cometer un enorme error sobre el que los historiadores se han interrogado mucho. Ciertamente, la existencia de un eje España-Países Bajos-Alemania podría parecer indispensable para mantener el inmenso imperio habsburgués, pero el contraste entre los pueblos, la personalidad del hombre llamado a unirlos, hacían irrealizable la supervivencia de un estado de cosas que provisionalmente había hecho posible el prestigio, la tenacidad, el incansable esfuerzo del nieto de los Reyes Católicos.

El Pacto de Familia, lejos de consolidar el extraordinario edificio, comprometía seriamente su equilibrio. Dividía la dinastía, pues Fernando hallaba especialmente amarga esa recompensa a su fidelidad y, de rebote, creaba un lazo de unión entre los príncipes de Alemania, que también estaban recelosos viendo surgir en su territorio, merced a un tosco artificio, el espectro de una monarquía hereditaria.

Los embajadores venecianos advirtieron sin tardar esta reacción: «Todos los príncipes germánicos son generalmente contrarios a la grandeza de César», escribía Sanuto. Y Cavalli: «No se puede estar en peores relaciones que él con Alemania. Ha hablado con sus amigos y con sus enemigos y he visto que todos se quejan por igual de Su Majestad».

¿Cómo se explica ese paso en falso? ¿Quizá por la enfermedad? Carlos sentía que se acercaba su fin y deseaba en cierto modo quemar etapas, violentar el futuro de una manera absolutamente contraria a sus métodos habituales. Sus sufrimientos físicos modificaban su carácter. En Innsbruck, donde se había instalado, se le veía pasar de la actividad febril a una extraña apatía y, en ambos casos, quedaba como prisionero de sus sueños.

El concilio iba a reanudarse el 1 de mayo. Esta vez, una enorme mayoría de los Padres –veintiocho italianos, veinticinco españoles, un húngaro– seguiría sus directivas, algunos protestantes habían prometido estar presentes. Carlos creía estar llegando a la meta. En el momento de unificar el conjunto de la Iglesia y el Imperio, se negaba a tomarse en serio la agitación de pequeños potentados a quienes creía haber sometido.

Hubo otra señal de su desorden mental, desorden que como siempre animaba a sus enemigos a hacer referencia a su madre. Por un lado se sentía satisfecho de llevar a los protestantes al redil, por otro se ponía a perseguirlos. En los Países Bajos, algunas mujeres habían sido enterradas vivas. Docentes alemanes fueron destituidos a causa de sus creencias, un hombre fue encarcelado porque, siendo habitante de Ulm, ciudad católica, había hecho bautizar a su hijo según el rito reformado. Una mujer padeció la misma pena porque había dicho al paso de una procesión:

—¿Es que Dios no ve con bastante claridad sin necesidad de todos esos cirios?

Se puso a Su Majestad en guardia. ¿Qué importancia tenían las habladurías? El concilio empezaba sus trabajos, los cuñados enemigos Felipe y Maximiliano habían salido juntos para España. A través de una especie de bruma, Carlos perseguía de nuevo sus quimeras. Volvía a pensar en la cruzada, soñaba una vez más con conquistar Constantinopla y Jerusalén.

Se le advirtió que Mauricio de Sajonia se había apoderado de Magdeburgo, se la había anexionado y enviaba emisarios al extranjero. ¡Qué locura! ¡Mauricio era casi hijo adoptivo del Emperador, garantizaba el orden en Alemania!

Otros informes anunciaron una pequeña sublevación en la Corte de Francia. Montmorency, enemistado con Diana de Poitiers, había perdido su preponderancia en el

Consejo. Ahora eran los Guisa quienes dirigían la política del rey, y los Guisa deseaban volver a abrir las hostilidades.

Dieron pruebas de ello rápidamente. Enrique II, con el pretexto del asunto de Parma, declaró la guerra al Papa, no sin hacer protestas de su sumisión a la Iglesia.

Carlos tuvo que reconocer que aquello era un preludio. El espejismo de la cruzada se desvanecía definitivamente. Por quinta vez volvía a empezar el duelo entre el heredero de Luis XI y el de Carlos el Temerario.

XXVII. EL CREPÚSCULO DEL SACRO IMPERIO
(1551-1553)

El rey de Francia declaró la guerra en el mes de septiembre de 1551, aduciendo su protesta después del tratado de Crespy, aunque este acto fue ya denunciado, y reivindicando los derechos abandonados por Francisco I sobre Flandes, Artois, Nápoles y Milán. Además se proclamaba defensor de las libertades germánicas así como de los príncipes prisioneros.

El 5 de octubre, Mauricio de Sajonia, maquinando una de las más grandes traiciones de un siglo que las había visto tan perfectas, se puso en conversaciones con él. María de Hungría se enteró y de inmediato se lo dijo a su hermano. Increíblemente ciego, el Emperador se negó una vez más a sospechar de ese querido muchacho. ¿Acaso no había dado éste una prueba evidente de su lealtad enviando teólogos protestantes al concilio? La falta de dinero sí era peligrosa. Los dos millones de oro de La Gasca se habían fundido como la nieve al sol a causa principalmente del asunto de Parma. ¿Dónde encontrar otros?

El concilio preocupaba igualmente a Carlos. Tal vez más que la guerra. Sin embargo los comienzos habían sido prometedores, la llegada inesperada del arzobispo griego de Tesalónica había suscitado grandes esperanzas. Ahora los Electores eclesiásticos solicitaban ya una suspensión, diciendo que la guerra iba a unir a franceses y protestantes. El mismo Papa se aprovechaba de la situación para rechazar toda reforma que pudiera privar a la Santa Sede de un solo ducado y hacía regresar a Roma a los prelados italianos. Carlos replicaba que impediría al concilio tomar ni una sola decisión en materia de dogma antes de la publicación de las reformas.

Mientras intentaba desesperadamente salvar su gran designio religioso, sus enemigos se concertaban. El Sultán aceptó unirse a ellos y el 15 de enero de 1552 el tratado de Chambord y luego el de Friedwald, entre Francia y los príncipes alemanes representados por Mauricio de Sajonia, preparaban un cambio cuyas consecuencias se prolongarían durante siglos. Otto de Habsburgo lo ha señalado muy bien: «fue la primera vez que un documento internacional ponía en primer plano el derecho de las nacionalidades; por eso mismo el Sacro Imperio iba a perder su razón de ser».

Los príncipes, al otorgarle a Enrique II el título de Vicario Imperial, le acordaban el derecho de apropiarse el obispado de Cambrai y de los tres obispados loreneses, Metz, Toul y Verdún. El motivo invocado era que los habitantes de esas cuatro ciudades hablaban habitualmente francés. Esto trastornaba las leyes del derecho feudal, creaba un principio absolutamente nuevo.

El rumor del acontecimiento no tardó en alcanzar las cancillerías. Solamente el Emperador, cuya testarudez enfermiza hay que relacionarla con algunos fantasmas de su madre, no hizo caso. Se preocupaba de Italia, donde Siena se había sublevado y donde el mariscal de Brissac había dado comienzo a las operaciones. Se preocupaba, sobre todo, de las disposiciones de su hermano.

En Francia, la expedición de Lorena desataba el entusiasmo. «Toda la juventud se evadía de su madre y de su padre para ir a enrolarse, la mayor parte de las tiendas se quedaban vacías de artesanos, tanto y tan grande era el ardor por ver las orillas del Rin.» Algunos historiadores creen ver en la nueva dirección que tomaba la política de los Valois un plan largamente madurado de extensión hacia el Este. Otros, que sostienen que esa idea era absolutamente anacrónica, sostienen que la Corte de Francia sólo se proponía «un viaje a las Alemanias».

Sea lo que fuere, se reunió un gran ejército a las órdenes del Condestable que, impaciente por volver a disfrutar del favor, pronunció ante el Parlamento una violenta requisitoria contra ese Emperador hacia el que iban su admiración y su afecto.

Admiración poco justificada en ese mes de marzo de 1552. En un momento en que se halla expuesto al mayor peligro, Carlos ni siquiera tiene tropas a su lado. Está inmóvil en Innsbruck, vigilando el concilio, tal vez imaginando aún su monarquía universal.

Y de pronto todo estalla a su alrededor. Enrique II marcha hacia Lorena, los turcos desenfrenados avanzan hasta Croacia, su flota unida a la de los franceses bloquea a Andrea Doria y devasta las costas italianas, los príncipes protestantes de Alemania lanzan un manifiesto. Recusan solemnemente un emperador que se vale de tropas extranjeras y confía los Sellos a flamencos, no seguirán estando «bajo el yugo de los españoles y de los sacerdotes de Roma».

¿Pero qué es lo que está haciendo el fiel Mauricio? Exige la libertad de su suegro el Landgrave de Hesse. Después de haberlo dudado, Carlos lo llama. El joven Elector se dirige hacia él al frente de sus tropas. Hasta el último momento no expone su intención. Proclama que acude con el fin de preservar las libertades religiosas y las tradiciones imperiales, acude a liberar a los prisioneros del tirano.

El 4 de abril, los protestantes entran en Augsburgo mientras María de Hungría envía una patética llamada a Fernando. Abrumado, enfermo, Carlos se deja llevar por el pánico bajo ese golpe. ¡No debe caer en manos de los rebeldes! El 6 de abril a medianoche sale del castillo de Innsbruck por una puerta secreta acompañado solamente de dos chambelanes y de tres servidores. Suben con dificultad a un caballo su cuerpo medio paralizado y comienza una loca galopada en medio de la niebla, bajo la nieve, a lo largo de rutas casi impracticables.

La pequeña tropa llega casi exhausta al paso de Ehrenberg. Allí se enteran –¡por suerte!– de que Mauricio de Sajonia avanza en sentido contrario y que no está lejos. Hay que volver riendas, regresar a galope tendido a Innsbruck. La aventura ha durado dos días. Por suerte nadie se ha percatado en el castillo. Creían que Su Majestad estaba enfermo.

La situación no deja de ser trágica, pues Mauricio alardea de que «atrapará al zorro en su madriguera», pero la Providencia se manifiesta de nuevo. No habiendo recibido su soldada, los lansquenetes del sajón se amotinan, durante tres días se niegan a avanzar. Tres días que van a permitir que Fernando intervenga. Paradójicamente, las peleas con su hermano le son útiles a éste, pues hacen que Mauricio tome la decisión de escuchar la oferta de mediación del rey de Romanos.

Ambos hombres se encuentran en Linz el 19 de abril, entablan conversaciones a lo largo de un mes. Mauricio consigue la promesa de que sus reivindicaciones serán satisfechas, los cautivos serán puestos en libertad. Una tregua será firmada después de una segunda reunión en Passau.

Mauricio quiso ese plazo para perpetrar otro golpe malvado. No renuncia a «atrapar al zorro» y se lanza hacia Innsbruck. Carlos no podría escapar. Todas las rutas están cortadas hacia los Países Bajos, hacia Alemania, hacia el mar. Y no obstante, el César acosado se le escapa entre los dedos. Advertido o siguiendo un presentimiento se marcha otra vez, atraviesa el Brennero en condiciones espantosas, sigue el valle del Drave, llega a Villach, en Carintia. Más tarde se le reprochará haber huido tan lejos. Y es que ésta es la única ocasión en que perdió el control de sí.

Mauricio ha fallado por cuestión de pocas horas. Le pregunta cínicamente a Fernando si su cita en Passau está aplazada y Fernando se apresura a tranquilizarle. Se ha dado cuenta de que, habiendo fallado su presa, el excelente discípulo de Maquiavelo está dispuesto a traicionar a sus aliados. Por otra parte, se ha gastado las ayudas económicas.

Los grandes proyectos de esa época dependen siempre de las cuestiones de dinero.

* * *

Los franceses esperaban ver a las tropas alemanas salirles al encuentro y avanzar también hacia el Rin. Se sorprenden al enterarse de que se dirigen en sentido contrario. Eso no les impide invadir Lorena y secuestrar al joven duque de diez años. Montmorency se gana el sobrenombre de *Nestor* al tomar Metz con astucia. Toul y Verdún no resisten mucho más, pero la facilidad de esas operaciones no evitan a sus habitantes los peores horrores.

Enrique II se da a lo largo del Rin un paseo como vencedor, aunque ha fracasado ante Estrasburgo. Un célebre grabado alegórico celebra el «Triunfo de los Galos», durante ese «Viaje de Austrasia» mostrando un gallo subido en un carro al que está uncido el león imperial sacando penosamente la lengua.

En ese mismo tiempo, el ejército pontificio es derrotado, el Santo Padre presenta sus excusas al Cristianísimo que, magnánimo, le concede la paz.

En cuanto al concilio, presa del miedo por la cercanía de Mauricio o fingiendo estarlo, se dispersa. ¡Otra esperanza aniquilada!

¡Cuántos sufrimientos, cuántas humillaciones agobian al Emperador! La menor de ellas no es la de esa conferencia de Passau durante la cual, sin embargo, la fortuna caprichosa se va a poner de su parte. En efecto, los alemanes no han permanecido insensibles ante las conquistas de los franceses y a sus exacciones. Se pone de manifiesto una especie de sentimiento nacional. Con ello, Mauricio de Sajonia se encuentra más a sus anchas para romper el tratado de Chambord. El obispo de Bayona, invitado a Passau como representante del rey de Francia, se da cuenta y abandona el campo.

Fernando da satisfacción al traidor en toda la línea. La «paz incondicional e ilimitada» implicará la libertad política y sobre todo la libertad religiosa en el Imperio, es decir, que volverá el caos, las Ligas sustituirán a la autoridad central y el protestantismo, reconocido según el principio *cujus regio, ejus religio*, será igual a la religión católica. La próxima Dieta será instada a ratificarlo. Eso es lo que Paulo III había querido evitar: la asamblea laica sustituirá al concilio.

Cuando le someten este acuerdo, el Emperador se indigna. Dispuesto a hacer grandísimas concesiones si la unidad cristiana es fruto de ello, no está dispuesto a admitir una dualidad que es la ruina de sus esfuerzos desde el comienzo de su reinado.

—La verdad es una e indivisible, la fe debe serlo también.

Resistirá dos meses antes de aceptar el tratado, que llevará sólo la firma de su hermano, y prohíbe a su Consejo que se lo mencione.

Si se resigna, es porque está sediento de venganza contra Francia y porque excepcionalmente tiene la sensación de que todas las Alemanias están unidas. ¿Podría salvarse aún el alma del Imperio? Esta perspectiva, la necesidad de restablecer un prestigio que quizá le permita darle un vuelco a la situación, infunden nuevo vigor a ese enfermo medio muerto. Se le ve recuperarse y rejuvenecer milagrosamente.

En Villach busca dinero, soldados. El banquero Fugger le adelanta cuatrocientos mil ducados, Nápoles aporta ciento cincuenta mil, Génova renuncia a los intereses de sus últimos empréstitos. Esto permite volver a reunir soldados españoles e italianos. Algunos príncipes alemanes no han firmado la paz de Passau. El Emperador consigue que uno de ellos se le una, Juan de Brandenburgo Kustrin. Cierto que queda el temible Margrave Alberto Alcibíades de Brandenburgo Kulmbach. Este último modelo de caballeros bandidos devasta indistintamente los principados protestantes y las ciudades católicas. ¡No importa! En plena posesión de sus facultades, a pesar de la gota, el Emperador abandona Villach. ¡Qué cambio en cuatro meses! El hombre despavorido que huía en medio de los elementos desatados recorre majestuosamente el país que renegaba de él, ha vuelto a ser César.

Atraviesa Estrasburgo y llega a Wissemburgo. Allí avisa a su hermana de que tiene la intención de reconquistar Metz. No está dispuesto a abandonar en manos de los franceses esta plaza que les permite hacer inútiles las defensas de los Países Bajos, cortar Flandes del Franco Condado. La regente pone el grito en el cielo: una empresa como ésa cuando se acerca el otoño le parece insensata. Por contra, el duque de Alba, uno de los generales vencedores en

Mühlberg, sostiene ardientemente lo contrario. Si el ejército se retira a sus cuarteles de invierno, se desbandará.

El cambiazo de Alberto Alcibíades decide la situación. El terrible Margrave aporta quince mil mercenarios al Emperador, cuyos efectivos alcanzan cerca de sesenta mil hombres, cantidad considerable. En cambio de ello, se admiten todas las expoliaciones del bandido, se le perdonan todos los abusos cometidos durante sus revueltas.

El duque Francisco de Guisa fue encargado de la defensa de Metz. El Condestable intenta paralizarlo, pero interviene Diana de Poitiers y lo obliga a darle a su rival abundantes vituallas. Tanto en Francia como en Alemania, el asunto ha adquirido inesperadamente dimensiones nacionales. Los jóvenes gentileshombres, ávidos de gloria, se precipitan hacia Metz, incluso italianos como Horacio Farnesio, duque de Ferrara, Pedro Strozzi, pariente cercano de Catalina de Médicis.

Guisa se prepara con toda rapidez. Cuando los imperiales llegan ante la plaza encuentran a su alrededor los campos asolados, cinco aledaños destruidos y poderosas fortificaciones. Tienen que emprender un asedio en regla que empieza en la estación mala, el 20 de noviembre. El Emperador, que padece un pertinaz ataque de gota, deja el mando al duque de Alba y se retira a Thionville.

Allí se entera de malas noticias. Quince mil cañonazos han acabado con las murallas, pero detrás de las ruinas se levantan otras acabadas de construir. La nieve, el barro, el frío son una prueba cruel para los soldados cuyo ardor decae.

Carlos no acepta la idea de ser vencido. Desafiando de nuevo a sus miserias físicas, acude en litera, ordena un ataque general. Tratan en vano de disuadirle. El heredero del Temerario está animado por el furor sombrío y testarudo que perdió a su antecesor. Demasiado sabe el alcance que puede tener una retirada.

Así pues, el ataque se lleva a cabo... para detenerse a medio camino. Las tropas se han dado cuenta de las reticencias de sus jefes directos y refunfuñan ante el obstáculo. El duque de Alba se bate en retirada, prefiriendo evitar una batalla que seguramente sería un desastre. El Emperador, furioso, lo agobia con reproches. Todavía no renuncia, ordena recurrir a las minas a pesar de la lluvia y del hielo, que hacen difícil su utilización. Pero los franceses conocen medios para prevenir las explosiones. El Emperador suspira:

—La fortuna es mujer, no ama a los ancianos.

El 1 de enero de 1553 levanta el sitio, dejando tras él treinta mil hombres. Guisa se ocupará caballerosamente de los heridos y de los prisioneros hambrientos.

Alguien con agudeza de ingenio, jugando con las palabras *Metae* (Metz) y *meta* (objetivo), compone en latín un dístico que significa:

Tú, que querías llegar más allá de las Columnas de Hércules, Deténte ante Metz, pues Metz es el último objetivo que alcanzarás.

Las consecuencias van a ser incalculables. Guisa se convierte en el dios de los franceses. En Italia la repercusión es prodigiosa, la gloria de los Valois lanza supremos destellos. Enrique II casa a su hija natural Diana de Francia con Horacio Farnesio, se declara protector de Siena y envía a Strozzi, nombrado mariscal, al frente de un ejército para luchar contra Cosme de Médicis, un bastardo sucesor del bastardo Alejandro, asesinado en 1533.

Todo ello no son más que peripecias sin importancia comparadas con el antagonismo franco-alemán, que durará cuatro siglos, y sobre todo comparadas con el crepúsculo del Sacro Imperio Romano Germánico, esa institución sagrada a la que Gattinara deseaba restituirle su esplendor.

—Aquí debe mandar uno solo –había dicho Carlos después de su elección.

Se piense lo que se piense, el poder absoluto representaba en ese momento el imperativo categórico, la única fórmula política capaz de formar un Estado coherente y de hacer que disfrutara del creciente bienestar de la Europa del siglo XVI. Si el Habsburgo hubiera gobernado directamente Alemania, «habría, por medio de una lenta adaptación, creadora de cosas estables, concentrado alrededor de su persona los intereses de las nuevas clases productoras y las inquietudes de la pequeña nobleza, con el fin de crear una fuerza activa rescatándola del desorden moral en que había caído. Los intelectuales se habrían, como siempre, uncido al carro de quien manda en vez de perderse en ensoñaciones teológicas. Los mismos príncipes y las ciudades comerciales habrían cedido una parte de sus poderes a cambio de una mayor riqueza»[1].

Pero el destino había puesto al viejo Impero bajo la misma corona que Estados nuevos cuyas vocaciones eran diferentes. Demasiado tiempo ausente al comienzo de su reinado, demasiado ocupado en reconquistar Borgoña o en dominar Italia, su jefe se había dedicado tardíamente a renovar ese majestuoso monumento de la Edad Media. Pareció entonces apuntar a un objetivo dinástico, buscar la unidad de su poder y no el del Imperio. De suerte que los príncipes y la burguesía, a quienes se les ofrecía la formidable palanca del cisma religioso, se aplicaron a contrarrestar sus esfuerzos y, de entre vecinos en camino hacia su futuro colectivo, Alemania fue la única que se separó.

Enrique II había renovado la alianza con el Sultán, «aunque prefería seguir otro camino tanto por mar como por tierra». A pesar de esa mala coordinación, los turcos seguían siendo los dueños del Mediterráneo y otra vez sus tropas llegaban más allá de Buda. Si Solimán hubiera de verdad merecido el sobrenombre de «el Magnífico» y si no hubiera hecho estrangular a su visir Ibrahim, principal artífice de sus victorias, quizá el imperio islámico, que ya se extendía desde Hungría a Bagdad, habría podido sustituir al decadente imperio de los sucesores de Carlomagno. El mundo habría cambiado.

Pero Solimán no respondía a la imagen que de él ha conservado la posteridad durante mucho tiempo. Era un soberano bárbaro, irritable, vanidoso, indolente, sometido a la influencia de su sultana favorita la funesta Roxelana (de origen cristiano, igual que Ibrahim). Ni él ni su pueblo poseían el genio de las vastas empresas políticas, de las construcciones perdurables. No obstante, en 1553 su

---

[1] ORESTES FERRARA, *o. c.*

fuerza parecía abrumadora ante la descomposición germánica.

Carlos sintió un hastío y un resentimiento amargos. El 6 de febrero abandonó Alemania para siempre. Llegado a Bruselas, cayó en tal estado de depresión física y moral que se extendió el rumor de que había muerto. No concedía audiencias, no escribía. ¿Para qué, si Dios lo tenía abandonado?

¡No, Dios no lo abandonaba! El joven rey Eduardo VI de Inglaterra se estaba muriendo, su corona tal vez recaería en su hermana, la muy católica María, prima y antigua prometida de Carlos. La unidad imperial dejaba de ser la última oportunidad de la monarquía universal. El juego de las alianzas matrimoniales ofrecía otra. ¿Acaso los Habsburgo no habían conseguido sus más brillantes éxitos merced a matrimonios? *Tu, felix Austria, nube.*

El Emperador resucitó.

XXVIII. LA ÚLTIMA ESPERANZA
(1553-1554)

La Inglaterra de los Tudor estaba llena de ruido, de furores, de crímenes, de conspiraciones, de suplicios. Y, en medio de la sangre y de las lágrimas, ponía las bases de su Estado, construía sus instituciones, inventaba en cierto modo los derechos cívicos.

Al final de su vida, Enrique VIII, que siempre había rechazado la doctrina de Lutero, se inclinaba de nuevo hacia el catolicismo. Una violenta reacción en sentido contrario tuvo lugar en el reinado de su hijo. En nombre de Eduardo VI gobernó un Protector ambicioso y cruel, el duque de Northumberland, que no vaciló en sacrificar a su propio hermano cuando éste se opuso a él.

Viéndose en peligro, María llamó en su ayuda al Emperador. Carlos intentó secuestrarla y no sintió demasiada pena al fracasar, pues fuera de Inglaterra la princesa habría perdido toda posibilidad de acceder al trono. Según las últimas voluntades de Enrique VIII, ella debía suceder a su hermano si éste no tenía hijos, pero Northumberland había intentado anular este acto por medio de una falsificación. ¿Qué iba a maquinar ahora que los días del joven soberano estaban en peligro?

En cuanto se enteró de su situación, el Emperador recobró de repente el gusto de vivir y de reinar, envió a Inglaterra tres hombres de confianza de los que el principal, Simón Renard, del Franco Condado y protegido de Granvelle, hacía honor plenamente a su nombre*. Los embajadores no pudieron entrevistarse con Northumberland.

El 7 de julio se enteraron, de fuente privada, de que el

---

* En francés, *renard* significa *zorro*. (Nota del traductor.)

rey había muerto la víspera. El Consejo no les dio la noticia hasta el día 10, invitándolos a que abandonaran Inglaterra. Les dijeron que no tenían ningún motivo para ver a la princesa María, pues la heredera del trono era Juana Grey, una bisnieta de Enrique VII, casada con el hijo de Northumberland. Renard replicó que el Emperador no aceptaría nunca ver a María tratada como una bastarda. Intimidó al Consejo, permaneció allí y pudo seguir los acontecimientos que se precipitaron.

Juana Grey entronizada, Northumberland intentó en vano que María cayera en un lazo. Entonces la princesa huyó de Londres, reunió un gran número de partidarios y fue a su vez proclamada reina el 19 de julio. Northumberland tuvo que ceder. Fue encerrado en la Torre con su hijo, su nuera y sus amigos, mientras que salían de ella muchos hombres importantes hechos prisioneros en los dos reinados precedentes. Uno de los más eminentes, Gardiner, obispo de Winchester, fue hecho canciller.

El Emperador se enteró de todo esto el 29 de julio. De inmediato envió un mensaje a su hijo, entonces en España, preguntándole si aceptaría casarse con María. La verdad es que Felipe ya había pedido la mano de una infanta de Portugal, hermana de su primera mujer. Por suerte, unos mezquinos regateos a propósito de la dote retrasaban la realización de este proyecto, cuyas ventajas no se podían comparar con las del matrimonio inglés. Así, Carlos escribía: «Nada puede presentarse en este momento más oportuno para resolver las dificultades de nuestros Estados y de Francia... Si este matrimonio puede ser convenido con un extranjero, creo que los ingleses no aceptarían más gustosamente a nadie que a mí, porque siempre me han manifestado simpatía. Pero a mí no me seducen Estados grandes y nuevos... En el caso de que se me hicieran proposiciones, pienso que sería bueno que yo sugiriera vuestro nombre. Las ventajas que se obtendrían serían tan grandes y tan evidentes, que no es necesario explicarlas»[2].

Felipe tenía veintiséis años y, si creemos los retratos de

---

[2] TOMÁS GONZÁLEZ, *Retiro, Estancia y Muerte del Emperador Carlos V en el monasterio de Yuste.*

esa época, no le faltaba ni prestancia ni una cierta belleza, a pesar de la mirada de plomo y la severidad del rostro marcado por el sello habsburgués. María, once años mayor que él, había sido muy bella en su primera juventud, pero veinticinco años de pruebas no le habían dejado nada de su encanto. Era una mujer pequeña y delgada con grandes ojos pálidos, una piel sonrosada, cabellos rojos, una voz varonil y vibrante. Muy inteligente, hablaba cinco lenguas y tenía, según el veneciano Soriano, un carácter «terrible y obstinado». Por contra, otro veneciano, Giovanni Michele, escribía: «Todo lo que le falta a su belleza física está compensado, sin halagos, por las calidades de su alma».

Tal vez Felipe pensaba en todo esto cuando respondió desde Valladolid: «Si (los ingleses) desean proponer su matrimonio con Vuestra Majestad, si estáis dispuesto, estaría muy bien». Pero como digno Habsburgo, añadía: «En el caso de que Vuestra Majestad siga pensando lo que me escribís... sabéis bien que, como hijo obediente, no debo tener otra voluntad que la vuestra».

Su carta no llegó a Bruselas hasta el 11 de septiembre. Sin esperar a conocerla, Renard estaba ya haciendo gestiones, a pesar de la oposición del canciller, que sostenía a un candidato inglés, Courtenay, perteneciente a la familia real. La reina dejó entender que, habiendo sido prometida del Emperador de 1522 a 1525, a él iban sus preferencias. Carlos objetó que estaba demasiado viejo, demasiado enfermo, y Renard pudo proponer al infante.

María estuvo vacilante durante varias semanas. Por fin, el 27 de octubre, antevíspera de su coronación, prometió a Renard que se casaría con Felipe. ¿Sus auténticos motivos? Deseaba restaurar el catolicismo y no creía conseguirlo sin la ayuda del Emperador, ayuda que le parecía no menos necesaria para conservar una corona tan amenazada. Había estado siempre orgullosa de su sangre española y se sentía feliz por unirse en cierto modo a la patria de su madre. Pero cometía el error de creer que sus finanzas deterioradas mejorarían. Uno de los miembros del Consejo, Sir William Paget, jugó en este caso un papel decisivo.

En vano Gardiner provocó una gestión de la Cámara de los Comunes, que suplicó a Su Gracia que eligiera a uno de sus súbditos. María despidió a los diputados con una energía que recordaba a su abuela Isabel la Católica.

A los ingleses no les gustaban los extranjeros en general ni los españoles en particular. Se procedió a establecer un contrato que los tranquilizara. Una delegación imperial lo llevó y el Parlamento lo aprobó. Si nacía un hijo, reinaría en Inglaterra y en los Países Bajos; don Carlos, el hijo de Felipe, conservaría España, Italia, las Indias. El Emperador entregaría una dote anual equivalente a ocho mil libras inglesas. Si los nuevos esposos no tenían heredero, se romperían los lazos entre España e Inglaterra a la muerte de la reina. Felipe no conservaría a su servicio ningún español que fuera considerado indeseable en Inglaterra, donde fijaría su residencia.

El príncipe firmó en Valladolid un poder que permitía a los enviados de su padre concluir todo eso y luego, utilizando una astucia que había pasado a tener la dignidad de tradición, declaró solemnemente ante testigos «una vez, dos veces, tres veces y tantas otras veces como fueran necesarias para que su acto fuera legal», que los términos de ese contrato unilateral no correspondían a su voluntad y que sólo se comprometía a casarse.

No existe ningún documento que lo atestigüe, pero algunas alusiones contenidas en su correspondencia autorizan a creer que el Emperador y la reina habían aprobado ese doble juego. Maquiavelo triunfaba en su siglo.

Una vez firmado el contrato solemnemente en Londres el 12 de enero de 1554, hubo un momento de euforia. En medio de las torturas de un ataque de gota, Carlos veía cumplirse un milagro en favor de los suyos. El Atlántico, que claramente arrebataba la supremacía al Mediterráneo, iba a convertirse en un lago enteramente sometido a la Casa de Austria; Francia, asediada por todas partes, sería reducida a la impotencia, incapaz de amenazar a los Países Bajos, impedida además para extenderse en América del Norte. En cuanto a Alemania, ¿cómo no cedería, finalmente, a la atracción de una potencia tan formidable?

Carlos tenía también la sensación de reparar uno de sus más grandes errores. A pesar de su amor por Isabel, se había reprochado con frecuencia el haber roto en 1525 su compromiso con María. Si se hubiera casado con ella, habría evitado no pocos reveses y Enrique VIII no habría osado nunca separarse de la Iglesia universal. Su suerte restablecida, su conciencia apaciguada, César pensó que podría dentro de poco liberarse de su carga.

* * *

El Emperador hace de Felipe un rey de Nápoles para que no lleve un título inferior al de su esposa. Esto no anima de ningún modo al novio para que se dirija a las brumas del norte. Por el contrario, viaja por las Españas, deja que se pudran en La Coruña las provisiones acumuladas para su viaje, tanto que la peste se declara entre las tripulaciones de la flota dispuesta a llevarle. En varios meses escribe sólo una carta a su padre, que se preocupa mucho. «¡Por Dios –dice Su Majestad al duque de Alba–, haced que mi hijo se comporte como debe!» Y encarga al embajador Vargas que le diga al nuevo rey de Nápoles:

—¡Por amor de Dios! Intentad parecer que estáis satisfecho.

Felipe encuentra más encanto en su amante doña Ana de Ulloa que en la mujer ajada que le es prometida. Actúa como si esperara que un acontecimiento cualquiera hiciera que todo fracasara y, en verdad, la situación es explosiva. Si bien los españoles están descontentos ante la perspectiva de perder los Países Bajos, los ingleses están furiosos. A finales de enero de 1554, Sir Tomás Wyatt provoca un levantamiento que parece derribar el trono frágil de la hija de Enrique VIII. Salvo Renard, los representantes del Emperador huyen de Londres. Pero la reina, dando muestras de una energía tremenda, toma las riendas, reúne al pueblo a su alrededor. El 8 de febrero, el conde de Pembroke derrota a Wyatt y lo arresta, la rebelión se viene abajo.

No es la costumbre mostrar clemencia en ocasiones como ésa. Esta vez, ayudada por el miedo, la represión toma una amplitud que conmociona a una opinión ya hastiada. Junto con Wyatt son ejecutados los personajes detenidos al comienzo del reinado, cuya mayor parte eran ajenos al complot. Entre ellos se encuentran Juana Grey y su marido.

Las calles de Londres están llenas de ahorcados y el hacha del verdugo no descansa. María Tudor, a quien los embajadores venecianos no regatean su admiración, empieza a ser llamada *la Sanguinaria*, sobrenombre que no merece ni más ni menos que los demás miembros de su familia. «Cuando los sobrenombres tienen un fundamento serio, expresan una tendencia general que se aplica después al dirigente, por esa eterna mala costumbre que se tiene de resumir en él las glorias o los crímenes que son patrimonio de toda una sociedad»[3].

Una importante cuestión se plantea a propósito de Isabel, la hermanastra de la reina, la hija de Ana Bolena. María le teme más que a nublado, los representantes del Emperador, también. Uno de éstos, don Juan de Mendoza, escribe que, por desgracia, las leyes inglesas están tan mal hechas que no puede ser condenada si no se la declara culpable.

Con gran disgusto de María, no lo es. Hay que limitarse a confinarla en el castillo de Pontefract.

* * *

Una vez su poder fortalecido, la reina parece estar en condiciones de destruir la obra cismática de su padre, como siempre ella ha deseado. Desde Roma, el cardenal Pole, a quien venera y que Julio III ha nombrado legado, la urge para que ponga su reino a los pies de la Santa Sede. Quedan en Inglaterra devotos de la Iglesia. Los demás se dividen entre protestantes y anglicanos (ésta es la principal tendencia) dispuestos a aceptar el retorno a una cierta forma de catolicismo sin el Papa, a quien detestan y sobre todo –cuestión esencial como en Alemania– sin que el clero y los monasterios recobren sus bienes confiscados.

Julio III ha enviado a Londres un agente secreto, uno

---

[3] Orestes Ferrara, *o. c.*

de sus prelados preferidos, Commendone. Éste lleva un mensaje no menos confidencial a la reina: María se declara dispuesta a hacer que sean anuladas las leyes religiosas votadas en tiempos de su padre y de su hermano, pero pide que se le deje tiempo para preparar la opinión pública. Desea ardientemente que venga pronto el cardenal Pole, portador de un perdón general del Santo Padre para quienes han actuado contra la Iglesia.

El cardenal parte. Entonces estalla un nuevo conflicto de lo más imprevisto entre el Papa y el Emperador. Todos los informes han persuadido a Carlos de que es imposible imponer a los ingleses al mismo tiempo el matrimonio español y el catolicismo. La reina debe, si no elegir entre los dos, al menos hacerlo por etapas. En Roma, donde esta situación es conocida, se afirma que su pueblo preferiría con mucho la Misa a la Casa de Austria.

Se podría creer que Carlos no pone nada por encima de los intereses de la fe. Posee ciertamente la conciencia de un rey católico y, no obstante, reconoce que su deber está en la razón de Estado. Además, desconfía de Pole. ¿Acaso no se dice que este ambicioso desearía ser devuelto al siglo (no ha recibido las órdenes sagradas) para casarse con la reina María? Y hasta se dice que conocía los planes de Wyatt.

En el momento en que va a entrar en el Palatinado, el cardenal se encuentra ante él a don Diego Hurtado de Mendoza, que en nombre del Emperador le prohíbe que siga adelante. Sus vehementes protestas no sirven de nada, ni las del Papa. Renard recibe la ingrata misión de calmar a María y de hacerla entrar en razón. Enviar protestantes a la hoguera, quitar a los nuevos propietarios las tierras de los conventos, serían los mejores medios para impedir su matrimonio.

Julio III, furioso, no abandona la partida e intriga todo lo que puede en Inglaterra. En Francia también.

El Emperador echa rayos contra él, denuncia los desórdenes de su vida privada, que comprometen gravemente su salud. Piensa en declarar vacante la Santa Sede.

En Londres, la reina ha hecho elegir un nuevo Parlamento que aprueba el matrimonio. Enseguida los diferentes partidos se enfrentan de tal suerte que hay que disolver la Cámara. ¡Y Felipe que no llega! Su retraso ofende a la reina, complica las cosas. Renard aconseja hacer al rey de Nápoles popular sacando de apuros al tesoro de su esposa y dando pensiones a los ministros y a los principales señores. El Emperador se ve obligado a pedir un préstamo al 40%, mientras que los comerciantes pagan de ordinario el 7 o el 8%. Estos comerciantes de España son los que proporcionan trescientos mil ducados a los ingleses.

Ya se está en primavera, la guerra contra Francia va a reanudarse. Julio III tiene la intención de encargar a Pole la mediación entre los beligerantes. El cardenal, que lleva a cabo su misión bastante mal, obtiene al menos el ir a París y a Bruselas. Carlos le reprocha que toma partido por Enrique II. El memorándum francés bastará para reavivar las hostilidades.

Lo cual no tarda en suceder. Si los franceses entran en Marienburgo, los imperiales toman y arrasan Thérouanne, luego Hesdin, donde Horacio Farnesio encuentra la muerte. En cuanto al Condestable, lleva en Cambresis una campaña «tan estéril en acciones notables como lamentable en resultados».

Es un preludio. Por instigación de Guisa, un gran ejército capitaneado por el rey y el Condestable invade los Países Bajos, marcha sobre Bruselas. Se alardea, como en otro tiempo Mauricio de Sajonia, de secuestrar a César. Pero, precisamente, Felipe acaba por fin de desembarcar en Southampton. El 25 de julio de 1554 se casa con María en Winchester. Pero por desgracia la situación es tan crítica en los Países Bajos que el Emperador le ordena que pase junto a su esposa sólo una semana y que acuda a reunirse con él. Renard osa protestar: sería un terrible error, pues el almirante inglés Lord Howard, en conflicto con el almirante de Flandes, es sospechoso de ayudar bajo mano a los franceses.

¡De acuerdo! Pero los soldados que retroceden ante fuerzas superiores necesitan un reactivo, una presencia regia. El Emperador de cabellos blancos, baldado y tiritando en pleno verano, realiza un prodigioso esfuerzo, se pone a su cabeza y por última vez muestra sus talentos de estra-

tega tanto tiempo sin utilizar. Después de hábiles maniobras, ataca al enemigo el 13 de agosto de 1554 delante de
Renty sitiada. Batalla indecisa. Cada parte se atribuirá la
victoria. Lo esencial es que los franceses se baten en retirada, mientras el Condestable fracasa ante Namur. Unos
días antes, en Italia, el duque de Alba, Cosme de Médicis y
el marqués de Marignano han aplastado a Strozzi, Siena su-
cumbe ante ellos. El Emperador ordena a su hijo que per-
manezca en Inglaterra.

¡Quién habría imaginado el año anterior que se le vería
remontar la pendiente! Incluso sus finanzas van mejor,
pues el casamiento Habsburgo-Tudor ha dado ya un formidable empuje al comercio de los Países Bajos, mientras que
Francia está a su vez abrumada bajo el peso fiscal. Y en septiembre llega la noticia de lo que puede cambiar la faz del
mundo. Renard se muestra prudente, pero los médicos de
la reina son contundentes: Su Gracia está encinta. ¡Qué bo-
rrachera, qué alegría!

Pero queda un nubarrón negro: Alemania. El Emperador se ha resignado a convocar la Dieta que tendrá que
confirmar la paz de Passau, pero se niega a estar presente
en ella. Nunca sancionará la división religiosa y política del
Imperio. Deja para su hermano el encargo de realizar ese
horrible sacrificio.

La muerte de Mauricio de Sajonia en un combate contra Alberto Alcibíades lo deja indiferente. Ya no le importa
el Imperio, en eso ha fracasado. Ahora ya sabe que el Pacto
de Familia no será respetado, que su hijo no será sucesor
de Carlomagno. En compensación, Felipe dominará Occidente desde Londres hasta Lima, no desde luego como un
César, sino como el jefe de una nación nueva o de varias
naciones unidas. Este triunfo político es la quiebra de un
ideal.

Carlos ya sólo sueña con pasar la antorcha. Desde hacía
años encargó a sus arquitectos españoles que le construye-
ran una residencia cerca de un monasterio de jerónimos
en Yuste, en Extremadura. Tanto si él mismo había descubierto ese lugar durante sus viajes por España como si sólo
se lo habían descrito, está persuadido de que no encontraría un retiro más de acuerdo con sus deseos.

Mientras, abandona sus inmensos castillos por una casita perdida en el fondo de un parque. Hace que le preparen dos habitaciones a las que una estufa alemana dan una temperatura de horno. César se encierra en ellas rodeado de sus papeles, repartiendo su tiempo entre el trabajo, la oración, los cuidados que le prodigan los médicos sin demasiado éxito y sus comidas más monstruosas que nunca. Como postre le gusta tomar al mismo tiempo ponche caliente y melones helados. En el extranjero, especialmente en Roma, algunos afirman que su razón vacila.

Cuando se enteró del embarazo –supuesto– de María envió uno de sus agentes, Eraso, para que informara a Felipe de que, resuelto desde hacía tiempo a despojarse de la púrpura y a abandonar el mundo, ahora se siente apremiado a realizar su deseo. El rey de Nápoles debe prepararse sin tardanza para sucederle. En enero, los vientos son favorables en el mar entre los Países Bajos y España. El Emperador se propone dejarse llevar por ellos hacia el descanso al que aspiran su cuerpo dolorido y su alma herida.

XXIX. LAS ÚLTIMAS PRUEBAS
(1554-1555)

Tenía demasiada prisa, Europa en efervescencia no le permitía aún que le diera la espalda. En Inglaterra, aunque el mismo Renard confirmó el embarazo, todavía no se había ganado la partida. Se seguía temiendo conspiraciones. Los españoles del séquito del rey no se entendían con los ingleses. Estalló una rivalidad entre Renard y el favorito de Felipe, Ruy Gómez de Silva. El Parlamento se negaba a que el marido de la reina fuera coronado.

Y no obstante Felipe hacía esfuerzos por mostrarse agradable y, ante la gran sorpresa de todos, efectivamente seducía a los hoscos insulares.

—¡Miradle! Es bello como un ángel –gritaron a su paso los curiosos cuando el 12 de noviembre, al lado de su esposa, abrió el nuevo Parlamento que, por una intensa presión de la Corona, tenía una mayoría católica.

Desde septiembre, el rey participaba en los trabajos del Consejo, a pesar de su ignorancia del inglés, y ejercía la autoridad de un soberano. Y es que ni la reina ni los ministros poseían experiencia de gobernar. Cosa singular, el futuro Felipe II cuyo reinado iba a durar casi medio siglo nunca se mostró más sagaz que durante los pocos meses en los que se ocupó de esos asuntos ingleses que le eran totalmente ajenos.

En ese mismo mes de noviembre, Carlos le advirtió que demoraba su abdicación hasta una fecha posterior. Pole fue por fin autorizado a ir a Inglaterra, con tal de que se comprometiera en nombre del Papa a no molestar a los poseedores de los bienes eclesiásticos.

Poco después de su llegada, las dos Cámaras se reunieron para oírle. La reina y el rey pidieron perdón por las faltas cometidas por el pueblo, el cardenal legado dio la absolución y volvió a admitir a Inglaterra «en la unidad de la Iglesia». Habiendo anulado las legislaciones de Enrique VIII, el Parlamento dictó otra extraordinariamente rigurosa contra la traición, todo acto que no fuera del agrado del príncipe se consideraba como tal. Los tribunales de justicia de los obispos fueron restablecidos e investidos del derecho de vida y muerte.

El 4 de febrero, el canónigo John Roger, convicto de herejía, fue quemado mientras era aclamado por una muchedumbre indignada. Fue el primero de una larga serie. Los escritores de la Reforma estiman que las víctimas fueron unas cuatrocientas.

El Emperador no fue en nada responsable de esta persecución. En cuanto a Felipe, parece que más bien intentó moderarla. Su confesor franciscano, el hermano Alfonso de Castro, no se recataba de predicar la clemencia ante la Corte. Se produjo entonces uno de esos fenómenos paradójicos que produce la historia. Las llamas en las que perecieron los protestantes hicieron para siempre a la reina *María la Sanguinaria*, pero otorgaron a Felipe una aureola ante los ojos del mundo católico. Desde ese momento fue el restaurador de la fe, el campeón de la Iglesia, título que conservó hasta el punto de parecer un día que representaba a la Iglesia mejor que el Papa.

En su fuero interno, el pueblo inglés no aceptaba el regreso a los antiguos ritos ni a un monarca español, aunque no sintiera en absoluto animosidad personal contra el rey. Veía levantar monasterios, volver a colocar las estatuas de los santos, celebrar la Misa, con sentimientos en los que se mezclaban el temor y la esperanza. Era la misma esperanza a la que se aferraba el Emperador: el nacimiento de ese hijo del que María, locamente enamorada de su esposo, tenía la certeza de estar encinta y que cambiaría el futuro.

* * *

Carlos habría querido restablecer la paz antes de retirarse. Con no demasiado entusiasmo, el Papa exhortó a los príncipes cristianos a que se reconciliaran, que se unieran de una vez contra los infieles y los herejes, la reina María ofreció su mediación. El Condestable, que había recuperado gran parte de su crédito, incitaba a su señor, le mostraba cuántas facilidades le ofrecía esa situación para poner fin a un conflicto estéril. Catalina de Médicis, Diana de Poitiers y los Guisa pidieron de inmediato una nueva campaña en Italia.

La voluntad de Enrique II flotaba como una barca a la deriva. El 23 de marzo, Montmorency le arrancó la autorización para negociar, pero por desgracia ese mismo día murió Julio III y todo quedó en suspenso.

El Emperador ordenó a su embajador en Roma don Juan de Manrique «impedir la elección de un hombre malo», sin nombrar a nadie. Por el contrario, Felipe preparó instrucciones concretas y complicadas. Citó los nombres de cuatro cardenales que tenían su preferencia y redactó una carta autógrafa en favor de un quinto, el cardenal de Santa Croce, carta destinada a ser entregada únicamente al interesado si era elegido. Otra carta especificaba que había que cerrarle el camino absolutamente al cardenal Caraffa, arzobispo de Nápoles, sospechoso de simpatías francesas.

Carlos quedó consternado cuando le fueron mostrados esos documentos en Bruselas. Escribió a su hijo: «Es una cuestión que despierta grandes escrúpulos el nombrar personas convenientes para esa dignidad y hasta el presente nunca hemos tenido el deseo de hacerlo».

¡Qué fastidio! ¿Tendría que contradecir, que herir a quien pronto iba a sucederle? En definitiva dejó que salieran las cartas después de haberlas tenido en su poder el tiempo suficiente para que llegaran demasiado tarde. Y, en efecto, don Juan Manrique no las recibió hasta que el cardenal de Santa Croce había sido elegido con el nombre de Marcelo II. Era el 9 de abril. Por desgracia, Marcelo II murió el día 30.

Se abrió otro cónclave y el embajador cumplió el encargo recibido. Por lo demás, Felipe había creído oportuno enviar copia de esas misivas a los cardenales del Imperio, de tal suerte que nadie ignoraba nada. Así es que cuando Caraffa fue elegido y tomó el nombre de Paulo IV, miraba al Emperador y a su hijo como enemigos morales. Don Juan Manrique puso el colmo a su furor extendiendo el rumor de que el cónclave no se había desarrollado «de manera canónica».

El nuevo Papa de setenta y nueve años era un anciano duro, violento e incluso frenético, manejado por sobrinos codiciosos, pero, contrariamente a sus predecesores, deseaba ardientemente la reforma de la Iglesia. ¡Qué ironía! Este pontífice entregado a Francia, a quien los Valois esperaban desde hacía sesenta años, era el primero con el que, en otras circunstancias, Carlos habría tenido posibilidades de realizar su más profundo deseo.

Esa primavera en la que por fin creyó tener la paz no le proporciona más que tormentos. El entusiasmo reina entre sus enemigos. Cediendo ante su amante y los Guisa, Enrique II rompe las negociaciones de paz emprendidas en Marcq de la mano del cardenal Pole y se declara dispuesto a una lucha sin cuartel. El cardenal de Lorena es enviado a Roma con el fin de formar una liga ofensiva y defensiva contra el Emperador. Las guerras de Italia van a empezar de nuevo a pesar del Condestable que, obstinado, sigue no obstante negociando.

En cuanto al Papa, su furor no conoce límites. Encarga a la Inquisición que prepare un proceso con vistas a excomulgar a César y a su hijo, pretende quitar a Felipe el derecho a acceder al trono de España. Carlos encarga al duque de Alba, virrey de Nápoles, que haga entrar en razón al Santo Padre. Él, que es tan piadoso y tiene tanta devoción, ha estado de principio a fin en conflicto con el papado. Y este Papa, su peor enemigo, se propone acometer la reforma que nunca había conseguido con los pontífices anteriores. Paulo IV prohíbe el concubinato de los sacerdotes, arroja de Roma las mujeres públicas y la manada de parásitos que vivían a costa de la Iglesia, prohíbe la venta de obispados, envía los prelados a sus diócesis, los monjes a sus conventos.

No consiente la presencia de los protestantes en el concilio que, según él, tiene como tarea primordial condenarlos. El Emperador se opone, pues, a una nueva reunión del concilio, que, por lo demás, Julio III había suspendido por diez años. No lo verá instaurar la Contrarreforma, cuya rigidez se corresponderá tan poco con su ideal de humanista.

El 13 de abril de 1555 muere la verdadera reina de Castilla, de Aragón, de Nápoles y de las Grandes Indias. A los setenta y seis años, Juana la Loca, que durante tantos años ha vivido tan cerca de la nada como un ser humano puede vivir, se apaga en el castillo de Tordesillas. Carlos cesa de ser su mandatario en el momento en que se está preparando para poner una frontera entre el siglo él mismo. Esta muerte le causa una profunda emoción, pero también le ofrece un alivio. Su madre le muestra el camino. Sentía escrúpulos en renunciar al cetro mientras lo tenía en nombre de ella. No renunciará a él con corazón tranquilo.

En el mes de julio le llega la noticia de la catástrofe: la reina María no tendrá un hijo, su embarazo era un embarazo nervioso.

Felipe trata de que lo reconozcan como sucesor eventual de su esposa, amenaza a la triste enamorada con abandonar Inglaterra y no volver si no hacen lo que pide. María hace todo lo que puede, pero es pedir demasiado. Felipe lo comprende pronto. El 2 de agosto se prepara para partir y suplica a sus consejeros que encuentren buenas razones que poder dar a la reina. No se sabe cuáles son las que invoca. Sea lo que fuere, se hace a la mar el 4 de septiembre. El 8 está junto a su padre, con quien pasa cuatro días a solas en el castillo de Roeulx.

Ambos contemplan sin duda las ruinas de su ambición desmesurada. Ahora Felipe sólo puede esperar de Inglaterra que se ponga de su parte en la próxima guerra. La Casa de Austria no la incluirá bajo su dominio. Era un propósito contra natura. Era hacer de la realeza la causa y de la nación el efecto, cuando la verdad de la época era exactamente lo contrario.

Esta verdad se confirma en ese mismo momento en Augsburgo, donde la Dieta, después de grandes retrasos, se reúne bajo la presidencia del rey de Romanos. La Paz de Passau es ratificada. *Cujus regio, eius religio*: cada pueblo deberá adoptar, de las dos confesiones, la que escoja su príncipe, un príncipe tan realmente independiente de César como del Papa, si es que prefiere a Lutero. (Sólo son tenidos en cuenta los luteranos, el calvinismo no es reconocido, lo cual provocará las guerras del siglo siguiente.) Un obstinado que se niegue a adoptar la religión de su señor será obligado a emigrar a un país en el que la suya tenga derecho de ciudadanía. Es una caricatura de la libertad de pensamiento. Las secularizaciones anteriores a 1552 son regularizadas. En cambio, si un prelado católico se convierte, no podrá secularizar su diócesis y convertirla en un bien hereditario.

La separación de un Imperio, privado tanto de su poder temporal como de su carácter sagrado, y de una España también nacionalista acabará de poner su sello en el sueño universal. Carlos creyó durante un tiempo que podría borrar las consecuencias del tratado de Verdún, que repartió a Europa entre los nietos de Carlomagno. Dejará una Europa rigurosamente compartimentada, una Cristiandad dividida. Ha luchado durante cuarenta años para evitar eso y sin embargo su responsabilidad lo agobia.

¡Cuánta prisa tiene por huir de este mundo que lo ha traicionado, de recogerse, de meditar en un rincón de una España aún indemne (así lo cree) ante las ideas nuevas! Ni siquiera desea esperar el resultado de las dos negociaciones contradictorias que se están llevando a cabo. Ahora bien, mientras que el embajador francés D'Avanson, una criatura de Diana de Poitiers, prepara el tratado con el Papa, sin esperar al cardenal de Lorena, el sobrino del Condestable, Coligny y el abad de Bassefontaine se reúnen en Flandes con Simón Renard y el señor de Lalaing. Incapaz de decidirse, Enrique II juega al mismo tiempo el juego de la guerra y el de la paz. Éste será el acertado, pues el Emperador no desea más que acabar.

No obstante, aún le queda por sufrir la humillación suprema. El primer César que va a abdicar desde Diocleciano no debe hacerlo en bancarrota, y la situación de las finanzas imperiales se ha agravado de nuevo, dramáticamente. Los banqueros están cansados de prestar, incluso al 43%, los impagados retrasados se acumulan, alcanzan cifras fantásticas. Su Majestad debe 960.000 coronas a la ciudad de

Génova por un empréstito de 340.000 coronas. Los ingresos de los reinos de España están empeñados en su totalidad. No quedan más que los tributos de América y el Emperador no quiere privar de ellos a Felipe en su advenimiento.

Hay que encontrar un expediente que le permita retrasar el fatal vencimiento. Declararse insolvente provocaría demasiada cólera en los Países Bajos y quizá no lo dejarían marcharse. Entonces, el Emperador declara que disminuye en una cuarta parte las sumas debidas de inmediato a sus diversos acreedores. A esto se le llama «la sisa» o «la quita». Al mismo tiempo, los banqueros son obligados a conceder un nuevo empréstito, mediante el cual serán autorizados a no pagar, al menos temporalmente, a sus propios acreedores. A pesar de eso, la banca de los Fugger, a la que Carlos le debe la corona imperial y la mayor parte de sus éxitos militares, se verá obligada a quebrar.

Estas mezquinas maniobras permitirán que abandone la escena el que ha sido el personaje principal del psicodrama de su tiempo.

XXX. LAS DESPEDIDAS DIFÍCILES
(1555-1557)

Quiso mostrar que hasta el final seguía siendo esencialmente el heredero de la Casa de Borgoña. Por eso, se despojó en primer lugar de su dignidad de Gran Maestre de la Orden del Toisón de Oro el 22 de octubre de 1555; por eso, el día 25, la abdicación grandiosa fue la de duque de Borgoña, soberano de los Países Bajos. Este espectáculo, admirablemente montado, como nunca se había visto, tuvo un aspecto medieval con características del Renacimiento y otras que ya anunciaban el arte barroco. Tuvo lugar en el gran salón del castillo de Bruselas ante los Estados Generales de los Países Bajos y de todos los que constituían la Corte imperial, Grandes de España, caballeros del Toisón de Oro, ministros, consejeros, embajadores. El archiduque Fernando, segundo hijo del rey de Romanos, el duque Manuel Filiberto de Saboya, la duquesa de Lorena, estaban allí.

Entró el Emperador enteramente vestido de negro. Andaba con dificultad apoyado con una mano en el bastón, con la otra en el hombro del joven príncipe Guillermo de Orange, el mismo que iba a sublevar los Países Bajos contra la Casa de Austria y arrebatarle Holanda. Detrás de Su Majestad avanzaban su hijo, rey de Nápoles, la reina Leonor de Francia y la reina María de Hungría, que había decidido dejar la regencia. Filiberto Brusellius, presidente del Consejo de Flandes, leyó el acta solemne de abdicación. Luego, Carlos se levantó y, ayudándose de unas breves notas, pronunció un discurso que era un resumen y una justificación de su vida. Su necesidad de precisarlo todo, de analizarlo todo, de hacerlo constar todo, lo había incitado a ese esfuerzo aparentemente superior a sus fuerzas.

Sus sufrimientos, la emoción, la disformidad de su boca lo hacían poco comprensible. No obstante, habló largamente y produjo una viva emoción.

Hacía cuarenta años, dijo, había sido declarado mayor de edad en aquel mismo salón. Desde entonces había recogido la sucesión de sus dos abuelos y solicitado la corona imperial, no por una ambición desordenada, sino para defender lo mejor posible la Cristiandad contra los turcos y sus Estados contra sus enemigos. Sin regatear esfuerzos, había estado diez veces en los Países Bajos, nueve veces en Alemania, siete veces en Italia, seis veces en España, cuatro veces en Francia, dos veces en Inglaterra, dos veces en África. Cuarenta viajes o expediciones (en aquella época era prodigioso). Había puesto su vida y sus fuerzas al servicio de sus ideas y de sus deberes de conciencia (era verdad). Había guerreado siempre a pesar suyo (lo era bastante menos) y sentía un gran dolor al marcharse antes de que la paz fuese restablecida. Había alimentado grandes esperanzas, pero pocas se habían realizado. La culpa era de las rebeliones de los luteranos, de las acciones de sus enemigos (no habló de sus dificultades financieras). Evocó el asunto de Innsbruck y, varias veces, el asedio de Metz, cuyo fracaso seguía siendo una cruel herida. Habiendo cumplido con su deber hasta los límites de las fuerzas humanas, se había gastado totalmente en esa tarea. Habría renunciado desde hacía tiempo a sus coronas si su madre no hubiera estado enferma y su hijo no hubiera sido demasiado joven. Ahora la primera había muerto, su hijo era plenamente capaz de hacer el bien de sus pueblos.

Acabó con gran nobleza:

—Sé que he cometido faltas, ya por la inexperiencia de la juventud, ya por la presunción de la edad madura, ya por los defectos inherentes a la naturaleza humana. Pero conscientemente nunca he hecho una injusticia a quienquiera que sea. Si, no obstante, hubo alguna injusticia, sería sin querer y únicamente a causa de mi incapacidad. Lo lamento públicamente y ruego a todos aquellos que haya podido ofender que me otorguen su perdón.

Se le saltaron las lágrimas y la asamblea estalló en sollozos. Felipe se arrodilló ante su padre, quien le rogó encarecidamente que fuera siempre defensor de la Iglesia y que gobernara en la paz y en la justicia. Una última vez el Emperador se dirigió a los asistentes: les encomendó que estuviesen unidos, que conservaran la lealtad a su príncipe y a la fe de sus antepasados. Añadió:

—Aunque estáis viendo llorar a este anciano cansado que soy, os ruego que no os enternezcáis.

María de Hungría también lloraba. Su hermano le dio las gracias por los grandes servicios que le había prestado.

Felipe se excusó entonces por no saber la lengua del país y dio la palabra al obispo de Arras que, en su nombre, confirmó todos los antiguos privilegios que un día iba a violar. El Emperador, incapaz de montar a caballo, fue subido a una mula, que lo llevó despacio a su pequeña casa demasiado caldeada.

Ya estaba hecho: Carlos V no sólo había transmitido a su hijo la más querida de sus posesiones, sino que también había renunciado a la gran idea de la unidad espiritual y política de Occidente.

Habría querido aprovechar los vientos favorables, evitar el funesto invierno del país, pero aún le quedaban por cubrir algunas penosas etapas. El 16 de enero de 1556, en sus habitaciones y sin ninguna pompa, entregó a Felipe las coronas de Castilla, Aragón, Sicilia y las Indias. Al darle un cofre que contenía su último testamento e instrucciones detalladas, dijo que dedicaría el resto de sus días a la penitencia. La soledad lo acercaría a Dios.

* * *

El 15 de diciembre, el Papa y el cardenal de Lorena se habían puesto de acuerdo para formar una Liga antiimperial bajo el mando del duque de Guisa. Sin tener esto en cuenta, Coligny y el abad de Bassefontaine llevaban tan rápidamente las negociaciones que el 6 de febrero fue acordada para dos años la tregua de Vaucelles. Con una magnífica inconsecuencia, Enrique II, firmante del primer tratado, firmó también éste con gran enfado de Paulo IV que, en el consistorio de diciembre de 1555, había denunciado las ascendencias judía y mahometana del Emperador.

A Enrique II no le faltaban buenas razones para dar ese giro. La tregua de Vaucelles dejaba a Francia sus conquistas, los Tres Obispados, Saboya, Piamonte, Montferrat, las plazas de Toscana y del Parmesado. Señalaba el apogeo de los Valois en Europa, la coronación de la política seguida desde Carlos VIII, la inesperada recompensa a tantos sufrimientos, oro y sangre.

Carlos, que seguía siendo César, ratificó esta consagración de su derrota. En el fondo, Francia, que había sentido miedo viendo al Habsburgo en cada una de sus fronteras, era más poderosa que él gracias a su considerable población, a su cohesión y a sus riquezas, de las que el rey disponía libremente. Si Francisco I no hubiera alimentado hasta la aberración sus ambiciones italianas, quizá se habría anexionado Flandes y Artois, según deseaba Luis XI. Al menos, Carlos había impedido esto, había conservado su país natal.

Poco después de la firma, el feliz negociador, Gaspar de Coligny, fue a saludarlo. El Emperador lo recibió muy amablemente. Le recordó que se sentía orgulloso de ser un Valois de la Casa de Borgoña.

Había llegado el momento de entregar también el cetro imperial, pero la actitud del Papa no lo permitía. Paulo IV se negaba a aprobar cualquier acto de un hombre al que no creía sano de espíritu, tampoco reconocería al rey de Romanos y a su hijo Maximiliano, ambos, según él, infestados de herejía. Fernando, que por lo demás era muy opuesto a la abdicación, pidió que se aplazara. Maximiliano y su mujer fueron a decirlo a Bruselas.

A Carlos le dio alegría volver a ver a su hija María, aunque se sentía preocupado por aquel singular matrimonio. Al parecer, no había nada en común entre el brillante austríaco, tan parecido al Emperador cuyo nombre llevaba, y la envarada española, el primero ansioso de novedades, ella parapetada en la más estricta devoción. Esto no les impedía procrear. Le habían nacido ya seis hijos y aún iban a tener otros nueve.

Felipe había ya advertido a su primo que, llegado el momento, no le iba a disputar la corona imperial. Esperaba, en recompensa, algunos fondos que le ayudaran a resolver al menos una parte de sus problemas financieros.

El propio Emperador quedaba de nuevo en descubierto. Tenía que despedir a la Corte inmensa que le rodeaba, pagar los sueldos debidos desde hacía tiempo, indemnizar a los titulares de numerosos cargos. El oro de América tenía que proveer a estas obligaciones, pero llegaba muy despacio.

Mientras la anterior Casa se iba dispersando, la nueva, bajo la dirección de don Luis de Quijada, se iba formando. Los consejeros encargados de esta tarea afirmaban que no podía constar de menos de setecientas sesenta personas. Felipe se espantó ante este gasto. Su padre decidió que ese número tenía que reducirse a ciento cincuenta. Esta escolta lo acompañaría a Yuste. Después, solamente cincuenta servidores quedarían con él, secretarios, médicos, cocineros, peluqueros, lacayos y el hombre indispensable, el relojero Giovanni Torriano, llamado Juanelo, encargado del mantenimiento de los innumerables relojes y péndulos. La pensión anual, en un principio estimada en dieciséis mil ducados, fue fijada en veinte mil. Era bien modesta para quien había poseído medio mundo y las minas de El Dorado.

Así, hasta el último momento, César conoció las preocupaciones y los cuidados de un pequeño burgués.

Desgraciadamente había otras más graves. Felipe, que había realizado bien su tarea en Inglaterra, se mostraba incapaz en los Países Bajos desde que asumiera su gobierno. Se sentía decididamente alérgico a súbditos cuya lengua ignoraba y cuyas costumbres detestaba. Nada perduraba en él de los atavismos borgoñones. Durante meses, Carlos se esforzó en instruirlo, en orientarlo, sin hacerse demasiadas ilusiones. La testarudez del rey superaba a la de su padre y su inteligencia no era comparable.

Otra cuestión angustiosa era la sucesión inglesa. ¿Qué sucedería a la muerte de María, si no tenía hijos, lo cual parecía inevitable? A la reina le habría gustado quitarse de encima a su hermanastra Isabel, objeto de su abominación, y sin la intervención de Felipe es probable que la princesa habría subido al patíbulo. Pero el rey tenía muy buenos sentimientos hacia la que iba a ser su peor enemiga y le arrebataría el dominio de los mares. Por otra parte, a falta de Isabel, la corona recaería legítimamente en la joven reina de Escocia María Estuardo, prometida al delfín. La situación cambiaría entonces a favor de Francia. Se pensó en casar a la princesa con un fiel aliado de la Casa de Austria, el duque de Saboya, que desembarcó en Inglaterra. Pero eso no cuajó. Ni la reina ni la propia interesada deseaban esa alianza.

Además estaba el Papa, cuyas provocaciones no era ya posible dejar impunes. El procurador general de la Santa Sede anunciaba su intención de declarar al padre culpable de prevaricación contra el Imperio y al hijo contra el reino de Nápoles. El duque de Alba recibió órdenes de ocupar los Estados pontificios.

Había pasado la primavera, el invierno llegaba a su fin. Carlos, impaciente, no quiso esperar a que se produjeran los acontecimientos. El 28 de agosto se despidió de Felipe, a quien creía que no iba a volver a ver. Se proponía estar en Yuste en completa soledad y no recibir a ningún miembro de su familia. Pero no pudo evitar que sus dos hermanas, Leonor y María, se embarcaran con él en Flusinga el 13 de septiembre en el *Bertandona*, al que escoltarían cincuenta y cinco navíos.

La víspera había enviado a su hermano una carta en la que le entregaba la dignidad imperial, pero su decisión tenía que recibir la sanción de los Electores y Fernando no tenía ninguna prisa en sometérsela.

El 1 de septiembre, el duque de Alba había entrado en Roma. Era lo que deseaba Paulo IV. En virtud del tratado firmado al año anterior, exigió al rey de Francia que le ayudara. El mismo día de la marcha del Emperador, un Consejo «lleno de furor y de gritos» opuso en el Louvre a los partidarios de la guerra con los partidarios de la paz. Enrique II flotaba como era habitual. Diana de Poitiers hizo que la balanza se inclinara hacia el lado malo: la tregua de

Vaucelles fue rota. Carlos tardó mucho en ser informado de esa sorpresa que iba a cambiar el aspecto de las cosas.

Desembarcó el 28 de septiembre en Laredo sin ser recibido por nadie y se puso en camino despacio hacia Extremadura. Su nieto el infante don Carlos, entonces de once años, acudió a Cabezón para saludarle. ¡Qué choque! Tal vez más doloroso que la derrota de Metz y que la capitulación religiosa de Augsburgo. ¡Ése era, pues, el heredero de tantos reinos! Para ese desgraciado niño hidrocefálico, un poco jorobado, un poco cojo, manifiestamente desequilibrado, el anciano había mantenido tan rudos combates.

Así describe al desgraciado el embajador veneciano Tiépolo: «Es de talla muy pequeña, feo de aspecto, desagradable y de un temperamento melancólico. Ha padecido casi sin descanso durante tres años fiebre cuartana con algunos accesos de locura, lo cual es más grave todavía, pues parece haber heredado esto de su bisabuela».

Carlos dijo a sus hermanas:

—No me gusta su porte, no sé si mejorará.

Ocultaba su amargura. Aquel degenerado le presentaba en cierto modo la imagen insoportable de lo que él contemplaba como su fracaso final.

Su viaje fue amargo, aunque él se limitaba a sonreír contemplando la bajeza de los hombres. Sus antiguos súbditos no sabían con exactitud a qué atenerse. Como su historia estaba llena de hijos que destronaban a sus padres, imaginaban algo parecido y temían ofender al nuevo dueño si honraban al anterior. Pero no sintieron escrúpulos malversando una parte de las cantidades de dinero que Felipe enviaba con más o menos regularidad. La situación fue a veces escandalosa y grotesca.

Carlos prohibió que se dijera nada a sus hijos. Él no se quejaba nunca, pero llevaba mal las lamentaciones de su entorno, sobre todo las de sus hermanas. «Un viaje en compañía de viejas reinas —escribió— debe de ser el más penoso de todos los viajes.» Consiguió por fin persuadirlas de que lo dejaran durante el camino. Ningún personaje de cierta importancia, salvo el obispo de Salamanca, le rindió homenaje mientras atravesaba las Españas. Esta falta de respeto le dolió profundamente.

A mediados de noviembre llegó a Extremadura. Era la mala estación, los médicos consideraron que la niebla y las lluvias no serían beneficiosas para la salud de su enfermo. Les dijeron que habría sol en invierno, una brisa agradable en verano. De todas maneras era imposible retroceder.

La casa en construcción junto al monasterio de San Jerónimo de Yuste reproducía, según la tradición, el Prinsenhof de Gante, donde Juana la Loca había dado a luz cincuenta y seis años antes. En espera de que fuese terminada, el Emperador recibió la hospitalidad del conde de Oropesa en el castillo de Jarandilla. Hasta el 3 de febrero de 1557, después de un *Te Deum* y con gran acompañamiento de campanas, no pudo instalarse en su última morada: una bella morada, menos amplia que un palacio, pero en ningún modo claustral, disfrutando de una vista soberbia, llena de obras de arte diversas, muebles, tapices, pinturas, objetos de arte, como se ve en los inventarios. Había hermosos jardines llenos de limoneros, naranjos y flores, un patio central en el que había una fuente.

Carlos se mostró satisfecho de su estancia, a pesar de las intrusiones inoportunas de los monjes jerónimos. Pero no era lo mismo para sus acompañantes, que solamente eran españoles, pues los italianos y los borgoñones se habían marchado. Los principales de ellos, Quijada y Gaztelu, se quejaban en sus cartas de la insoportable humedad, de su aislamiento. Se preocupaban también por el modo de vida de su señor que, a pesar de las reconvenciones del confesor y de los médicos, devoraba como de costumbre.

Era un serio problema hacer llegar a Yuste la cantidad de pescado y de caza indispensable para ese gotoso pozo sin fondo, sin mencionar otras viandas. La augusta cólera se desataba cuando el abastecimiento se retrasaba. Aún resuena en la historia la cólera que provocó un barril de anchoas en mal estado, ¡anchoas, la delicia de Su Sacra Majestad!

Una contrariedad de otro género ensombrecía al recluido. No quería ver a quienes ahora tenían la carga de los asuntos públicos, pero se empeñaba en estar informado de todo. Para su pesadumbre, los correos parecían perderse antes de haberles llegado. La distancia entre el mundo y él tomaba proporciones imprevistas, cuando el mundo, todavía estupefacto, deseaba recibir noticias suyas tanto como él mismo las esperaba de sus antiguos Estados.

Esas noticias no llegaban, la leyenda empezó de inmediato a tomar forma. La verdad es que nadie había comprendido a un César de cincuenta y seis años que abandonaba en plena tempestad el más vasto imperio formado desde los romanos y lo desmantelaba con su retirada. Él, que durante tanto tiempo, con una mezcla absolutamente personal de orgullo y de abnegación, se había proclamado el único responsable, el «gerente» de la Cristiandad.

Sus admiradores atribuyeron su conducta a un fervor místico cercano a la santidad, a la necesidad de estar solo ante Dios antes de ser llamado a Él. Apoyaron el rumor según el cual Carlos se había hecho monje y vivía ascéticamente en una celda del monasterio. Incluso se describió la ceremonia en la que había sido recibido entre los jerónimos, no sin haber sido dispensado de probar la «pureza de sangre» (¿a causa de sus ascendencias comprometidas?).

Sus enemigos, en cuya primera fila tronaba el Papa, proclamaban simplemente que se había vuelto loco como su madre y lo mismo que ella se entregaba a sus fantasmagorías. Estas imágenes han persistido hasta mediados del siglo XIX, cuando los archivos de Simancas abrieron por fin sus secretos y los historiadores, sobre todo inglés (Sir William Maxwell), belga (P. L. Gachard), francés (Mignet), se hallaron en condiciones de restablecer la verdad. Entonces, ¿qué causas se pueden atribuir a la abdicación de Carlos V? El agotamiento físico, la enfermedad entran en la cuenta, pero lo esencial fue el desaliento ante el sueño roto, el convencimiento de que las ideas nuevas, las naciones, la Reforma salían victoriosas, que no era posible mantener a los hombres en la armadura gracias a la cual habían sido defendidos durante siglos contra ellos mismos y que no había más remedio que dejarles correr hacia algo desconocido en donde el campeón de la unidad veía abismos.

Era normal que una amargura tal hiciera renacer la fascinación ancestral de la nada.

XXXI. LA OFRENDA DE UN ALMA
(1557-1558)

El 23 de marzo de 1557, el más importante de los consejeros de Felipe II, Ruy Gómez de Silva, llegó a Yuste, portador –¡por fin!– de grandes noticias. En enero, el rey había decretado bancarrota completa. Se encontraba ahora en Inglaterra con el fin de convencer a su mujer y al Parlamento de que se aliaran con él contra Francia, pues la guerra estaba de nuevo declarada. El duque de Saboya, hábil estratega al que llamaban *Cabeza de Hierro*, le aconsejaba que renunciara provisionalmente a Italia, donde Guisa iba a ayudar al Papa y atacar al enemigo en el corazón marchando sobre París. Un poderoso ejército se reunía en Artois, Por desgracia, faltaban el dinero para pagar y el prestigio imperial para estimular los corazones.

Felipe pedía a su padre que le ayudara a llenar el tonel de las Danaides. Sobre todo le urgía para que abandonara su retiro. Si César volvía a aparecer, aunque fuera en litera, al frente de sus tropas, el efecto sería prodigioso, la victoria estaría asegurada.

Durante dos días Ruy Gómez de Silva rogó, suplicó. Carlos se negó a moverse, el tiempo de los grandes viajes había pasado. Pero sí aceptó pedir dinero una vez más en España. Desde su retiro actuó de tal modo en el clero y en las ciudades, que Toledo dio cuatrocientos mil ducados, Córdoba cien mil, Sevilla cincuenta mil.

Se descubrió un escándalo. Cantidades considerables debidas a la Corona habían sido malversadas. Fueron restituidas gracias a quien ya no era nada. Eso permitió preparar la campaña.

Inglaterra declaró la guerra a Francia. Felipe la abandonó poco después, pero no tomó el mando del ejército, que confió al duque de Saboya, deseando venganza a causa de sus Estados perdidos.

En Yuste, la llegada de la buena estación, el aire sano del bosque, habían mejorado mucho la salud del Emperador. Incluso pudo volver a montar a caballo y pasear por el monte. Durante tiempo se le creyó presa de una especie de iluminación mística, absorbido por sus ejercicios de piedad, salvo cuando estaba obsesionado por las campanadas de sus relojes. Se llegó, incluso, a decir que se hacía llamar hermano Carlos. En realidad, hermano Carlos se divertía aterrando a los monjes invitándoles a participar en sus pavorosos menús.

—¿En virtud de qué obligaciones tendría yo que cuidarme ahora? –respondía a las advertencias que le hacían.

Pensaba seriamente en su salud, pero nunca su espíritu, siempre despierto a pesar de lo que pretendía el Papa, nunca había estado tan pendiente de las agitaciones del mundo. Por primera vez estaba en condiciones de observarlas sin verse entorpecido por mil detalles burocráticos.

Los correos le llegaban ahora y volvían a partir hacia su hijo y hacia su hija Juana, viuda de Portugal, a la que había sido confiada la regencia de España. El suplicio estaba en su lentitud, la perpetua ansiedad de saber, cuando estaba en juego una vez más la suerte de Occidente.

Las tropas del duque de Saboya se desplegaban en Francia a lo largo de las rutas del Norte. Coligny, al frente de algunos cientos de hombres, se lanzó heroicamente hacia San Quintín y por un momento detuvo la invasión. Enviaron en su ayuda un gran ejército mandado por Montmorency, aunque había perdido mucho de su prestigio guerrero.

El Condestable quiso, empleando un «truco de antigua guerra», introducir soldados en San Quintín y entablar en otro sitio una falsa batalla para distraer la atención del enemigo. Su astucia fue rápidamente descubierta y se volvió contra él. En el momento en que con demasiado retraso ordenó la retirada, cuarenta mil hombres lo habían rodeado. Los franceses retrocedieron en buen orden, mientras la trampa se cerraba. El Condestable puso pie a tierra:

—Señores, aquí hay que morir.

No murió, pero fue hecho prisionero con seis mil de los suyos. Tres mil cadáveres, cinco mil heridos, sembraban la llanura. Así transcurrió, el 10 de agosto de 1557, la famosa batalla del día de San Lorenzo, que arruinó la gloria del reinado de Enrique II. Jamás se hizo verdad de manera más completa la frase de Commines sobre las derrotas militares que tienen «larga cola hedionda». Las últimas consecuencias de la falsa maniobra de Montmorency no se borraron hasta la batalla de Rocroy (1643) y el tratado de los Pirineos (1659).

Cuando Carlos recibió la prodigiosa noticia se deslumbró, se imaginó a su dinastía triunfante, dispuesta por fin a fundar la monarquía universal.

—¿Está mi hijo en París? –preguntó.

Habría podido estar, pues bastaban tres jornadas de marcha, nada se oponía al avance de los españoles. Pues bien, no. Felipe, sordo a los ruegos de Manuel Filiberto, había cortado su impulso, le obligaba a desgastar sus fuerzas asediando plazas y dejaba a los franceses tiempo para recuperarse.

El rey lo atribuía a sus dificultades financieras, que eran reales, pero había otros móviles oscuros y complejos, entre los que dominaba el temor de ver que el prestigio de un capitán victorioso oscurecía el del monarca. El Emperador se lo imaginó, sin duda, pues dio rienda suelta a su cólera al saber que su hijo no había estado en la batalla. Se dio cuenta también de que la gran ocasión se había perdido.

Un consuelo: Guisa, llamado precipitadamente de Italia, dejaba al Papa desarmado. Por desgracia, en vez de tratar a Paulo IV como su padre había tratado a Clemente VII, que era menos hostil, Felipe encargó al duque de Alba que le ofreciera una paz de vencedor. Sacrificaba al aliado de la Casa de Austria, Marco Antonio Colonna, y se sometía «para el perdón de sus ofensas». Carlos, furioso, se desesperó con su heredero.

En septiembre, las reinas Leonor y María se instalaron en el castillo de Jarandilla. Sin duda su comportamiento fue menos importuno, pues permanecieron allí dos meses.

Llegó un invierno duro, lleno de desgracias. El 7 de enero de 1558, Guisa se apoderó de Calais, esa cabeza de puente que los ingleses conservaban en Francia desde hacía dos siglos y que era considerada como inexpugnable. El gobernador de la plaza, protestante acérrimo, no había querido que lo socorrieran las tropas del Rey Católico. La reina de Inglaterra sintió un profundo dolor que quebrantó su salud. En cuanto a Carlos, escribió Quijada que «fue la más grande amargura de su vida».

La muerte de su hermana Leonor, el 18 de febrero, le causó otra pena. Una victoria de los españoles en Gravelinas y la noticia de que los Electores lo habían liberado por fin de la corona imperial lo serenaron un poco. Pero de inmediato un gran dolor lo abrumó: en Valladolid se acababa de descubrir un foco luterano y probablemente existían otros.

¡Así pues, la herejía llegaba a España! El nuevo arzobispo de Toledo, Carranza, también profesaba una doctrina bastante próxima a la de los reformados. Según él, los sentimientos profundos de un hombre tenían más valor que sus actos.

Como si todavía estuviera reinando, Carlos ordenó a su hija, la regente, que ejerciera una represión sin piedad. No perdonaba a los protestantes que se hubieran opuesto a él constantemente, que no lo hubieran comprendido a pesar de los esfuerzos incansables que había hecho en favor de la reconciliación en una Iglesia renovada.

Cuando se le pasó el enfado, cayó una vez más en una depresión que se agravó cuando supo que la reina de Inglaterra estaba peligrosamente enferma. Era de prever que, si moría, Inglaterra volvería a ser cismática. Todo el orden cristiano se derrumbaría, ya no habría más que una anarquía general de la que el recluido en el monasterio no deseaba ser testigo.

Tuvo, no obstante, tiempo para enterarse de que, por influencia de Diana y del Condestable prisionero, Enrique II deseaba ardientemente una paz que le permitiría llevar una guerra sin cuartel contra los protestantes franceses. Empezaron las conversaciones que llegarían, después de la muerte de Carlos, a ese tratado de Cateau-Cambresis, su suprema victoria, puesto que establecería durante un siglo la hegemonía española.

Los últimos meses del antiguo César habrían sido menos tristes si hubiera podido prever cuál sería el balance definitivo de su obra política. Según Karl Burckardt, ese balance se resumiría en las palabras: «*En vano...*», pues sus enemigos se habían fortalecido más con cada una de sus victorias. Nosotros no lo creemos así.

España corría hacia su ruina económica a causa, paradójicamente, de sus tesoros de ultramar, pero se convertía en una potencia imperial, la primera de Europa; los Países Bajos estaban a salvo, en plena prosperidad, en pleno desarrollo cultural, liberados tanto del Imperio como de Francia; Italia salía de un desorden inmemorial y recibía, con la excepción de Venecia, bajo el dominio efectivo de la Casa de Austria, la estructura que poseería hasta la irrupción de Bonaparte; las Alemanias seguían poseídas por sus demonios, pero Austria, Bohemia, Hungría (en la medida en que ésta escapaba a los turcos) formaban un conjunto que no se desharía antes de 1918 y cuyos enemigos serían un día los primeros en lamentar su destrucción; las Indias Occidentales, un continente entero, seguían siendo propiedad de sus conquistadores. Un genocidio era su precio, pero Carlos no lo había querido, más bien al contrario. Nunca había estado, como su abuela, sometido a la Inquisición, ni había sido, como muchos de sus descendientes, hombre de los jesuitas.

En cuanto a Francia, que en otro tiempo había poseído los medios para romper el inmenso y frágil edificio de los Habsburgo, se iba a inclinar ante ellos. Enrique II, en su lecho de muerte, pediría pronto para su sucesor y para su pueblo la protección de Felipe II.

Era demasiado. Era poco comparado con el fin del sueño borgoñón, con la progresión otomana, con la decadencia irremediable del Sacro Impero Romano Germánico, con la desunión de la Cristiandad.

* * *

Otro verano incendió Extremadura. La esposa de Quijada, doña María de Ulloa, se instaló cerca de Yuste. Ella educaría al hijo de Bárbara de Blomberg, a quien llamaban Jerónimo y sobre cuyo nacimiento se mantenía un falso misterio. Ella sacó adelante a ese muchacho de once años lleno de fuerza, de inteligencia y de viveza. Algunos han negado que Carlos hubiera hablado con él. Nos parece más verosímil la tesis según la cual el niño lo visitó con frecuencia con un pretexto o con otro y que, al final, sin haber sido reconocido, fue enterado de sus ilustres orígenes.

Debió de ser grande la amargura del orgulloso jefe de dinastía al comparar su descendencia legítima con sus hijos naturales. A Felipe la faltaba genio, don Carlos era un enfermo epiléptico. En cambio, la duquesa de Parma Margarita era tan hábil política que sería regente de los Países Bajos. Y Jerónimo parecía capaz de regenerar la estirpe «melancólica» de los Habsburgo-Trastamara, de darle un nuevo esplendor. Decididamente, los designios de la Providencia eran inescrutables para los hombres.

En el mes de agosto de 1558, sintiéndose declinar y decepcionado del mundo, Carlos dirigía casi todos sus pensamientos al más allá. En ese momento se sitúa el episodio tal vez más fantástico, con toda seguridad el más controvertido de su larga carrera.

Se admitió durante siglos que el hijo de Juana la Loca quiso asistir a sus propios funerales y que murió a continuación de esa ceremonia, tan característica de los fantasmas de su familia. Luego, sus biógrafos modernos desmintieron radicalmente esa historia, aunque sin ponerse de acuerdo entre ellos. Como ejemplo, Brandi la califica de pura leyenda, Tyler ni siquiera la menciona. Tritsch admite que Carlos hizo celebrar una Misa por su intención después de haber mandado celebrar Misas por los diferentes miembros de su familia, Otto de Habsburgo habla solamente de éstas.

En contrapartida, aunque se pueden tener serias dudas sobre la obra del padre Sandoval escrita unos cincuenta años después del acontecimiento, su *Vida de Carlos V* contiene un relato del prior de los jerónimos Martín de Angulo que concuerda, salvo en algunos detalles, con el de otro religioso, el padre José de Sigüenza. Éste recoge a su vez el *Manuscrito jerónimo*[1], descubierto por Bakhuisen Van den Brink hace unos cien años en Bélgica, donde Felipe II no había procedido a la depuración de los documentos que se consideraban poco favorables a su familia y a sus actos.

Según ese texto, el Emperador preguntó a su confesor el hermano Juan de Regla:

—¿No os parece que, habiendo celebrado los funerales de mis parientes, yo podría también celebrar los míos y ver lo que pronto me sucederá?... ¿No creéis que eso me será de provecho?

—Sí, Sire –respondió el religioso–, y mucho. Las obras piadosas que se hacen durante la vida son de mayor mérito y más beneficiosas que las que se hacen por alguien después de muerto.

Mignet, basado en los relatos de los monjes, describió así la ceremonia que tuvo lugar el 30 de agosto: «Se levantó en medio de la gran capilla un catafalco rodeado de cirios. Todos los sirvientes de Su Majestad asistieron vestidos de luto. El piadoso monarca, igualmente vestido de luto y con un cirio en la mano, asistió también para verse enterrar y celebrar sus funerales. Rogó al Dios por esa alma a la que tantas gracias había concedido durante la vida, con el fin de que llegado el momento supremo tuviera piedad de ella. Fue un espectáculo que arrancó lágrimas y suspiros a quienes estaban presentes... Él fue a ofrecer su cirio en manos del sacerdote, como si hubiera depositado entra las manos de Dios su alma, a la que los antiguos representaban por ese mismo símbolo».

¿Cuál fue la enfermedad cuyos efectos sintió ya al día siguiente? En el estado en que se hallaba la medicina de su tiempo no podemos pronunciarnos con certeza. Quizá fue causa determinante la inactividad que sucedía a un trabajo casi sobrehumano. El Emperador había comido en una terraza expuesta al sol ardiente y por la noche sintió frío. La fiebre que le sobrevino lo condujo en tres semanas a las puertas de la tumba.

El arzobispo de Toledo, Carranza, le administró la ex-

---

[1] Reproducido por GACHARD, *Retraite et Mort de Charles Quint*.

tremaunción y dijo que sería salvado en virtud de la pasión de Cristo. Esto olía a herejía, los religiosos se escandalizaron. La inquisición haría pagar cara su audacia al primado de España, cuyo proceso, instruido unos meses después, duraría diecisiete años.

Carranza fue apartado y el monje Villalba asistió al moribundo, que envió un último mensaje a su hijo y concretó las oraciones que habría que decir en su verdadero entierro. El 21 de septiembre de 1558, a las 2 de la mañana, Carlos V expiró.

Poco antes de su muerte, le había gustado meditar ante la *Gloria*, ese cuadro del Juicio Final en el que Tiziano lo muestra en primera fila de los elegidos, implorando la gracia de los pecadores, puesto que él solo era responsable del gran desorden en que se iba a debatir Occidente y no había conseguido dominarlo.

BIBLIOGRAFÍA

FUENTES PRINCIPALES

LAIGLESIA (Fancisco de), *Estudios Históricos*, Madrid.

MOREL-FATIO, *Historiographie de Charles Quint.* Bibliothèque des Hautes Etudes Historiques, vol. 202, París, 1913 (biografía completa hasta 1913; los tomos II y III, en colaboración con Léonardon, tratan de los cronistas, los principales son: Sandoval, Marineo, Sepúlveda, Mexica, Ocampo, Castro, Padilla Santa Cruz.

HAUSER (Henri), *Les Sources de l'Histoire de France, XVI siècle*, París.

WEISS (Charles), *Papiers d'Etat de Granvelle*, París.

ARCHIVOS

Españoles

Colección de documentos inéditos para la Historia de España, Madrid.

HÖFLER (C.), *Monumenta Hispanica*, Praga.

LAIGLESIA, *Instrucciones del emperador Carlos a su hijo Felipe*, Madrid.

GACHARD (M.), *Retraite et mort de Charles Quint.* Lettres inédites de Yuste.

De Bruselas

GACHARD (M.), *Voyages des souverains des Pays-Bas*, Bruselas,

1874-1882, y Bulletins de l'Académie Royale des Sciences de Belgique, 2ª serie.

LANZ (A.), *Korrespondenz Karls V. aus dem Brüsseler Archiv.* Stuttgart, y *Staatspapiere Karls V. aus dem Brüsseler Archiv.*

Alemanes

KLUCKHOHN ET WREDE, *Deutsche Reichstagsakten,* Gotha.

GROSS (L.), *Reichsregistraturbücher Karls V,* Leipzig.

DÖLLINGER, *Dokumente zur Geschichte Karls V.*

SCHIRRMACHER, *Akten zur Geschichte der Religionsgespräche,* Gotha.

Austríacos

CHMEL (J.), *Monumenta Habsburgica,* Viena, y *Geschichte Kaiser Ferdinands I. in Urkunden,* Hamburgo.

Fontes rerum Austriae (tomo I), Viena.

TURBA, *Archiv für Osterreichische Geschichte* (tomo XC).

LANZ (A.), *Aktenstücke und Briefe Karls V. aus dem Wiener Archiv.*

Ingleses

BERGENROTH, *Calendar of letters, despatches and statepapers relating the negociations between England and Spain,* Londres.

BREWER (J.S.), Gardener (J.), Brodie (R.H.), *Letters and papers of the reing of Henri VIII,* Londres.

TURNBULL (W.B.), *Calendar of state-papers foreign series* (Edward VI and Queen Mary), Londres.

BRAFDFORD (W.), *Correspondence of Charles Quint and his ambassadors.* Londres.

Italianos

ALBERI (E.), *Relazioni degli ambasciatori Veneti al senato*, Florencia.
GACHARD (L.P.), *Relations des ambassadeurs de Venise sur Charles Quint*, Bruselas.

BIBLIOGRAFÍA

«Inventario» de Brandi

En *Nachrichten der Göttinger Gesellschaft der Wissenschaften*, el historiador Karl Brandi, a lo largo de diez años y bajo los auspicios de la Academia Prusiana, he reunido a todo un Estado Mayor de colaboradores y ha publicado un inventario coordinado de todos los documentos diseminados por tantos archivos diversos. En él están principalmente los testamentos de Carlos V, su correspondencia con la Emperatriz, con su hermana María de Hungría referente a los asuntos de los Países Bajos, los documentos de administración central y de su despacho privado, etc.

Cartas, Memorias, Crónicas

MOREL-FATIO, *Mémoires de Charles Quint* (*loc. cit.*, traducción de Kervyn van Lettenhove).
GOMARA (LÓPEZ DE), *Annals of Charles Quint*, Spanish text and English translation, Oxford.
MÁRTIR DE ANGLERÍA (PEDRO), *Opus epistolarum*. Amsterdam, 1670.
BERNAYS (J.), *Petrus Martyrs opus epistolarum*, Estrasburgo.
FUENSALIDA (GÓMEZ DE), *Correspondencia publicada por el duque de Alba*, Madrid.
LA FUENTE, *Cartas del cardenal Jiménez de Cisneros*, Madrid.
HEINE (G.), *Briefe an Kaiser Karl V. von seinem Beichtvater*, Berlín.
VITAL (LAURENT), *Premier voyage...* en Gachard, Collection de voyages.

GUICCIARDINI (F.), *Storia d'Italia*, 1492-1534, Venecia.

Histoire des choses mémorables advenues ès Pays-Bas, depuis l'an 1499 à 1521, mises par escript par Robert de la Marck, seigneur de Fleuranges et de Sedan, maréchal de France, París.

BRANTÔME, *Les Grands Capitaines*.

Historia General

HENNE (A.), *Histoire de Charles Quint en Belgique*, Bruselas.

PIRENNE (H.), *Histoire de Belgique* (tomo III).

MICHELET (J.), *La Renaissance*, París.

LAVISSE, *Histoire de France* (tomos V-VI).

    Peuples et Civilisations (tomos VII-VIII).

RANKE (L.V.), *Deutsche Geschichte mi Zeitalter des Reformation*.

BRANDI, *Reformation und Gegenreformation*, Munich.

ANDRÉAS (W.), *Deutschland vor der Reformation, eine Zeitenwende*, Berlín, 1932, y *Geist und Staat*, Munich.

HUIZINGA (J.), *Herbst des Mittelalters;* y *Erasmus*, Munich.

EHRENBERG, *Das Zeitalter der Fugger*, Iena.

MIGNET, *Rivalité de François I et de Charles Quint*, París.

    Charles Quint, son Abdication et sa Mort, París.

ROMIER (LUCIEN), *Les Origines Politiques des guerres de Religion*, París.

VARILLAS, *Histoire de François I*, París.

Histoire d'Henri II, París.

GAILLARD, *Histoire de François I*.

CHAUNU (PIERRE), *L'Espagne de Charles Quint*, París.

JACQUETON, *La politique extérieure de Louise de Savoie*, París.

LEVA (GIUSEPPE DA), *Storie documentate di Carlo V. in correlazione all'Italia*, Venecia.

CARDAUNS (L.), *Von Nizza bis Crépy 1534-1544 europ. Politik*, Roma.

FERRARA (ORESTES), *Le XVI Siècle vu par les ambassadeurs vénitiens*, París.

Biografías

BRANDI (K.), *Charles Quint*, traducción francesa, París.

WYNDHAN-LEWIS (D.B.), *Charles Quint, empereur d'Occident*, París.

MERRIMAN (R.B.), *The Emperor Charles V*, Nueva York.

WALTHER (ANDREAS), *Anfänge Karls V*, Leipzig.

GOSSART (E.), *Charles Quint*, Bruselas, 1910; y *Notes pour servir à l'Histoire de Charles Quint* (Memorias in-8º de la Academia Real de Bélgica, tomo XV).

VILLA (RODRÍGUEZ), *El Emperador Carlos V*, Madrid.

SALINAS, *El Emperador Carlos V*, Madrid.

BAUMGARTEN (HERMANN), *Geschichte Karls V*, Stuttgart.

PICHOT (AMADÉE), *Vie et retraite de Charles Quint*, París.

MOREL-FATIO, *Une histoire inédite de Charles Quint par un fourrier de sa cour*, París.

CARTON DE WIART (Conde), *Marguerite d'Autriche*, París.

SCHNEIDER (REINHOLD), *Philipp II*.

CHAGNY Y GIRARD, *Marguerite d'Autriche-Bourgogne*, Chambery.

DANSAERT Y HALKIN, *Charles de Lannoy, vice-roi de Naples*, Bruselas.

MAISON (ALBERT), *Erasme*, París.

PFANDL (L.), *Johanna die Wahnsinnige*, Friburgo.
        Philippe II.

RACHFAHL (F.), *Don Carlos*, Friburgo.

CEDILLO (C. DE), *El Cardenal Cisneros, gobernador del reino*, Madrid.

HERRE, *Barbara Blomberg, Mutter des Don Juan*, Leipzig.

BRATLI (CH.), *Philipp II*, París.

MOELLER (CH.), *Eléonore d'Autriche et de Bourgogne, reine de France*, París.

ROYAL TYLER, *Charles Quint*, París.

MADELIN (LOUIS), *François I*, París.

GUERDAN (RENÉ), *François I*, París.

CRUE (FRANCIS DE), *Anne de Montmorency*, París.

Monografías

ALBIOUSSE (LIONEL D'), *François I et Charles Quint á Aigues-Mortes,* Vannes.

BOURRILLY (V.L.), *Charles Quint en Provence,* París.

HAUSER (H.), *Le Traité de Madrid et la cession de Bourgogne,* Dijon.

HEIDRICH (P.), *Karl V. und die Protestanten,* Francfort.

ROZET (A.), *Invasion de France,* París.

RIDDER (A. DE), *Les Droits de Charles Quint au duché de Bourgogne,* Lovaina.

PACHECO Y DE LEYVA, *Carlos V y los Turcos,* Madrid, y *Política española, correspondencia 1521-1524,* Madrid.

HABLER (K.), *Schlacht bei Pavia,* Berlín.

BRANDT (O.H.), *Bauernkrieg,* Iena.

KALKOFF (PAUL), *Die Keiserwahl Karls V.* Weimar, y *Karls V. Romzug,* Breslau.

CHAMPOLLION-FIGEAC, *Captivité de François I.*

ZELLER (GASTON), *Le Siège de Metz par Charles Quint,* París.

GIONO (JEAN), *Le Désastre de Pavie,* París.

FEBVRE (LUCIEN), *Un Destin: Martin Luther.*

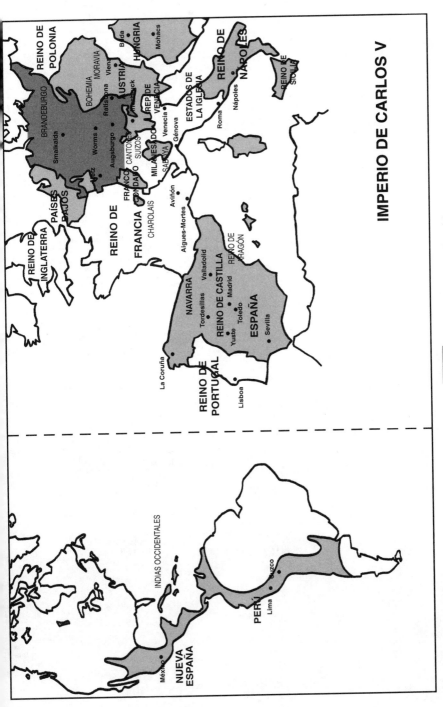

IMPERIO DE CARLOS V

REINO DE POLONIA

BRANDEBURGO
Smalkalda

BOHEMIA
MORAVIA
Buda
HUNGRIA
Worms
Ratisbona
Viena
Mohacs
Augsburgo
AUSTRIA
Metz
Innsbruck

PAÍSES BAJOS

REINO DE INGLATERRA

FRANCO CONDADO
CANTONES SUIZOS
REP. DE VENECIA

REINO DE FRANCIA
CHAROLAIS

MILANESADO
SABOYA
Génova
Venecia

ESTADOS DE LA IGLESIA
Roma

REINO DE NAPOLES
Nápoles

REINO DE SICILIA

Aviñón
Aigues-Mortes

NAVARRA
Tordesillas
Valladolid

REINO DE CASTILLA
Madrid
REINO DE ARAGÓN
Yuste
Toledo

ESPAÑA
Sevilla

La Coruña

REINO DE PORTUGAL
Lisboa

INDIAS OCCIDENTALES

México
NUEVA ESPAÑA

Cuzco
Lima
PERÚ

Dominios hereditarios

Sacro Imperio Romano Germánico

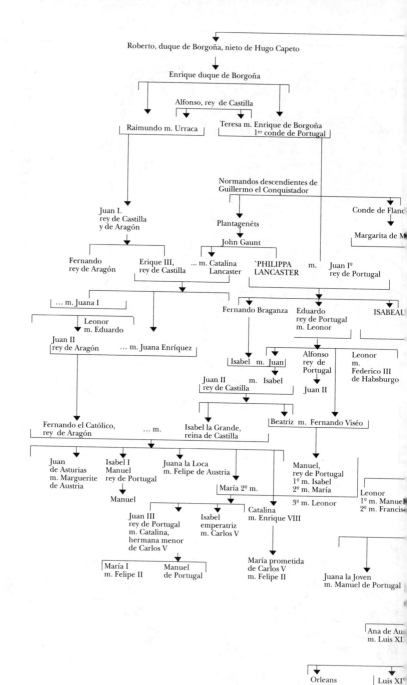

Roberto, duque de Borgoña, nieto de Hugo Capeto

Enrique duque de Borgoña

Alfonso, rey de Castilla

Raimundo m. Urraca

Teresa m. Enrique de Borgoña
1er conde de Portugal

Normandos descendientes de
Guillermo el Conquistador

Juan I.
rey de Castilla
y de Aragón

Plantagenéts

Conde de Flanc

John Gaunt

Margarita de M

Fernando
rey de Aragón

Erique III,
rey de Castilla

... m. Catalina
Lancaster

`PHILIPPA
LANCASTER

m.

Juan Iº
rey de Portugal

... m. Juana I

Fernando Braganza

Eduardo
rey de Portugal
m. Leonor

ISABEAU

Leonor
m. Eduardo

Juan II
rey de Aragón

... m. Juana Enríquez

Isabel   m.   Juan

Alfonso
rey de
Portugal

Leonor
m.
Federico III
de Habsburgo

Juan II
rey de Castilla

m.   Isabel

Juan II

Fernando el Católico,
rey de Aragón

... m.

Isabel la Grande,
reina de Castilla

Beatriz m. Fernando Viséo

Juan
de Asturias
m. Marguerite
de Austria

Isabel I
Manuel
rey de Portugal

Juana la Loca
m. Felipe de Austria

Manuel,
rey de Portugal
1º m. Isabel
2º m. María

Leonor
1º m. Manuel
2º m. Francis

Manuel

María 2º m.

3º m. Leonor

Juan III
rey de Portugal
m. Catalina,
hermana menor
de Carlos V

Isabel
emperatriz
m. Carlos V

Catalina
m. Enrique VIII

María I
m. Felipe II

Manuel
de Portugal

María prometida
de Carlos V
m. Felipe II

Juana la Joven
m. Manuel de Portugal

Ana de Au
m. Luis XI

Orleans

Luis XI

Casa de Fra